Der Kampf um den Staatsgedanken in der deutschen Sozialdemokratie

Der Kampf um den Staatsgedanken in der deutschen Sozialdemokratie.

Inaugural-Dissertation zur Erlangung der staatswissenschaftlichen Doktorwürde einer Hohen Rechts- und Staatswissenschaftlichen Fakultät der Westfälischen Wilhelms-Universität zu Münster i. W.

vorgelegt von Kurt Schumacher
aus Culm in Westpreussen

1926

Schriftenreihe
zur Geschichte des
Reichsbanners
Schwarz-Rot-Gold
Band 2

Kurt Schumacher

Der Kampf um den Staatsgedanken in der deutschen Sozialdemokratie

herausgegeben und mit einer Einführung
von Peter Steinbach

M | METROPOL

Gefördert von:

Stiftung
Gedenkstätte
Deutscher
Widerstand

Schriftenreihe
Zur Geschichte des Reichsbanners Schwarz-Rot-Gold, Band 2

Herausgeber
Stiftung Gedenkstätte Deutscher Widerstand

Editorische Bearbeitung und Redaktion
Dipl.-Pol. Julia Pietsch, Mitarbeit: Dr. Stefan Heinz

Gestaltung
Braun Engels Gestaltung GmbH, Ulm
Mitarbeit: Michaela Gleinser, Susanne Jüttner, Lucie Schäufele

Druck
Königsdruck Printmedien und digitale Dienste GmbH, Berlin

Umschlagabbildung
Kurt Schumacher bei einer Wahlveranstaltung in Chemnitz am 22. Januar 1933
Quelle: AdsD, Foto-Nr.: 6/FOTA045407

Metropol Verlag
Ansbacher Straße 70
D–10777 Berlin
www.metropol-verlag.de

ISBN: 978-3-86331-661-7

Inhalt

1

„Wenn wir die Demokratie verteidigen, kämpfen wir nicht für Regierungen und Koalitionen, verteidigen wir nicht bestehende wirtschaftliche und soziale Zustände, sondern bejahen uns selbst.“[1]

(Kurt Schumacher)

Einleitung

Kurt Schumacher im Kampf für Freiheit, Demokratie und Staat

Kurt Schumacher gehörte zu den Politikern, die Deutschland zwischen Kaiserreich und Grundgesetz, also in der ersten Hälfte des 20. Jahrhunderts, nachhaltig prägten. Eine ständige Herausforderung blieb für ihn das Spannungsverhältnis zwischen Demokratie und Diktatur. Er bestand sie, weil er politisch dachte, frühzeitig Gefährdungen der Demokratie erkannte und eine ungewöhnliche Entschlossenheit zeigte, wenn es Gefahren für den von ihm für richtig empfundenen Weg abzuwehren galt. „Auf dem Boden der Tatsachen stehend", wollte er „sagen, was ist". Deshalb sah Helmut Schmidt in ihm neben Ferdinand Lassalle und August Bebel einen der Begründer der Sozialdemokratie.[2] Mit ihm endete eine jahrzehntelange Phase der Geschichte, in der Sozialdemokraten als „vaterlandslose Gesellen" diffamiert worden waren. Staat und Nation spielten im Denken Schumachers eine ebenso wichtige Rolle wie deutsche Interessen. Wilhelm Hennis, der noch als Mitarbeiter der SPD-Fraktion unter Schumacher gearbeitet hatte, erkannte den Wandel in der Einschätzung der Sozialdemokratie.

„Das ergreifende Trauerdefilee nach seinem Tod – Hunderttausende erwiesen ihm die Ehre auf dem Weg von Bonn nach Hannover – zeigte, daß das deutsche Volk ihn verstanden hatte und ihm zu danken wußte."[3]

1 Unser die Republik trotz alledem!, in: „Schwäbische Tagwacht", Nr. 184 v. 10.8.1931.

2 Vgl. Peter Merseburger, Der schwierige Deutsche: Kurt Schumacher – Eine Biographie, Stuttgart 1995, S. 336.

3 Wilhelm Hennis, Carlo Schmid: ein großer Parlamentarier, in: ders., Auf dem Weg in den Parteienstaat. Aufsätze aus vier Jahrzehnten, Stuttgart 1998, S. 152.

Kurt Schumacher während einer Diskussion, 1949.
Quelle: BArch, B 145 Bild-00047410

Als Kurt Schumacher am 20. August 1952 verstarb, war über den weiteren Weg Deutschlands noch nicht entschieden. Die beiden deutschen Staaten waren zwar begründet, die Einbindung des Westens in die westlichen Bündnis- und Wirtschaftssysteme aber noch nicht beschlossen. Der Korea-Krieg hatte die Gefahr eines neuen Weltkriegs überdeutlich gemacht. Erst später wurde bekannt, dass kurzfristig sogar der Einsatz der neuen Atomwaffen erwogen worden war. Der Frieden war mehr als fragil, vor allem auch, weil sich der Systemkonflikt zwischen den beiden neuen Weltmächten nahezu unmittelbar in die Mitte Europas verlagert hatte. Wieder ging es um die Frage, ob – und wie – liberale westliche Demokratien sich würden behaupten können, wieder ging es um die streitbare Verteidigung der Demokratie gegen ihre Herausforderer im Innern und außenpolitisch.

Schumacher handelte nach 1945 aus vollem Risikobewusstsein.
Es gab keinen Plan, nur eine Perspektive. Dabei verließ er sich auf sein Gespür und seinen Willen. Die Demoskopie, die Adenauer seit den

1950er-Jahren zu einem Regierungsinstrument machte, lehnte er nicht nur wegen der damit verbundenen Kosten ab, sondern auch aus grundsätzlichen Erwägungen.[4] Ihm war bewusst, dass er die für viele seiner Zeitgenossen unüberschaubaren „Zustände [...] zentral gar nicht überblicken" konnte, weshalb er im Fehlen einer „zentralen Führungsstelle" eine Gefahr für die weitere Entwicklung sah.[5] Das aber lähmte seine Aktivitäten nicht. Deshalb wurde er mit seinem provisorischen Hannoveraner „Büro Dr. Schumacher" zum Sprecher der Sozialdemokratie in den drei westlichen Besatzungszonen.

Dem Schlagwort von der angeblichen Unvermittelbarkeit von Verantwortungs- und Gesinnungsethik[6] fügte er bald eine persönliche weitere Perspektive hinzu, als er seinen Handlungs- und Entscheidungsspielraum als „Zustand der Diskrepanz zwischen dem Tatsächlichen und dem Notwendigen"[7] beschrieb. Mit der Verkündung des Grundgesetzes am 23. Mai 1949 schien eine neue Epoche deutscher Demokratie zu beginnen und an Schumachers zurückliegendes Engagement für die Weimarer Verfassung anzuknüpfen. Fritz Bauer, der kurz zuvor aus dem schwedischen Exil zurückgekehrt war und in der Zeit der NS-Herrschaft die Verbindung zu Schumacher gehalten hatte, drückte diese Kontinuität aus, als er schrieb, er habe „anläßlich der schwarz-rot-goldenen Beflaggung am heutigen Tage [...] unseres alten Reichsbanners gedacht".[8]

Mit der Verabschiedung der DDR-Verfassung am 7. Oktober 1949 waren definitiv auf dem Gebiet des ehemaligen Deutschen Reiches aus den vier Besatzungszonen zwei deutsche Staaten entstanden. Diese Teilung konnte Schumacher so wenig akzeptieren wie die Ausdehnung des kommunistischen Herrschaftsbereichs. Wie bedrohlich diese Expansion auch für die SPD wurde, hatten die Kampagne gegen die Zwangsvereinigung von SPD und KPD im Jahr 1946 und die Berlin-Blockade 1948/1949 gezeigt. Für Schumacher stand fest:

„Eine Demokratie mit Einheitspartei oder Einheitslisten ist keine Demokratie, sondern ist das Gegenteil: Diktatur."[9]

4 Merseburger, Der schwierige Deutsche, S. 326.
5 Kurt Schumacher an Otto Steinmayer, 2.7.1945, in: Willy Albrecht (Hrsg.), Kurt Schumacher, Reden, Schriften, Korrespondenzen 1945–1952, Bonn 1985, S. 237.
6 Vgl. Max Weber, Politik als Beruf, in: ders., Schriften 1894–1922, hrsg. von Dirk Kaesler, Stuttgart 2002, S. 544 f.
7 Kurt Schumacher, Aufgaben und Ziele der deutschen Sozialdemokratie, Hauptreferat vom 9.5.1946, in: Albrecht, Schumacher Reden, S. 387–418, hier S. 388.
8 Fritz Bauer an Schumacher, 23.5.1949, zit. nach Volker Schober, Der junge Kurt Schumacher 1895–1933, Bonn 2000, S. 338.
9 Albrecht, Schumacher Reden, S. 411.

Der Kampf gegen die Vereinigung von SPD und KPD markierte die erste, die Berlin-Blockade die zweite Krise der unmittelbaren Nachkriegszeit. Berlin-West wurde ein knappes Jahr, vom 24. Juni 1948 bis zum 12. Mai 1949, von den Westmächten versorgt.[10] Aus den westlichen ehemaligen Kriegsgegnern waren damit Garantiemächte westdeutscher Sicherheit und Freiheit geworden. Beim Tod Schumachers, zwei Jahre nach dem Beginn des Korea-Kriegs, waren die Konturen weiterer Bedrohungen spürbar: Die Krise der SED-Führung war von Schumacher immer erwartet worden. Was hätte er gesagt, wenn er den Aufstand vom 17. Juni 1953 unmittelbar erlebt hätte?

Die Berlin-Krise von 1958 war nach der Blockade eine ständige Gefahr; die massive Fluchtbewegung aus der „SBZ" und der DDR führte zur Intensivierung der Kontrolle der Freizügigkeit, die in der Errichtung der Berliner Mauer am 13. August 1961 einen Abschluss fand. Die sich wenige Monate später dramatisch zuspitzende Gefahr eines Dritten Weltkriegs weckte Erinnerungen an den Koreakrieg. Die von Schumacher immer kritisch gesehene europäische Integration erleichterte der Bonner Demokratie eine Konsolidierung – vielleicht hätte er seine Zurückhaltung revidiert. Gewiss: Bonn stand in seiner Wahrnehmung im Schatten von Weimar, sollte sich aber gerade deshalb mit der Sozialdemokratie aus diesem Schatten lösen. Bejaht hätte Schumacher die europäische Integration, weil damit der außenpolitische Unruhefaktor, das in der Mitte Europas liegende Deutschland, in neue Bündnisse einbezogen und zur Kooperation gezwungen wurde. Schumacher deutete bereits 1945 an, dass eine Politik des Ausgleichs und des Gleichgewichts eine „lebensnotwendige" Voraussetzung europäischer Stabilität war, wenn es gelang, „Deutschland als Ganzes" in die neue europäische Ordnung „einzubauen".[11]

Erwartet hatte er immer, dass das Ende des Weltkrieges in Ostmitteleuropa nicht mit einer Demokratisierung von Staat und Gesellschaft im westlichen Verständnis, sondern mit der Errichtung osteuropäischer „Volksdemokratien"[12] einherging. Der Einflussbereich der Sowjetunion expandierte auf eine Weise, die als bedrohlich empfunden wurde.[13]

10 Vgl. Udo Wetzlaugk, Berliner Blockade und Luftbrücke 1948/49, Berlin 1998.
11 Kurt Schumacher, „Programmatische Erklärung" vom 5./6.10.1945 auf den Konferenzen von Wennigsen und Hannover, in: Albrecht, Schumacher Reden, S. 311.
12 Vgl. Martin Drath, Totalitarismus in der Volksdemokratie, in: Ernst Richert, Macht ohne Mandat, Köln 1958, S. IX–XXXIV.
13 Vgl. Manfred Hildermeier, Geschichte der Sowjetunion 1917–1991. Entstehung und Niedergang des ersten sozialistischen Staates, München 2017; Gregor Schöllgen, Geschichte der Weltpolitik von Hitler bis Gorbatschow 1941–1991, München 1996, S. 29 ff.

Kurt Schumacher im Gespräch mit Erich Ollenhauer und Annemarie Renger, 2. Dezember 1949.
Quelle: BArch, B 145 Bild-P107555

So schloss sich an das Kriegsende fast nahtlos die Phase des „Kalten Krieges"[14] an. Das in Besatzungszonen geteilte Deutschland wurde zum Zentrum nicht nur der Nachkriegskrisen, sondern der Blockbildung zwischen den beiden neuen Supermächten, den Vereinigten Staaten und der Sowjetunion. Mit der unmittelbaren Blockkonfrontation, die in Deutschland besonders spürbar war und die so Bedrohungsgefühl und Unsicherheit verstärkte,[15] stellte sich die Herausforderung, die Gefahren zu mindern, zugleich einen praktikablen Weg vorzubereiten.

14 Vgl. Bernd Stöver, Der Kalte Krieg. Geschichte eines radikalen Zeitalters 1947–1991, München 2007, S. 67 ff.
15 Vgl. ebenda, S. 89 ff.

Mit der Gründung der Bundesrepublik Deutschland und der DDR schien zunächst Deutschland zum Objekt der Mächtepolitik geworden zu sein. Die deutsche Teilung schien geradezu unüberbrückbar. Schumacher hatte ihre Entstehungsursachen aus den ideologischen Konflikten abgeleitet und dabei an Erfahrungen anknüpfen können, die er mit den Parteien der beiden Extreme, aber auch mit den „bürgerlichen Parteien" gemacht hatte. Mit der Festigung der Demokratie war in seinen Augen die politische Vorgehensweise der SPD präformiert. Sie musste Vertrauen in der bürgerlichen Wählerschaft gewinnen und so die Mehrheitsverhältnisse zu ihren Gunsten verändern.[16]

Zugleich aber hatte er die weltpolitischen Voraussetzungen der zukünftigen Dynamik antizipiert und die Folgen des Ost-West-Konflikts, frühzeitig warnend, reflektiert. Nie war ihm zweifelhaft, dass eine Teilung nicht akzeptiert werden konnte. Ihm aber ging es nicht nur um nationale Einheit[17] oder um militärische Sicherheit, sondern auch um „politische, geistige und wirtschaftliche Befreiung".[18]

Als Schumachers Doktorarbeit 1973 – also in der späten Willy-Brandt-Ära – gedruckt wurde, schien die Erinnerung an ihn in der Sozialdemokratie erstaunlich verblasst zu sein. Zwar gab es zwei Sonderbriefmarken zu seinem Gedenken, auch zierte sein Konterfei eine 2-DM-Münze. Politisch aber galt Schumacher als ein geradezu erratischer Block in der Erinnerung der Partei. Wegen seiner unbeirrbaren Kritik an dem dogmatischen Marxismus der SED galt er manchen innerhalb der SPD sogar als lästig. Er wurde in der Zeit der Entspannung eher von den Kritikern der SPD-Ostpolitik und des von Egon Bahr entwickelten Konzepts eines „Wandels durch Annäherung" beschworen, als von Sozialdemokraten gerechtfertigt oder verteidigt. Deshalb bildeten sich in den 1980er-Jahren eine „Schumacher-Gesellschaft" und ein „Schumacher-Kreis". Beide wollten an ihn erinnern und beanspruchten, sein Vermächtnis authentisch zu hüten. Vor allem in dem Moment, als der ZDF-Moderator Gerhard Löwenthal Schumacher beschwor, um eine harte Konfrontation mit dem „Pankow-Regime" einzufordern und die kompromissbereitere Ost- und Sicherheitspolitik ideologisch zu diskreditieren, war die Instrumentalisierung Schumachers überdeutlich geworden.

16 Vgl. Kurt Schumacher, Politische Richtlinien für die SPD in ihrem Verhältnis zu den anderen politischen Faktoren vom 25.8.1945, in: Albrecht, Schumacher Reden, S. 261.

17 Vgl. Erster Aufruf des Büros Dr. Schumacher „An die Bevölkerung" Mitte August 1945, in: Albrecht, Schumacher Reden, S. 251–255, hier S. 254.

18 Ebenda, S. 253.

Bei allen Unterschieden ihrer innerparteilichen Orientierung galt Schumacher den Mitgliedern der Gesellschaft wie des Kreises unbestritten als vorbildlicher und traditionswürdiger Sozialdemokrat, weil er die nationalsozialistische Verfolgung und die sich über viele Jahre erstreckende KZ-Haft überlebt, anschließend aber beherzt und entschlossen die Sozialdemokratische Partei 1945 neu gegründet hatte. Er suchte angesichts der Versuche, die sozialdemokratische Parteizentrale in Berlin-Ost zu etablieren, die Auseinandersetzung mit den Kommunisten und spornte an, dem sowjetischen Einfluss zu widerstehen. Zwar gab es später wissenschaftliche Kritik an dieser Haltung; diese konnte aber nicht überzeugen.[19] Der Schumacher-Kreis um Hermann Kreutzer betonte vor allem Schumachers antikommunistische Orientierung, die von Annemarie Renger 1985 gegründete Schumacher-Gesellschaft betonte hingegen seine deutschlandpolitische Ausrichtung.[20]

In der Tat hatte Schumacher früh eine in die Zukunft weisende politische „Magnet-Theorie" entwickelt, der zufolge der Westen Deutschlands so attraktiv werden sollte, dass er den Osten Deutschlands mit seinen Bewohnern magnetisch anzog. Nach der deutschen Vereinigung von 1989/90 wurde diese „Magnet-Theorie" allerdings Konrad Adenauer zugeschrieben, dem Schumacher, Gustav Heinemann und selbst der Christdemokrat Jakob Kaiser in den 1950er-Jahren vorgeworfen hatten, durch die Westorientierung die Teilung Deutschland zu festigen. Schumacher war dabei besonders weit gegangen. So hatte er den Bundeskanzler doch am 25. November 1949 bei der Bundestagsdebatte über das Petersberger Abkommen als „Kanzler der Alliierten" geschmäht. Die Folge war ein sich über 20 Sitzungen erstreckendes Verbot der weiteren Teilnahme an den Plenarsitzungen. Das Verdikt gereichte Schumacher nicht zur Unehre.

19 Vgl. Lucio Caracciolo, Der Untergang der Sozialdemokratie in der sowjetischen Besatzungszone: Otto Grotewohl und die ‚Einheit der Arbeiterklasse' 1945/46, in: VjHZ 36 (1988) 2; dazu auch Andreas Malycha, Der Zentralausschuß der SPD und der gesellschaftliche Neubeginn in Nachkriegsdeutschland, in: ZfG 34 (1992), S. 167–184; sowie Harold Hurwitz, Demokratie und Antikommunismus in Berlin nach 1945, 2 Bde., Köln 1990.

20 Die Zielrichtung der Gesellschaft fasste der Gewerkschaftspolitiker Hermann Rappe auf der Gründungsveranstaltung zusammen: „Wir sind der Republik und in der parlamentarischen Demokratie verhaftet. Wir wollen eine Partei mit der Grundorientierung westlicher Politik, integriert ins Westliche Bündnis; wir sind – wie Schumacher sagte – eine Partei des Westens. Wir sind eine Partei der klaren Abgrenzung zu den Kommunisten. Wir wollen eine Partei der Arbeit sein und uns offenhalten für den technologischen Fortschritt. Wir sind eine Partei der Freiheit. Und wir sind die Partei der sozialen Sicherheit auf der Basis unserer Verfassung eines sozialen Rechtsstaates." In: Johannes Kahrs/Sandra Viehbeck (Hrsg.), In der Mitte der Partei. Gründung, Geschichte und Wirken des Seeheimer Kreises, Berlin 2005, S. 44 f.

Kurt Schumacher im Gespräch mit Konrad Adenauer (rechts) und Carlo Schmid (Mitte), 10. September 1949.
Quelle: BArch, B 145 Bild-P107549

Ähnlich erging es einem anderen Bannspruch, der mit seinem Namen verbunden geblieben ist. Denn mit den Kommunisten, die er angeblich schon in den Weimarer Zeit als „rotlackierte Nazis" tituliert haben soll,[21] lehnte er jedes Übereinkommen ab. Bereits in der Weimarer Republik hatte er nicht nur die NSDAP und vor allem deren Propagandisten Joseph Goebbels, sondern auch die Generallinie der KPD bekämpft und deshalb als Folge einer doppelten politischen Abwehrfront antitotalitäre Schlagworte benutzt. Sozialdemokraten seien weder Hitlers Knechte noch Stalins Sklaven. Auch 1945 lehnte er zwar keine Beteiligung der Kommunisten an einer möglichen Regierung ab, wohl aber eine politische Zusammenarbeit und vollends den Zusammenschluss mit der SED.

21 Vgl. dazu S. 27, 42 f. in diesem Band.

Die Stadtverordnetenwahlen in Berlin 1946 und die Erfahrung der im Laufe weniger Jahre nach der Vereinigung von KPD und SPD zur SED praktizierten massiven Unterdrückung der ostdeutschen Sozialdemokraten nach dieser „Zwangsvereinigung" bestätigten ihn in seiner Grundhaltung in dieser Frage.

Den Anspruch der SED, am Konzept einer einheitlichen, wenngleich sozialistischen Nation festzuhalten,[22] fand Schumacher nicht überzeugend; die entsprechende Passage in der ersten DDR-Verfassung von 1949 bestätigte sein Misstrauen. Aber nicht nur deshalb lehnte er die Partei von Otto Grotewohl, Walter Ulbricht und Wilhelm Pieck ab, sondern beharrte auf dem Konzept eines demokratischen Sozialismus. Die zentralistische Steuerung einer Partei wies er aus seiner demokratischen und antidiktatorischen Grundhaltung zurück. Dies bedeutet jedoch nicht, dass er seine eigene Partei nicht straff zu führen suchte. Deshalb sah er sich immer wieder mit dem Vorwurf konfrontiert, in der Parteileitung autoritär zu sein, Diskussionen abzublocken, Gegner zu verprellen. Er blieb bis zu seinem Tode am 20. August 1952 davon überzeugt, die Kommunisten um Ulbricht hätten mit Billigung Stalins als „Spalter" gewirkt und die deutsche Teilung zementiert. Schumacher galt deshalb den einen als Nationalist, den anderen als „Kalter Krieger". Dabei wurden die demokratischen sowie die rechts- und sozialstaatlichen Grundsätze seines Handelns wenn nicht übersehen, so doch verfälscht.

Gestritten wurde bereits in den Anfangsjahren der Bundesrepublik Deutschland über Möglichkeiten einer Überwindung der deutschen Teilung. Diese Suche nach Alternativen wurde immer auch durch Erfahrungen beeinflusst, die auf in die Weimarer Republik zurückführende Auseinandersetzungen verwiesen. Dabei ging es nicht nur um West- oder Ostorientierung, sondern auch um die Rolle, die Deutschland in der Mitte Europas zu spielen hatte. Die Möglichkeit einer weitgehenden Westbindung belastete in den frühen 1950er-Jahren nicht zuletzt die CDU, wie die Debatten um Gustav Heinemann[23] und Jakob Kaiser[24] zeigten.

22 Art. 1 Abs. 1 der DDR-Verfassung von 1949 lautete: „Deutschland ist eine unteilbare demokratische Republik". Art. 2 Abs. 2 betonte die besondere Bedeutung von Berlin: „Die Hauptstadt der Republik ist Berlin". Nach der Zwangsvereinigung musste die Willensbildung in Verbindung mit Art. 13 Abs. 2 gesehen werden: „Wahlvorschläge für die Volkskammer dürfen nur die Vereinigungen aufstellen, die nach ihrer Satzung die demokratische Gestaltung des staatlichen und gesellschaftlichen Lebens der gesamten Republik erstreben und deren Organisation das ganze Staatsgebiet umfaßt."

23 Vgl. Jörg Treffke, Gustav Heinemann, Wanderer zwischen den Parteien. Eine politische Biographie, Paderborn 2009.

24 Vgl. Erich Kosthorst, Jakob Kaiser. Der Arbeiterführer, Stuttgart 1967; Elfriede Nebgen, Jakob Kaiser. Der Widerstandskämpfer, Stuttgart 1967; Werner Conze, Jakob Kaiser, Politiker zwischen Ost und West 1945–1949, Stuttgart 1969; Erich Kosthorst, Jakob Kaiser. Bundesminister für gesamtdeutsche Fragen 1949–1957, Stuttgart 1972.

Dennoch stand vor allem Schumacher bald im Ruf, ein Skeptiker der Westintegration, sogar ein Nationalist zu sein; dabei verwiesen viele Passagen seiner frühen Nachkriegsreden auf die westeuropäische Integration. Zugleich ließen sie keinen Zweifel an der vorrangigen Bedeutung gesicherter politischer Freiheit zu. Seine Betonung deutscher Interessen richtete sich als Ermahnung an die Siegermächte, politisch aber gegen „Moskau" und „Pankow", wie man sagte. Schließlich öffnete sich ein Weg, der über Euratom und EWG zur Europäischen Union führte. Schumacher lehnte diese Optionen in außenpolitischen Auseinandersetzungen weniger aus grundsätzlichen als aus prozeduralen Gründen ab, denn er beharrte gegenüber Adenauer auf vollständiger Information durch die Bundesregierung gerade in außenpolitischen Fragen, dies umso mehr, als die SPD-Fraktion aus außenpolitischer Verantwortung 1952 die Annahme des Luxemburger Abkommens gegen starke innerfraktionelle Widerstände der CDU-Fraktion ermöglicht hatte.

Wie Schumacher schließlich die weitere Entwicklung begleitet hätte, lässt Raum nur für Spekulationen. Unbestreitbar ist, dass er auf den Augenblick gerichtete Taktiken ablehnte, die „europäische Idee praktisch zu einer propagandistischen Formel"[25] zu machen. Deshalb sprach er sich gegen „deutschnationale Zitate"[26] aus. Im Grunde aber zeigte sein Widerstand gegen Adenauers Europapolitik vor allem den Wunsch, die Integration parlamentarisch zu erörtern und abzusichern.

Bei aller Kritik an seiner Person und an seinem manchen als ruppig, anderen als arrogant erscheinenden Umgangsstil: Schumacher war ebenso anerkannt, wie er polarisierte. Er hatte nach all den Jahren, in denen er durch den Druck und das Unrecht seiner Gegner zur Untätigkeit verdammt war, keine Zeit zu verlieren. Deshalb neigte Schumacher zu heftigen Reaktionen auf Argumente, die für ihn nicht nachvollziehbar waren. Er argumentierte politisch sehr entschieden, zuweilen rigoros, sowohl in den innerparteilichen Kontroversen als auch im deutschen Bundestag. Dennoch war es seinem Ansehen nicht abträglich, dass er zeit seines Lebens umstritten war. Denn ihm war klar: Er teilte aus, also hatte er auch einzustecken. Die Wahlkampfparole der CDU aus dem Wahlkampf von 1953,[27] der

25 Schumacher im Bundestag während der allgemeinen Aussprache über den Beitritt der Bundesrepublik zum Europarat, 13.6.1950, in: Albrecht, Schumacher Reden, S. 785–802, hier S. 791.
26 Ebenda, S. 793.

zufolge alle Wege des Marxismus – ohne Unterscheidung von Sozialdemokraten, Marxisten und Kommunisten – nach Moskau führten, hätte ihn hart getroffen und mit Sicherheit an die Auseinandersetzungen mit den Nationalsozialisten in der Endphase der Weimarer Republik erinnert. Auf entsprechende Zwischenrufe in Bundestagsdebatten hatte er bereits sehr harsch reagiert und betont:

27 Vgl. Gerhard Paul, „Alle Wege des Marxismus führen nach Moskau". Schlagbilder antikommunistischer Bildrhetorik, in: ders. (Hrsg.), Das Jahrhundert der Bilder 1949 bis heute, Göttingen 2008, S. 88–97.

„Man kann die Demokratie nur verteidigen, wenn man sie respektiert, wenn man sie zum obersten Grundsatz des gesellschaftlichen Daseins macht.“[28]

Polemisch attackiert zu werden und zugleich umstritten und umkämpft zu sein, ist das Schicksal eines Politikers, der sich – überdies in vordemoskopischen Zeiten – in seiner Partei, bei seinen Wählern und in der Politik durchsetzen muss. Dass Schumacher dies zumindest innerparteilich gelang, war ein Resultat seiner politischen Entschlossenheit und der Breite seiner politischen Interessen und sozialen Empathie, nicht zuletzt auch des Respekts, den er als Opfer des Terrors der Nationalsozialisten und als Ziel der antisozialdemokratischen Propaganda der Kommunisten gewann.[29]

Bestimmend blieb seine Bereitschaft zur Konfrontation mit dem politischen Rechtsextremismus und dem Linksradikalismus ohne Rücksicht auf seine eigene Gefährdung. Bereits in den frühen 1920er-Jahren hatte er die Gefahren erkannt, die vom völkischen Denken und vom Nationalsozialismus, aber auch von Bolschewismus, Stalinismus und Kommunismus ausgingen. Am Ausgang der Weimarer Republik stemmte er sich entschieden gegen alle totalitären Bewegungen, die nicht nur ihren unbedingten weltanschaulichen Führungsanspruch geltend machten, sondern, wie er wahrnahm, auch ethisch und moralisch versagten, weil sie an Stimmungen appellierten, die das politische Miteinander zerstörten, auf das die Demokratie angewiesen war.

In seiner Wahrnehmung und Deutung waren die Nationalsozialisten so erfolgreich, weil sie es verstanden, „an den inneren Schweinehund im Menschen" zu appellieren. Deshalb schienen sie in der Lage zu sein, „menschliche Dummheit und Niedertracht restlos" zu mobilisieren.[30] Die prinzipielle Ablehnung bedeutete nicht, dass er über die Voraussetzung individueller Nachfolgebereitschaft nicht nachgedacht hätte. Auch dies wird bereits in seinen ersten Stellungnahmen deutlich. „Sie wußten, was sie taten", hatte er am 6. Mai 1945 betont und von einem „geradezu körperlichen Ekel" gesprochen, „wenn man sieht", wie Einzelne, „die von dem Gefühl ihrer historischen Schuld einfach zerquetscht sein müßten, sich für ihre armselige Person vor der Verantwortung zu drücken" versuchten.[31] Seine Ablehnung bezog sich auf die politisch Verantwortlichen, die die Weichen zum Weg in das Verhängnis gestellt hatten.

28 Albrecht, Schumacher Reden, S. 811.
29 Vgl. Wolfgang Benz, Widerstand gegen den Nationalsozialismus – Legitimation für Kurt Schumachers Führungsanspruch im demokratischen Deutschland, in: Dieter Dowe (Hrsg.), Kurt Schumacher und der „Neubau" der deutschen Sozialdemokratie nach 1945, Bonn 1996, S. 57–70.
30 Kurt Schumacher, Eiserne Front gegen Faschismus und Reaktion, in: „Schwäbische Tagwacht" v. 27.1.1932, zit. nach Schober, Schumacher, S. 414.
31 Albrecht, Schumacher Reden, S. 203–236, hier S. 211.

Zunächst aber war Schumacher überzeugt, die „Mitschuld großer Volksteile an der Blutherrschaft der Nazis" habe in „ihrem Diktatur- und Gewaltglauben" gelegen. „Auf jedes Verbrechen" müsse „Sühne"[32] folgen, dies aber setze die Einsicht in die individuelle Schuld voraus. Seine eigene Haltung in dieser Frage war jedoch höchst wandelbar. So konnte er die Verurteilung der „kleinen Leute, der Mannschaften" in Kriegsverbrecherprozessen kritisieren und sich angesichts der seltenen Verurteilung höchster Offiziere zu der Feststellung steigern, die „Gewerkschaft der Generale" sei die „einzige internationale Gewerkschaft, die wirklich funktioniert".[33] Zwei Jahre später, am 30. Oktober 1951, rechtfertigte er jedoch sein am 4. Oktober 1951 geführtes Gespräch mit zwei Offizieren der ehemaligen Waffen-SS,[34] es gehöre doch zu jedem „totalitären System [...], mit allen Methoden der Verstrickung ein Ergebnis der Mitschuld aller zu erzeugen". Er unterschied sowohl in der Endphase der Weimarer Republik wie auch nach 1950 zwischen Funktionären und Parteianhängern, scheine es ihm doch eine „menschliche und staatsbürgerliche Notwendigkeit zu sein", selbst den Angehörigen der Waffen-SS „den Weg zu Lebensaussicht und Staatsbürgertum freizumachen".[35]

Schumacher konnte in den frühen 1950er-Jahren eine in dieser Form heute kaum verständliche und nicht einmal aus partei- und wahltaktischem Kalkül zu rechtfertigende Position nur wegen seines jahrelangen Kampfes an der doppelten Front gegen Rechts und Links und in der Anerkennung seines Martyriums als KZ-Häftling einnehmen. Seine Verfolgungs- und Leidensgeschichte in der NS-Zeit begründete auch bei seinen politischen Kontrahenten sein Ansehen. Er galt als Demokrat, der die Freiheit kompromisslos verteidigt und deshalb Kommunisten und Nationalsozialisten bekämpft hatte. Nach seiner Inhaftierung widersetzte er sich als KZ-Häftling einer Unterwerfung unter die Nationalsozialisten. Dies erklärt seine ungewöhnlich lange Haftzeit, die ihn in Lebensgefahr brachte.

32 Ebenda, S. 227.
33 So in der Bundestagsdebatte vom 15.11.1949, zit. nach ebenda, S. 721.
34 Albrecht, Schumacher Reden, S. 895–898.
35 Ebenda, S. 896.

Schumacher hatte vor 1933 in seiner politischen Begegnung mit Nationalsozialisten und Kommunisten die Auseinandersetzung mit zwei diktatorischen Grundströmungen gleichsam alltagsgeschichtlich erfahren. Viele Jahre später wurde der antitotalitäre, also gegen zwei diktatorische Strömungen gerichtete Konsens zu einer politischen Grundüberzeugung der westlichen Gesellschaft. Seit den 1950er-Jahren beschwor die Totalitarismustheorie den antitotalitären Konsens der Demokraten.[36] Ebenso wichtig wurde es, in den heftig ausgefochtenen ordnungspolitischen Kontroversen um Sozialstaatlichkeit und soziale Marktwirtschaft dem Anspruch auf gerechte Verteilung von Lebenschancen allgemeine Anerkennung zu verschaffen und in der Verteidigung der politischen Grundsätze Glaubwürdigkeit zu beweisen.

Schumacher neigte allerdings in den frühen 1950er-Jahren zunehmend zu einer zurückhaltenden Beurteilung des Versagens bürgerlicher Kräfte und „Kreise" bei der Zerstörung der Weimarer Republik. Seine Haltung erklärt sich aus seiner Absicht, auch ehemalige Nationalsozialisten zu integrieren und so für seine Partei und die Demokratie einzunehmen. Vielleicht schlugen sich hier auch persönliche Erfahrungen nieder, denn Schumachers Schwester war mit einem Nationalsozialisten verheiratet, seine Mutter hatte schon vor 1933 mit der NSDAP sympathisiert. Allerdings hatten diese Umstände bei beiden niemals dazu geführt, sich von Schumacher innerlich zu lösen. Seine Haltung war vermutlich aber vor allem taktisch bestimmt, denn im Mai 1945 hatte er noch das politische Versagen des Bürgertums in der Untergangsphase der Republik und bei der Konsolidierung des NS-Staates gegeißelt. Er betonte auch, dass diese pro-nationalsozialistischen Kräfte die Ausschaltung ihrer sozialistischen Gegner in der NS-Zeit hingenommen hatten.

36 Vgl. Bruno Seidel/Siegfried Jenkner (Hrsg.), Wege der Totalitarismus-Forschung, Darmstadt 1968.

Schumacher entwickelte allerdings auch ein Gespür für die Gefahren, die dieser „antitotalitäre" – eher gegen die Linke als gegen die Rechte gerichtete – Konsens nach sich ziehen konnte. Jede Beschwörung der Verpflichtung zum Kampf gegen den Totalitarismus begünstigte auch das Bekenntnis zu einer Gemeinsamkeit, die politische Gegensätze überwinden wollte und nicht selten der Gefahr eines Bekenntnisses im Sinne eines totalitär anmutenden, weil Fraglosigkeit erzeugenden antitotalitären Konsenses (Otto Heinrich von der Gablentz) erlag. Schumacher ließ sich durch politische Schlagworte seiner Gegner nicht bedrängen, sondern beharrte auf eigener Urteilskraft. „Politisch zweckvoll" sei es nur,

„wenn wir den Mut aufbringen, jeder, auch der unangenehmsten und bedrohlichsten Tatsache ins Gesicht zu schauen".[37]

Mit der deutschen Teilung war die Herausbildung unterschiedlicher Traditionen und zweier deutscher Geschichtsbilder verbunden. So ist es nicht verwunderlich, dass auch die Erinnerungen an Schumacher gespalten sind.[38] Er selbst konnte sich in der Phase des beginnenden Kalten Krieges ein geeintes Deutschland nur im europäischen Zusammenhang denken. Das bot die Chance, Deutschlands Spaltung durch eine Internationalisierung Europas[39] zu überwinden, dies ohne ahnen zu können, dass die europäische Einheit fast vier Jahrzehnte nach seinem Tod einmal die Voraussetzung der deutschen Wiedervereinigung werden konnte.

Die 1950er-Jahre ließen sein Bild bereits schwanken. Was hätte er, der den Bau eines neuen Panzerkreuzers der Reichsmarine 1928 vehement bekämpft hatte,[40] zur Wiederbewaffnung der Bundesrepublik gesagt? Manche der nach seinem Tod eintretenden politischen Entwicklungen erschwerten die Würdigung von Schumachers historisch-politischer Leistung weiterhin. Seine programmatischen Aussagen

37 Kurt Schumacher, Rede vom 6.5.1945, in: Albrecht, Schumacher Reden, S. 203–236, hier S. 203.
38 Vgl. Stefan Rammer, Kurt Schumacher im Urteil der deutschen Nachkriegspresse: Das Bild eines sozialdemokratischen Politikers in Ost- und Westdeutschland, Winzer 2002.
39 Vgl. Kurt Schumacher, Aufgaben und Ziele der deutschen Sozialdemokratie, Hauptreferat vom 9.5.1946, in: Albrecht, Schumacher Reden, S. 387–418, hier S. 407.
40 Vgl. Schober, Schumacher, S. 285 ff.

an seinen früheren zu messen, führte in die Irre, vor allem, weil die Beurteilung einer Persönlichkeit in der Regel vom Endpunkt der Entwicklungen erfolgt, also in Kenntnis aller Folgen möglicher Ereignisse. Die Eule der Minerva macht sich, wie Georg Wilhelm Friedrich Hegel wusste, erst in der Dämmerung des Abends auf ihren Flug, wenn alle Tagesereignisse vergangen sind! Sie weiß nur, was sie weiß, weil es mit dem Tag vergangen ist. Der Historiker vergisst dies sehr oft und verfällt hingegen häufig seiner Neigung, geschichtliche Herausforderungen und ihre Lösung aus dem Nachhinein zu beurteilen. Er ist geneigt, dabei zu übersehen, dass er Entscheidungsergebnisse und -folgen nur beurteilen kann, weil sie lange zurückliegen.

Schumacher, der Politiker und Zeitgenosse von vier politischen Systemen auf deutschem Boden, stand hingegen „mittendrin" – er hatte politische Veränderungen nicht nur zu bewältigen und hinzunehmen, sondern zum Ausgangspunkt neuer Einschätzungen zu machen. Er konnte nur trotz ihm bewusster möglicher Fehleinschätzungen Konsequenzen ziehen, selbst dann, wenn seine politische Entscheidung später neue politische Korrekturen erforderte. Politische Gestaltung ist nicht nur der Kampf um die angemessene und richtige Ordnung, sondern stets auch Politikfolgenbeseitigung.

Kurt Schumachers politisches Leben war geprägt durch Umbrüche der deutschen Geschichte und wies entsprechend viele Facetten auf: Schulzeit in Westpreußen im deutsch-polnischen Grenzgebiet, Kriegsteilnahme, schwere Verwundung, Studienabschluss im Jahre der Novemberrevolution, Entstehung der Weimarer Reichsverfassung, politische Tätigkeit in Württemberg, einem durch das bürgerliche Blockdenken geprägten Land, Verfolgung durch die Nationalsozialisten und Diffamierung durch die Kommunisten – Schumacher stand gleichsam stets mitten in der deutschen Geschichte und kannte ihren Ausgang nicht. Fest begründet aber waren seine politischen Grundprinzipien, denn bereits zwischen der Novemberrevolution 1918/19 und dem Scheitern der Weimarer Republik hatte er Demokratie, Rechtsstaat und Verfassung rechtfertigen und verteidigen müssen.

An die Erfahrungen, die er als junger Redakteur und Landtagsabgeordneter in der Weimarer Republik machen konnte, knüpfte Schumacher nach dem Ende der NS-Herrschaft an, als er den „Neubau"[41] von Partei und Staat versuchte. Die Schumacher-Forschung hat diesen Begriff weitgehend akzeptiert, um so anzudeuten, dass die Neugründung der SPD nach 1945 sich zu einem erheblichen Teil von den überkommenen Traditionen absetzen musste.

Als Weimarer Sozialdemokrat bereits innerparteilich sehr kämpferisch, war Schumacher national, ohne nationalistisch zu sein. In den frühen Würdigungen unmittelbar nach seinem Tod wurden seine konkreten sozialpolitischen Ziele nicht besonders hervorgehoben; seine staats- und verfassungstheoretischen Vorstellungen traten sogar noch stärker in den Hintergrund. Bereits in der Weimarer Republik konzentrierte sich Schumacher als außenpolitischer Kolumnist auf die Weltpolitik.[42] Seine sich in zahlreichen Artikeln niederschlagenden Positionen können in dieser Einleitung nicht nachgezeichnet werden, sondern müssen zum einen andeutungsweise mit seinen politischen Erfahrungen, zum anderen mit seiner Dissertation verbunden werden. Diese Kombination scheint sinnvoll, weil sich Schumacher stets den Herausforderungen stellte, in denen Erfahrungs- und Erwartungshorizonte zu verschmelzen scheinen.[43]

In den 1970er-Jahren, also zwanzig Jahre nach seinem Tod, wurde Kurt Schumacher in den damals heftigen Auseinandersetzungen um Staatsbürgerschaft, friedensvertragliche Regelungen, letzte Grenzfragen und die Ausrichtung der Ostpolitik oftmals von Kritikern der sozialliberalen Koalition noch einmal instrumentalisiert, um die Politik zu diskreditieren, die mit Egon Bahr und Willy Brandt verbunden bleibt.[44] Konservative Publizisten und Parteipolitiker wollten Schumacher posthum als Gewährsmann und Zeugen gegen die sozialliberale Koalition und insbesondere gegen die – wie so oft – innenpolitisch zerstrittene SPD in Stellung bringen.

41 Willy Albrecht, Kurt Schumacher: Ein Leben für den demokratischen Sozialismus, Bonn 1985, S. 37.
42 Vgl. Schober, Schumacher, S. 345 ff.
43 Vgl. Reinhard Koselleck, Zeitschichten. Studien zur Historik, Frankfurt a. M. 2000, S. 175.
44 Vgl. Andreas Vogtmeier, Egon Bahr und die deutsche Frage. Zur Entwicklung der sozialdemokratischen Ost- und Deutschlandpolitik vom Kriegsende bis zur Vereinigung, Bonn 1996.

Vor seinem Tod hatte Schumacher seine politischen Gegner immer wieder durch Zwischenrufe und Replikationen gereizt, die bis heute sein Bild beeinflussen. Manche seiner Zwischenrufe sind seitdem zu neuen Schlagworten geworden, etwa, wenn er den kommunistischen Bundestagsabgeordneten Max Reimann nicht als Wolf im Schafspelz, sondern als „Schaf im Wolfspelz" dem Spott preisgab.

Seinen Anhängern galt er bis zu seinem Tod im August 1952 als „Turmwächter der Demokratie", weil er im 1. Deutschen Bundestag zu einem der schärfsten Kritiker Adenauers geworden war. Andere hoben hingegen sein unermüdliches Eintreten für die deutsche Einheit hervor, dritte wiederum seinen Kampf gegen die „rotlackierten Nazis"; weitere taten sich schwer mit seinen frühen Versuchen, vor allem die führenden Funktionäre der damaligen rechtsextremistischen Parteien der unmittelbaren Nachkriegszeit zu bekämpfen, nicht aber pauschal einfache ehemalige Nationalsozialisten dauerhaft zu stigmatisieren.

Dies alles zeigt seine Vielschichtigkeit und seine Widersprüchlichkeit sowie seine Bedeutung als Politiker, der auf Veränderungen und Herausforderungen augenblicklich reagierte. Zugleich vertrat er dennoch Prinzipien, die sich aus seinem Republikanismus, seinem Verfassungsverständnis, seiner demokratischen Grundorientierung und seiner sozialpolitischen Grundhaltung erklärten.

Betrachtet man diesen Umstand, ist es nicht überraschend, dass Kurt Schumacher in Südwestdeutschland nach der Gründung des Reichsbanners Schwarz-Rot-Gold durch seine mitreißende Bejahung der Weimarer Reichsverfassung eine herausragende Rolle bei der Herausbildung dieser Weimarer Massenorganisation spielte, die die Republik schützen und die allgemeine Freiheit auch des Andersdenkenden in politischen Auseinandersetzungen sichern sollte, vorausgesetzt, dieser hatte nicht den Anspruch, die Verfassung zu beseitigen. So gesehen, ist Schumacher ein früher Vertreter einer „streitbaren Demokratie".

Im Mai 1945 bekannte er sich zu Ferdinand Lassalle. „Aussprechen, was ist", das sollte sein Motto werden. Sein Vertrauen in die „Ideen des Rechts und der Menschlichkeit" sollte den „blinden Glauben an die allein bestimmende Rolle der Gewalt" ersetzen.[45] In weiten Passagen seiner ersten großen Rede, die erst gedruckt ihre Wirkung entfalten konnte, wird deutlich, dass Schumacher nicht nur die Erfahrungen verarbeitete, die er als Verfolgter des NS-Regimes machen musste, sondern dass er auch an seine Dissertation anknüpfte. Diese war vor ihrer Publikation in einer Taschenbuchreihe[46] im Jahr 1973 nur wenigen Kennern der sozialdemokratischen Staatstheorie bekannt.

Die Doktorarbeit erschließt nicht nur wichtige seiner politischen Motive, sondern sie entfaltet auch die Konturen seiner politischen Ethik und erklärt so Schumachers Entschluss, sich innerhalb der SPD für eine menschenwürdige Gesellschaft und den freiheitlichen Verfassungsstaat zu engagieren. Damit war sein Eintreten für die Werte des freiheitlichen Verfassungsstaates verbunden, aber auch die stets wachsame und intensive Auseinandersetzung mit dem Rechtsextremismus und Nationalsozialismus, die sein Denken und Handeln in der Weimarer Zeit und anschließend in den Haftjahren bestimmte, die er nach 1933 erleiden musste.

Im Folgenden wird versucht, die politischen Vorstellungen Schumachers im Zusammenhang mit seiner politischen Tätigkeit zu sehen. Denn Denken, Wollen und Handeln bildeten bei ihm eine Einheit wie selten bei einem Politiker seiner Generation. Ich konzentriere mich dabei auf Schumachers Dissertation, versuche sie allerdings in Zusammenhängen zu deuten, die bestimmt werden durch politische Erfahrungen und Ziele Schumachers unmittelbar vor der Niederschrift des Textes. Denn ich habe den Eindruck, dass sich viele der politischen Reflexionen, die vor 1933 seine öffentlichen Äußerungen prägen, aus seiner Dissertation erklären. Aber auch nach 1945 greift er in grundsätzlichen Stellungnahmen auf diese Arbeit zurück, die dadurch so etwas wie ein lebensgeschichtlicher Schlüsseltext wird.

45 Albrecht, Schumacher Reden, S. 203 f.
46 Kurt Schumacher, Der Kampf um den Staatsgedanken in der deutschen Sozialdemokratie. Mit einem Geleitwort von Herbert Wehner, Stuttgart 1973, Urban-Taschenbuch 839 in der Unterreihe „Reihe 80".

1.1 Schulzeit und Kriegsdienst

Kurt Schumacher ist seine spätere herausragende politische Rolle nicht an der Wiege gesungen worden. Er wurde am 13. Oktober 1895 im westpreußischen Culm als einziges Kind einer linksliberalen und durchaus wohlhabenden Kaufmannsfamilie geboren. Sein Vater Carl Schumacher war vor dem Ersten Weltkrieg Stadtverordnetenvorsteher und Kreistagsabgeordneter der Freisinnigen Partei. Er hatte eine gesellschaftlich herausgehobene Rolle und verkraftete nach der Umsiedlung nach Hannover den Verlust seines Vermögens nicht. In der Mitte der 1920er-Jahre kam er bei einem Autounfall zu Tode. Schumachers Mutter überlebte ihren Mann um etwa zehn Jahre und verband manche ihrer Enttäuschungen über die sozialen Folgen von Kriegsende und Übersiedlung viel später mit ihrem Glauben an Hitler und die NSDAP, ohne aber deshalb ihren politisch ganz andersdenkenden Sohn abzulehnen oder gar abzuschreiben. Schumacher empfand später sogar ein deutliches Mitleid mit seiner Mutter, deren politisches Wollen zwar ans Ziel gekommen sei, ihn selbst aber faktisch ins Elend gebracht habe. Seine Schwester war mit einem NSDAP-Mitglied verheiratet, ohne dass dies, wie bereits erwähnt, Konsequenzen für ihre geschwisterliche Fürsorge für den inhaftierten und 1943 entlassenen Bruder hatte.

Schumachers Geburtsort Culm lag im östlichen Teil Westpreußens, nahe der russischen Grenze und zugleich im Zentrum des deutsch-polnischen Siedlungsgebietes; die polnischen Mitschüler überwogen zahlenmäßig, ohne dass es deshalb zu Spannungen wegen der binnenimperialistischen Germanisierungspolitik kam. Bestimmend blieb vielmehr die Nähe zum abgelehnten und auch von Polen als bedrohlich empfundenen Zarenreich. Bereits zwei Tage nach dem Beginn des Ersten Weltkriegs meldete sich Schumacher wie manche seiner polnisch sprechenden Mitschüler 18-jährig als Kriegsfreiwilliger. Gab es auch teilweise heftige deutsch-polnische Volkstumskonflikte, die ein „Bedrohungsgefühl"[47] verursachten und antipolnische Restriktionen nach sich zogen, so galt beiden Volksgruppen als Hauptgegner das russische Zarenreich.[48] Schumacher konnte noch das Kriegsabitur ablegen.

„Will, ruf ich aus, das Schicksal mit uns enden, so stirbt sich's schön, die Waffe in den Händen",

lautete das Thema seines Abituraufsatzes. Er war wie seine polnischsprachigen Mitschüler überzeugt, gegen das Zarenreich kämpfen zu müssen. Auch diese antizaristische Überzeugung, die bereits Engels formuliert hatte, entsprach dem weit verbreiteten Denken der Sozialdemokratie und erklärte die wenig später erfolgte Bewilligung der Kriegskredite durch die sozialdemokratische Reichstagsfraktion.

Schumachers Vater soll schon in den 1890er-Jahren Abonnent der „Sozialistischen Monatshefte"[49] gewesen sein, einer Zeitschrift, die seit 1895 zunächst unter dem Titel „Der sozialistische Akademiker" publiziert wurde und seit 1897 unter dem neuen Titel monatlich herauskam. Ihre Auflage war nicht hoch. Sie vertrat Eduard Bernsteins Vorstellungen einer evolutionären politischen Entwicklung. Deshalb galten die Monatshefte als wichtiges Organ der revisionistischen Strömung der damaligen Sozialdemokratie. Daneben wurde Schumachers politisches Selbstverständnis durch die von Theodor Heuss redigierte Kulturzeitschrift „März" beeinflusst, also sowohl durch den sozialdemokratischen Revisionismus als auch durch den Linksliberalismus.[50]

Es ist deshalb nicht überraschend, dass sich Schumacher bereits als 15-Jähriger zur Sozialdemokratie bekannte und möglicherweise Publikationen verfolgte, die ihm ein anderes politisches Spektrum aufzeigten als das nationale, das durch die kulturellen Konflikte zwischen polnisch- und deutschsprechenden (West-)Preußen bestimmt war. Diese politische Auseinandersetzung mit den Strömungen der Vorkriegszeit wurde durch den Beginn des Ersten Weltkrieges unterbrochen.

47 Schober, Schumacher, S. 54 ff.
48 Vgl. Gerhard Gnauck, Polen verstehen: Geschichte, Politik, Gesellschaft, Stuttgart 2018, S. 24 ff.
49 Die „Sozialistischen Monatshefte" stehen zur Verfügung unter: http://library.fes.de/sozmon/somo-zeit.html
50 Vgl. Schober, Schumacher, S. 69.

Bereits vier Monate nach seiner freiwilligen Meldung zum Heeresdienst wurde Schumacher an der Ostfront bei Bielawy nahe Łowicz schwer verwundet. Er verlor durch eine aus medizinischen Gründen unvermeidliche Amputation seinen rechten Arm, erkrankte anschließend schwer und wurde am 10. Oktober 1915 – ausgestattet mit dem Eisernen Kreuz 2. Klasse – aus dem Heer entlassen. Seine „Krieger-Rente" belief sich einschließlich der „Verstümmelungszulage" auf ca. 75 Mark. Schumacher schrieb sich unmittelbar danach für die Fächer Rechts- und Staatswissenschaften an den Universitäten Halle, wenig später dann in Leipzig und schließlich ab 1917 an der Friedrich-Wilhelms-Universität Berlin ein.[51]

Durch Kriegsdienst, Verwundung und Studium war die ursprüngliche Begeisterung des nationalistisch angehauchten Jugendlichen rasch vergangen. Er, der nach wenigen Wochen bereits schwer an der Ostfront versehrte „Notabiturient",[52] hatte sich im Laufe des Jahres 1917 politisch zu einer realistischen Haltung durchgerungen, die das Ergebnis von eigenen Erfahrungen und Erwartungen war. Inwieweit ihn die innerparteilichen Diskussionen und Richtungskämpfe in Partei und Fraktion erreichten oder berührten, ist unbekannt. Verglichen mit den innerparteilichen politischen Auseinandersetzungen der Vorkriegszeit handelte es sich nicht mehr um theoretische Debatten, sondern um Entscheidungen zwischen den gegensätzlichen Strömungen. Sie brachen während des Krieges umso heftiger aus und führten zur Spaltung der Fraktion, schließlich zur Bildung zweier sozialdemokratischer Parteien.

Schumacher ist der Mehrheitsfraktion verhaftet gewesen. Im Rückblick scheint ihm jedoch der Epocheneinschnitt in der Geschichte des imperialistischen Deutschlands bewusst geworden zu sein, der in seinen Augen eine Folge der „Missachtung des eigenen Volkes" war und deutlich machte, in welchem Maße der Staat „seinen sittlichen Inhalt" verloren hatte und zum Instrument der Macht geworden war.[53] Wer aber den Verlust des sittlichen Inhalts eines Staates beklagt, musste sich zuvor bereits Gedanken über die Rolle des Staates im Prozess der Kultivierung und Zivilisierung eben dieses Staates gemacht haben. Dies war ein zentrales Thema der Verfassungs- und Staatsphilosophie, die nicht nur Fragen der Staatsorganisation berührte, sondern auch der politischen Gerechtigkeit.

51 Vgl. ebenda, S. 91 ff.
52 Ebenda, S. 77.
53 Ebenda, S. 73.

Recht und Staat wurden damals zusammen gedacht; nun aber trennten sich für Schumacher in seiner Kritik am Obrigkeitsstaat diese Sphären. Er hatte seinen „absoluten Charakter"[54] verloren. Damit war aber der „Kampf um demokratische Formen", für die die Arbeiterbewegung seit ihrer Entstehung eingetreten war, auf eine neue Grundlage gestellt. In Zukunft musste es darum gehen, Öffentlichkeit und Wähler „mit den Resultaten dieser Demokratisierung" gleichsam in Einklang zu bringen und von dieser Grundlage aus „an die sozialistischen Aufgaben" heranzuführen.[55]

Staat und Gesellschaft standen sich gegenüber, waren unzureichend vermittelt, bedurften der Institutionen, die die Trennung überbrückten. Interessengruppen, Verbände und Parteien boten sich als intermediäre Institutionen an. Unter dem Eindruck der Kriegsereignisse formten sich überall Widerstände, es artikulierte sich Kritik, Menschen suchten nach Alternativen, nach Festlegungen.

Mit der Hinwendung zur Sozialdemokratie sagte Schumacher endgültig dem überkommenen Staatsbild und damit dem Obrigkeitsstaat des Kaiserreiches ab. Wenn er sich zur SPD bekannte, die damals für viele noch die Partei des Umsturzes und der Vaterlandslosigkeit war, hatte er den Mut zu einer Entscheidung in einer offenen Situation. Noch schien die Niederlage nicht besiegelt. Erkennbar war aber, dass die deutschen Kriegsziele von der deutschen Regierung politisch-moralisch nicht mehr positiv zu begründen waren.

Am Ende des Krieges zeigte sich: Die meisten von Schumachers polnisch sprechenden Schulkameraden hatten auf deutscher Seite ihr Leben gelassen; diese Identifikation mit dem deutschen Kaiserreich ist umso schwerer verständlich, als nicht wenige von ihnen Jahre zuvor im Zusammenhang mit einem Strafverfahren nach einem Schülerprotest noch einer nationalen Unzuverlässigkeit bezichtigt worden waren.[56] Als Student entschied sich Schumacher Anfang Januar 1918 zum Eintritt in die Partei der Mehrheits-Sozialdemokratie. Wichtiger als dieser

54 So Schumacher in seiner Dissertation, siehe S. 257 der vorliegenden Edition.
55 Ebenda, S. 256.
56 Vgl. Schober, Schumacher, S. 55 ff.

Beitritt war zunächst aber seine Mitgliedschaft im „Bund der Kriegsteilnehmer und Kriegsbeschädigten". Diese Zugehörigkeit erklärt nicht nur die Zunahme seiner Kenntnisse im Kriegsbeschädigtenrecht, sondern prägte seine sozialpolitische Haltung.

Sein politisches Handeln ging seitdem immer mit einer sozialpolitischen Stellungnahme einher. Die Vertretung sozialer Interessen schien ihm zu dieser Zeit viel wichtiger zu sein als die Teilnahme an den immer heftiger ausbrechenden politischen Debatten über den weiteren Weg Deutschlands in der Endkriegsphase, die links von der USPD eine neue Gruppierung entstehen ließen: den „Spartakusbund" um Karl Liebknecht und Rosa Luxemburg. Das politische Klima radikalisierte sich dann noch einmal unter dem Einfluss der Russischen Revolutionen und der Friedensdiskussionen. Schumacher wurde in diesen Monaten bewusst, dass der Staat nicht abgehoben von gesellschaftlichen Strukturen, Tendenzen und Interessen gesehen werden kann. In der Demokratie konnten sich Staat und Gesellschaft nicht „schroff" gegenüberstehen. Die bisherige Rechtfertigung des Staates bezog sich auf einen „idealen Zweck". Wenn die Bedeutung der Gesellschaft ermessen werden sollte, konnte es nicht mehr um die „Fassung eines Begriffes gehen", stattdessen waren „soziale Erscheinungen" als „Grundlage für das Zustandekommen des einen oder anderen Gebildes" – also von Staat oder Gesellschaft – zu betrachten.[57]

Die Betrachtung „sozialer Erscheinungen"[58] setzte die Auseinandersetzung mit der Wirklichkeit voraus. Nur sie erzeugte die Evidenz einer nachvollziehbaren Analyse. So hatte sich Schumacher noch 1918 nicht gegen das Kaiserreich gestellt, sondern für eine sozialpolitisch klare Haltung politischer Verantwortlichkeit entschieden. Niemals hatte er zuvor das deutsche Kaiserreich oder den deutschen Nationalstaat abgelehnt, sich gar als einer der „vaterlandslosen Gesellen"[59] gefühlt. Er hatte sich nicht einmal trotz der Erfahrung des Kriegsinfernos demonstrativ als Pazifist bekannt. Er wollte kein politischer „Konjunkturritter"[60] sein, der sich im Augenblick des absehbaren Regimewechsels auf die Seite der neuen Machthaber schlug. Ihm kam es darauf an, eigenständig Stellung zu beziehen, nicht indem er eine Meinung äußerte oder

57 S. 140 der vorliegenden Edition. Im Folgenden sind Zitate aus der Dissertation durch in Klammern gesetzte Seitenzahlen im Text gekennzeichnet.
58 Ebenda.
59 Dieter Groh/Peter Brandt, Vaterlandslose Gesellen. Sozialdemokratie und Nation 1860–1990, München 1992.
60 Hartmut Soell, Kurt Schumacher, in: Marieluise Christadler (Hrsg.), Die geteilte Utopie: Sozialisten in Frankreich und Deutschland: Biographische Vergleiche zur politischen Kultur, Opladen 1985, S. 259–274, hier S. 261.

eine Haltung demonstrierte, sondern indem er handelte.[61] Mit dem Bekenntnis zur Sozialdemokratie setzte die innere Entfernung von der politischen Präferenz seiner Eltern ein, die allerdings die familiären Beziehungen nicht belastete, nicht einmal, als Schumacher ab 1933 im KZ inhaftiert wurde.

Vor diesem Hintergrund war nicht erstaunlich, dass Schumacher mit dem Ausbruch der Novemberrevolution 1918 für sich eine neue politische Grundlage seines politischen Willens und zukünftigen Handelns begründete. Ihm ging es darum, eine Welt zu schaffen, in der mit der Gerechtigkeit auch Sicherheit und die Menschenwürde verwirklicht werden könnten. Das ließ sich nicht gegen, sondern nur mit dem neuen republikanischen Staat erreichen. Allerdings war dies nur unter der unbezweifelbaren Voraussetzung möglich, dass es gelang, aus dem bisherigen obrigkeitlich geprägten Polizei- und Klassenstaat einen rechtsstaatlichen und gewaltenteiligen demokratischen Beteiligungsstaat zu machen.

Die Novemberrevolution, die Bildung des Berliner Arbeiter- und Soldatenrates und die Januarkämpfe erlebte Schumacher unmittelbar mit. Zunächst trat er für die Verbesserung der Lebensbedingungen ein, konkret: für die berufliche Wiedereingliederung der Schwerkriegsbeschädigten. Als Vertrauensmann des Reichsbundes der Kriegsbeschädigten verfolgte er vermutlich als einer von 3000 Vertrauensleuten die Versammlung des Berliner Arbeiter- und Soldatenrates, der sich im Zirkus Busch zusammengefunden hatte. Berichte über Schumachers Tätigkeit in der Revolutionszeit sind erst viele Jahre später zu datieren. Gesichert scheint aber, dass sich Schumacher für die Wahl einer Verfassunggebenden Nationalversammlung einsetzte; insofern entsprach seine Haltung der Grundposition der MSPD.

Im Februar 1919 trat Schumacher, der während dieser Zeit auch an seiner Dissertation schrieb, eine Stellung als Rechtsreferendar am Amtsgericht Culm an. Hier wurde er „zum zumindest mittelbaren"[62] Zeugen der an Schärfe zunehmenden Auseinandersetzung zwischen den polnischen und deutschen „Volksgruppen", die schließlich zu einer wohl „beispiellosen Polarisierung"[63] führte und in der Option der

61 Heinrich G. Ritzel, der Schumacher aus der Weimarer Reichstagsfraktion kannte, sah in diesem Schritt „die erste Betätigung seines politischen Willens". Heinrich G. Ritzel, Kurt Schumacher in Selbstzeugnissen und Bilddokumenten, Reinbek 1972, S. 12.

62 Schober, Schumacher, S. 105.

63 Ebenda, S. 103.

deutschsprachigen Mehrheit für eine Übersiedlung in das Reichsgebiet endete. Aus Culm wurde nun Chełmno, das allerdings nicht mit dem Jahrzehnte später gegründeten Vernichtungslager gleichgesetzt werden darf. Schumacher kehrte – des Referendariats überdrüssig – nach Berlin zurück, wo er im April 1920 das Assessor-Examen ablegte. Seine Dissertation hatte er als Münsteraner „Reisedoktor"[64] bereits weitgehend abgeschlossen. Gründliche Kenntnisse im Kriegsbeschädigtenrecht bahnten ihm den Weg auf die Anstellung als Hilfsreferent im neuen Reichsarbeitsministerium, die er Anfang August 1920 antrat. Die Zeit bis zum Dienstantritt nutzte er zum Abschluss seiner Dissertation und belegte gleichzeitig – mehr pro forma und um der Promotionsordnung zu genügen – ein Seminar bei seinem späteren Hauptgutachter Johann Plenge. Unmittelbar nach seinem Seminarvortrag reichte er seine Dissertation am 22. Juni 1920 ein und absolvierte vier Wochen später, am 26. Juli 1920, das examen rigorosum „cum laude". Insgesamt beschloss er das Verfahren mit der Note „magna cum laude".[65] Dass sich Schumacher Grundsatzfragen der politischen Ordnung widmete, war auch eine Folge einer ganz neuen Lebenssituation.

64 Ebenda, S. 115 ff.
65 Vgl. das Gutachten im Anhang dieses Bandes, S. 306 ff.

1.2 Redakteur der „Schwäbischen Tagwacht" und Abgeordneter

Schumacher wurde bei seinem kurzen Zwischenspiel als Staatsbediensteter im Reichsarbeitsministerium innerhalb weniger Wochen klar, dass er als Ministerialbeamter sehr wenig zur politischen Ausgestaltung der Verfassungs- und Gesellschaftsordnung beitragen konnte. Er empfand den „Ressortstumpfsinn"[66] als hemmend. So kam es Schumacher mehr als gelegen, dass Wilhelm Keil, damals Chefredakteur der „Schwäbischen Tagwacht", einen Redakteur suchte[67] und auf Schumacher unter anderem von Otto Landsberg, einem der drei Mehrheitssozialdemokraten im Rat der Volksbeauftragten, aufmerksam gemacht wurde. Er verpflichtete den 25-jährigen Schumacher, der umgehend kündigte und nach Stuttgart umzog. Er hatte sich „in überraschend hohem Grade" als kundig in der „Ideengeschichte der sozialistischen Bewegung", ihrer organisatorischen Entwicklung und ihrem personellen Führungsbereich gezeigt, stellte Keil, der zugleich der Führer der württembergischen Sozialdemokratie war, fest. Er empfahl Schumacher im anschließenden, formlich notwendigen Bewerbungsverfahren, das Ende November 1920 abgeschlossen war und Schumacher mit dem 1. Dezember 1920 zum Redakteur der „Schwäbischen Tagwacht" machte, einer der wichtigen sozialdemokratischen Zeitungen im Südwesten. Sie erschien in Stuttgart und betreute überdies in Esslingen ein weiteres Kopfblatt[68] mit einem redaktionellen Teil, den Schumacher gemeinsam mit seinem späteren Freund Erwin Schoettle verantwortete.

66 Schober, Schumacher, S. 141.
67 Vgl. Wilhelm Keil, Dem Andenken an Dr. Kurt Schumacher, in: „Württembergischer Staatsanzeiger" v. 23.8.1952.
68 „Volkszeitung: Tagblatt für die Oberämter Eßlingen, Nürtingen und Kirchheim." Die Jahrgänge 1914 bis 1932 sind im Kreisarchiv Eßlingen zu finden. Die Vorgänger-Zeitung erschien bis August 1914 unter dem Titel „Eßlinger Volkszeitung".

Kurt Schumacher als Landtagsabgeordneter in Württemberg, 1924.
Quelle: Scherl/Süddeutsche Zeitung Photo, Bild-Nr.: 00053555

Schumacher war nun Parteibediensteter mit einem gesicherten Einkommen. Viel wichtiger war, dass er als Redakteur eine günstige Ausgangsposition für seine weitere politische Karriere besaß. Er nutzte sie, so gut es ging. Deshalb war es nicht überraschend, dass er 1924 zunächst Stuttgarter Vorsitzender des Reichsbanners Schwarz-Rot-Gold[69] und 1926 Vorsitzender des Kreisverbandes der SPD Stuttgart wurde. Den Vorsitz des Stuttgarter Ortverbands des Reichsbanners legte er Ende April 1931 nieder, war aber weiterhin in dessen geschäftsführendem Ausschuss und als Redner auf politischen Veranstaltungen aktiv.[70]

Sein Promotionsverfahren schloss Schumacher erst 1926 ab, also zwei Jahre nach der Übernahme des Vorsitzes des Stuttgarter Reichsbanners. Vor diesem Hintergrund wird die Bemerkung verständlich, die sich in seinem akademischen Lebenslauf findet. Diesen hatte er im Zusammenhang mit der Vorbereitung seines Doktorexamens bereits knapp zwei Jahre früher formuliert. Als Jugendlicher wäre er, so schreibt er, durch Bernsteins Texte im Sinne einer „Schablonisierung" in seinen Ansichten geprägt worden. Ihm war zugleich bewusst, dass seine politische Haltung auch durch äußere Einflüsse geprägt worden war. Denn er deutete an, dass seinen „‚Schablonen' […] manches ihrer Gefährlichkeit" fehlte, die damals von Staat und Gesellschaft der Sozialdemokratie zugeschrieben worden war.

Peter Merseburger hat in der Mitte der 1990er-Jahre im Zusammenhang mit seiner Fernsehdokumentation über den „Schwierigen Deutschen" Kurt Schumacher eine Neuinterpretation von Bedeutung und Wirkung Schumachers versucht. Er sah in Schumacher nicht nur den politischen Kämpfer, sondern einen – neben Ferdinand Lassalle und August Bebel – programmatisch prägenden Sozialdemokraten, der die Erfahrungen weitertrug, die er in der Weimarer Republik sammelte. Persönlich prägend blieb die Revolutionszeit, vor allem aber die politische Auseinandersetzung in Württemberg und im Berliner Reichstag. Seine politisch-programmatische Bedeutung war angesichts der innerparteilichen Konflikte, die auch um sozial-, außen- und rüstungspolitische Grundfragen der Reichspolitik ausgefochten wurden, lange nicht angemessen anerkannt. Dass er die teilweise taktisch komplizierten Konflikte grundsätzlich zu reflektieren suchte, erklärt sich aus der außergewöhnlichen Kenntnis Schumachers der sozialdemokratischen Staatstheorie.[71]

69 Vgl. Schober, Schumacher, S. 268 ff.
70 Vgl. ebenda, S. 378.
71 Merseburger, Kurt Schumacher, S. 51–69, betont dabei aber vor allem den Einfluss von Johann Plenge.

Merseburger stützte sich erstmals intensiv auf Schumachers staatswissenschaftliche Münsteraner Dissertation, um dessen politische Grundhaltung zu verstehen. Sie wurde erst 1973, also mehr als zwei Jahrzehnte nach Schumachers Tod, publiziert. So wichtig sie für die Staatstheorie der SPD ist, so wenig erklärt sie das politische Weltbild des sozialdemokratischen Politikers aus vier Epochen und sein politisches Verhalten als Publizist, als württembergischer Landtags- und deutscher Reichstagsabgeordneter.

„Wir sind, was wir gelesen", können wir bei dem Historiker Golo Mann lesen. Schumacher hatte sich für seine Dissertation gründlich in die sozialdemokratische Staatstheorie und in die politische Philosophie seit Johann Gottlieb Fichte und Hegel eingelesen und wurde so zu einem Sozialdemokraten, der sich nicht auf die sozialistischen Klassiker allein konzentrierte, sondern in der Sozialdemokratie eine Emanzipationsbewegung sah, die den politischen Liberalismus nicht verwarf, sondern dort anknüpfte. Auch Bernstein hatte einmal erklärt, die Sozialdemokratie sei die Partei des organisatorischen Liberalismus und hätte die Halbheiten liberaler Politik zu ersetzen.

Unabhängig von den tagespolitischen sozialdemokratischen Theoriedebatten und von Richtungsstreitigkeiten hatte sich Schumacher erst 1918 intensiv in die Praxis sozialdemokratischen Staats- und Gesellschaftsdenkens eingearbeitet und somit Grundlagen für sein positives Staatsverständnis legen können, das seine Doktorarbeit prägte.[72]
In seiner Dissertation hatte er über die institutionellen Voraussetzungen einer menschenwürdigen Gesellschaft nachgedacht und im demokratisch kontrollierten und beeinflussten Staat eine Voraussetzung neuer Freiheit und sozialer Gerechtigkeit erkannt. Unter dem Eindruck seiner Kriegserfahrungen festigte sich Schumachers Überzeugung, der Staat habe eine wichtige Rolle bei der Herstellung einer menschenwürdigen, freiheitlichen und sicheren Rechts- und Lebensordnung zu spielen.
Das setzte allerdings voraus, dass er durch den Willen der Bevölkerung, also demokratisch beeinflusst werde und die Exekutive parlamentarisch kontrolliert werden müsste.

72 Vgl. dazu S. 81 ff. im vorliegenden Band.

Schumacher hatte seine Grundüberzeugungen Anfang der 1920er-Jahre in seiner Dissertation niedergelegt, verlor aber offensichtlich das Verfahren aus den Augen und schloss es förmlich erst Jahre später ab. Er hatte sich bald nach dem Rigorosum als politischer Redakteur neuen Herausforderungen zu stellen. Dies erklärt, dass er die Formalien des Verfahrens aus dem Blick verlor und schließlich sogar dezidiert von seiner Fakultät aufgefordert werden musste, fristgerecht die letzten notwendigen Auflagen seiner Prüfungskommission zu erbringen. Wichtiger als der Erwerb seines Doktorgrades war es Schumacher in der ersten Hälfte der 1920er-Jahre, sich überdies nicht nur als Publizist und als Agitator bekannt zu machen, sondern die Hürden der Nominierung für Mandate zu nehmen. Wenn er in politische Auseinandersetzungen verstrickt war und sich dabei sogar gegen seinen früheren Förderer Wilhelm Keil wandte, so erklärt sich dies aus dem Wunsch, eine politische Karriere vorzubereiten. In den frühen 1920er-Jahren beschäftigte ihn die Frage einer Vereinigung von MSPD und USPD, die er als eine Richtungsentscheidung über die weitere parlamentarische Praxis seiner SPD empfand.

Der linke Flügel der USPD vereinigte sich 1920 mit der KPD, wodurch allerdings der Druck auf die SPD von links nicht geringer wurde. Das prägte vor allem Stuttgarter Diskussionen. Durch die Vereinigung des linken Flügels der USPD mit der KPD zur „Vereinigten Kommunistischen Partei Deutschlands" wurde die Zusammensetzung der Mehrheits-SPD zwar verändert, allerdings gab es wegen der Struktur der ländlichen und katholischen und nicht zuletzt bürgerlich-national denkenden Wählerschaft Grenzen. So beeinflussten nicht nur die im Vergleich zu den Mehrheitssozialdemokraten eher links orientierten ehemaligen USPD-Mitglieder, sondern auch die Rücksichtnahme auf die nichtsozialdemokratische Wählerschaft die weitere Richtung der SPD wesentlich stärker als die „treuen" MSPD-Mitglieder.[73] Schumacher machte in diesen Jahren die Erfahrung, wie wichtig es war, andere soziale Gruppen, etwa Beamte und den Mittelstand, anzusprechen als nur die sozialdemokratische Kernanhängerschaft. Deshalb legte er großes Gewicht darauf, die breitere Bevölkerung zu erreichen und die SPD zu einer württembergischen Volkspartei zu machen.

73 Vgl. Schober, Schumacher, S. 157 ff.

Schumacher war also pragmatisch in die innerparteilichen programmatischen Auseinandersetzungen involviert und dabei bestens vorbereitet durch politische Bildungsveranstaltungen, die er für jüngere Parteimitglieder organisierte und durchführte. In diesen politischen Kursen festigten sich seine Argumentation und zugleich auch sein Verständnis der Weimarer Verfassung. Er gewöhnte sich nicht nur an die doppelten politischen Frontstellungen, die sich gegen Kommunismus und Bolschewismus[74] auf der einen, gegen den Nationalsozialismus[75] auf der anderen Seite richteten, sondern wuchs in den Konflikten rhetorisch und erlangte einen weit über die Landesgrenzen reichenden Ruhm als Agitator. Überdies entwickelte er ein Netz von Gesinnungsfreunden. Ludwig Marum, Tony Sender, Carlo Mierendorff, Fritz Bauer und Erwin Schoettle wurden zu Freunden, auf die er sich verlassen konnte, wie später auch auf Annemarie Renger.

Als entscheidende Konfliktebene muss in den Jahren der Weimarer Stabilitätsphase seine Auseinandersetzung mit den „bürgerlichen Parteien", vor allem mit den „Deutschnationalen" um Wilhelm Bazille, gelten. Kurt Schumacher hatte als Abgeordneter des Württembergischen Landtags und als Reichstagsabgeordneter heftige Debatten auszufechten, auch, weil manche seiner Gegner ihn als Landesfremden nicht akzeptieren konnten. Seine Zwischenrufe waren gefürchtet, ebenso seine Replikationen. An ihm lag es allerdings nicht, dass 1930 keine Koalition von SPD, DDP und Zentrum in Württemberg zustande kam und Eugen Bolz als Vertreter des Zentrums ein Minderheitenkabinett anführte, das sich als letztes Bollwerk gegen die deutschnationale-nationalsozialistische Machtübernahme zu behaupten hatte.[76] Schumachers Grundhaltung blieb dabei durch sein Staatsverständnis bestimmt, das er gründlich reflektiert hatte und das sich allgemeinverständlich in zahlreichen Parteiversammlungen,[77] in bisher nicht umfassend ermittelten Artikeln, in Partei- und Landtagsreden[78] und nicht zuletzt in den verschiedenen von politischen Gegnern und dem deutschnationalen Staatspräsidenten Wilhelm Bazille aufgezwungenen Strafverfahren[79] niederschlug.

74 Vgl. ebenda, S. 163 ff.
75 Vgl. ebenda, S. 171 ff.
76 Vgl. Thomas Schnabel, Die Machtergreifung in Südwestdeutschland: Das Ende der Weimarer Republik in Baden und Württemberg 1928–1933, Stuttgart 1982.
77 Vgl. Schober, Schumacher, S. 186 ff., bes. 194 ff.
78 Zum Beispiel Landtagsreden vom 18.12.1924, 28.1.1925, 3.2.1925, 19.2.1925, 10.7.1925, 14.7.1925, 18.11.1925, 19.12.1925, 21.1.1926, 21.5.1926, 29.5.1926, 10.6.1926, 28.1.1928.
79 Vgl. Schober, Schumacher, S. 177 ff.; vgl. die Liste der Strafsachen ebenda, S. 479 f.

Schumacher verteidigte die Weimarer Verfassung ebenso unbeirrt wie mutig gegen die radikale Linke und gegen die extreme Rechte. Er entwickelte in dieser doppelten Frontstellung sein „antitotalitäres" Konzept.[80] In diesem Zusammenhang wandte er sich – wohl im Frühjahr 1930 – erstmals gegen die Kommunisten als „rotlackierte Doppelausgaben der Nationalsozialisten".[81] Dahinter stand mehr als nur ein Symbolkonflikt. Schumacher wusste, wie leicht Grenzüberschreitungen waren:

80 Vgl. Kurt Schumacher, Kommunismus, Faschismus, Reichsbanner, in: „Schwäbische Tagwacht", Nr. 76 v. 1.4.1930.
81 Schober, Schumacher, S. 196.
82 Zit. nach ebenda, S. 329.

„Der Weg der leider ziemlich zahlreichen proletarischen Hakenkreuzler geht über die Kommunisten, die in Wirklichkeit nur rotlackierte Doppelausgaben der Nationalsozialisten sind. Beiden gemeinsam ist der Hass gegen die Demokratie und die Vorliebe für Gewalt.“[82]

Seit 1923 nahmen Schlägereien in den politischen Versammlungen zu. Schumacher begründete die „Wandervereinigung Schwabenland" nicht als Wanderverein, sondern als einen Schutzverband, um der „das staatliche Leben zersetzenden Agitation der rechtsbolschewistischen Kreise ein starkes Gegengewicht" entgegenzusetzen. Die Mitglieder sammelten Informationen und standen bereit, um gegen „antirepublikanische Verschwörer-Organisationen [...] mutig ihr Leben in die Schanze zu schlagen für Staat und Volk" und Versuche abzuwehren, „die Republik mit brutaler Gewalt zu stürzen".[83] Dass damit der Boden bereitet war für einen republikanischen Schutzverband, ist offensichtlich.

83 „Schwäbische Tagwacht", Nr. 195 v. 22.8.1923, zit. nach ebenda, S. 203.

1.3 Vom Reichsbanner zur Verteidigung der Verfassung in der Endphase der Republik

Der Blick auf den bundesdeutschen Nachkriegspolitiker Kurt Schumacher hatte zu lange den Blick auf seine Weimarer Zeit verstellt. Das erklärt sich daraus, dass er politisch vor allem im Südwesten aktiv war, allerdings immer im Schatten anderer Sozialdemokraten, vor allem von Wilhelm Keil, stand. Er kam überdies erst in der Endphase der Republik in den Reichstag. Nicht bewusst wurde so die ihn bis in die Jahre nach 1945 prägende Auseinandersetzung mit den Konservativen, Deutschnationalen, Nationalsozialisten und Kommunisten. Kaum wahrgenommen wurde er als Publizist, der die Weimarer Verhältnisse reflektierte und kritisierte. Dass er besonderes Gewicht auf allgemeine sozialpolitische Probleme gelegt hatte und die Öffnung über die engen Grenzen des traditionellen sozialdemokratischen Milieus hinaus betrieb, geriet ebenso aus dem Blick wie seine Bemühung um die Ausweitung der Wählerbasis der SPD, um eine moderne Volkspartei zu schaffen. Er wurde wahrgenommen als ein Politiker, der Konflikte zuspitzte. Viel wichtiger war jedoch sein Versuch, die Gesellschaft durch die SPD zu integrieren. Sozialpolitik und Parteikonflikte prägten seine Weltsicht und sein Weltverständnis entscheidend. Die außenpolitischen Entwicklungen kommentierte er als Publizist, erst nach 1945 wurde die Außenpolitik wichtiger für ihn.

Unsere Unkenntnis seiner persönlichen Entwicklungen erklärt sich nicht zuletzt aus der Zurückhaltung Schumachers, seine eigene Lebensgeschichte in den Mittelpunkt zu stellen, aber auch aus dem Verlust seiner Unterlagen vor 1945 durch Verfolgung und Kriegsereignisse. Die erste Erforschung Schumachers verdanken wir vor allem Volker Schober,[84] der in der von Hartmut Soell angeregten Heidelberger Dissertation erstmals umfassend untersuchte, wie Schumacher seit 1926 die parlamentarische Arena nutzte, um Deutschnationale und später

84 Schober, Schumacher, zum Forschungsstand vgl. S. 15 ff.

Nationalsozialisten parlamentarisch zu bekämpfen. In der ersten Hälfte der 1920er-Jahre hatte Schumacher seinen Redakteursposten bei der „Schwäbischen Tagwacht" genutzt, um sich eine politische Basis für eine angestrebte Parteikarriere zu schaffen. Die Auseinandersetzung mit den politischen Gegnern auf der äußersten Rechten und auf der Linken ging einher mit innerparteilichen Auseinandersetzungen. Er unterschied die politischen Arenen, die ihm zur Verfügung standen: Im Stuttgarter Landtag kreuzte er die Klingen mit den Deutschnationalen, in der Reichstagsfraktion versuchte er, innerparteilich eine konsequente Ablehnung jeder Annäherung an Hitler durchzusetzen. In der „Schwäbischen Tagwacht" setzte er sich vor allem mit der KPD auseinander, die er auch als Reichstagsabgeordneter politisch bekämpfte. Und das Reichsbanner diente ihm, um parteiübergreifend den Gedanken des Verfassungsstaates zu stärken und die Wertschätzung der Reichsverfassung zu erhöhen. Seine Rolle als Landtagsabgeordneter im Württembergischen Landtag wurde deutlich, als Württemberg in der Weimarer Staatskrise eine hervorstehende Rolle zukam.[85] Nicht zuletzt auch wegen der Verbindung seiner Redakteurstätigkeit mit der Funktion im Reichsbanner Schwarz-Rot-Gold galt er als eine der publizistischen Hoffnungen der SPD, deren politische Karriere 1933 jäh durch seine nationalsozialistischen Gegner und seine lange Haftzeit (1933–1943) beendet wurde.

Eine politische Würdigung Schumachers konzentrierte sich so vor allem auf den Zeitraum 1945 bis 1952. Die Neuherausgabe seiner Dissertation, die zuvor nur durch ein kleines Fragment unter dem bezeichnenden Titel „Der Weg der Arbeiterschaft zum Staat" teilveröffentlich worden war,[86] erleichtert die Erkenntnis, dass Schumacher bereits in der Weimarer Republik eine wichtige Rolle in den programmatischen und politischen Auseinandersetzungen innerhalb der südwestdeutschen SPD gespielt hatte.[87] Mitte des Jahres 1924 waren Bestrebungen nachweisbar, Impulse des am 22. Februar 1924 in Magdeburg gegründeten Reichsbanners Schwarz-Rot-Gold aufzunehmen und auch in Württemberg einen überparteilichen republikanischen Schutzverband ins Leben zu rufen. Stuttgart stellte die große Ortsgruppe im Gau

85 Vgl. Waldemar Besson, Württemberg und die deutsche Staatskrise 1928–1933: Eine Studie zur Auflösung der Weimarer Republik, Stuttgart 1959; Thomas Schnabel, Württemberg zwischen Weimar und Bonn, 1928 bis 1945/46, Stuttgart u. a. 1986.

86 Arno Scholz/Walther G. Oschilewski (Hrsg.), Kurt Schumacher, Reden und Schriften, Berlin 1962, S. 285–291.

87 Vgl. Thomas Kurz, Die feindlichen Brüder in Deutschlands Südwesten – Sozialdemokraten und Kommunisten in Baden und Württemberg 1928–1933, Berlin 1996.

Kurt Schumacher (Fünfter von links) sowie weitere Mitglieder des Reichsbanner-Gaus Württemberg bei einer Fahnenweihe in einem Waldheim im Stuttgarter Stadtteil Prag, 1925.
Quelle: AdsD, Foto-Nr.: 6/FOTA046625

und wählte Schumacher am 31. August 1924 zum Vorsitzenden einer „positiven Volksbewegung", die eine „republikanische Tradition" schaffen und die „wilhelminische Epoche" so überwinden wollte.[88] In seiner Gründungsansprache wandte sich Schumacher gegen „chauvinistische Exzesse" und die „Taten politischer Mörder", gegen „Kulturschande" und „Radauantisemitismus" und beschwor den „Gedanken der demokratischen Republik".[89]

88 Schober, Schumacher, S. 270.
89 Ebenda.

Von 1924 bis 1933 hatte er an einer doppelten Front gestanden. In den Wahlkämpfen hatte er zunächst die Kommunisten herausfordern müssen. Zugleich aber wurde deutlich, dass die soziale Basis der SPD nicht nur durch die KPD, sondern auch durch die NSDAP geschmälert wurde. Dies bedeutete, sich nicht nur zur Republik bekennen zu müssen, sondern vor allem die eigene Anhängerschaft zu mobilisieren und den von rechts wie von links bedrängten Sozialdemokraten das Gefühl zu vermitteln, dass die Sozialdemokratie die Revolution nicht verraten habe, wie die Kommunisten betonten, und dass die Revolution von 1918 aber auch nicht durch die „deutsche Revolution" zu vollenden wäre, wie die Nationalsozialisten behaupteten. Umso schmerzlicher musste es für Schumacher sein, zu erkennen, dass die Republikanisierung durch verweigerte Kompromisse mit bürgerlichen Koalitionspartnern verspielt worden war.

Die Kommunisten hatten seit 1928 in Württemberg von Wahl zu Wahl jeweils ca. 20 % zugelegt, während die SPD fast ein Fünftel der Stimmen verlor, die NSDAP sogar sieben Mandate gewann. Damit war Schumachers Kalkül einer doppelten Konfrontation gegen links und rechts unausweichlich geworden. Einen Ausweg hätte eine Koalition mit Zentrum, Liberalen und Sozialdemokraten geboten, gleichsam der preußische Weg unter Otto Braun. Schumacher erkannte aber, dass die ländlich-katholische Klientel des Zentrums das kaum mittragen würde. Dabei wirkten sich noch einmal die heftigen Auseinandersetzungen mit dem deutschnationalen Staatspräsidenten Wilhelm Bazille aus, der die Regierungskoalition von Bürgerpartei, Bauernpartei und Zentrum gebildet hatte. Und diese Verengung wurde 1928 auch nicht durch die neue württembergische Regierung unter dem neuen Staatspräsidenten Eugen Bolz aufgebrochen.

Bereits im Württembergischen Landtag galt Kurt Schumacher als ein scharfsinnig argumentierender, gefürchteter Debattenredner. Er konzentrierte sich zunächst auf sozialpolitische Fragen und wurde dann zum Berichterstatter zum Justizetat. Nach einigen Jahren bot das Landtagsmandat aber zu wenig politischen Gestaltungsraum; wichtiger für ihn wurden Parteiveranstaltungen und Zeitungsartikel. Schumacher bereitete konsequent den Wechsel in den Reichstag vor; Doppelmandate waren überdies nicht unüblich.

Eugen Bolz, der Vorsitzende der württembergischen Zentrumspartei und spätere württembergische Staatspräsident, machte dies deutlich. Ihn und Schumacher verband bei allen Unterschieden keine politische Feindschaft, eher eine gemeinsame Ablehnung von Nationalsozialisten und Kommunisten. Schumacher hatte sogar ein gewisses soziologisches Verständnis für die Handlungsweise von Bolz, weil er die Restriktionen wahrnahm, die den Handlungsspielraum des württembergischen Zentrums durch die zwingend gebotene Rücksichtnahme auf die Sympathisanten von Deutschnationalen, Deutscher Volkspartei und Bauernbund sowie Bürgerpartei einengten.

Dem Reichstag gehörte Schumacher seit 1930 an. In kurzer Zeit beendete er seine Episode als Neuling und Hinterbänkler, der sich zunächst mit Immediatsfragen zu beschäftigen hatte. Als Schumacher 1930 in den Deutschen Reichstag kam, war das Ende der Verfassungsordnung absehbar. Die Präsidialkabinette Brünings scheiterten, ein Wahlkampf-inferno (Karl Dietrich Bracher) war die Folge. Etwa ein Jahr vor der Ernennung Hitlers zum Reichkanzler hatte Schumacher am 23. Februar 1932 seine erste und einzige Reichstagsrede gehalten. Sie bestimmte sein weiteres Schicksal und begründete seinen frühen Ruhm.[90] Wie die unablässige, durch nichts einzuschüchternde Auseinandersetzung mit den württembergischen Nationalsozialisten erklärt diese Rede den schier grenzenlosen späteren Hass der nationalen und württembergischen NS-Führung unter Christan Mergenthaler auf ihn. Schumacher weigerte sich, moralisch vor den Nationalsozialisten zu kapitulieren. Auch durch diese Unbeugsamkeit beeinflusste er sein Schicksal als KZ-Häftling. Mehrfach wird überliefert, wie kompromisslos und unerschütterlich er gegenüber den zur Macht gekommenen Gegnern blieb. Er verweigerte sich der Aufforderung, seiner politischen Überzeugung abzuschwören. Vor den Machthabern zu Kreuze zu kriechen, verbot er sich. Insofern gehört er zu den standfesten deutschen Regimegegnern, denen bis heute keine auch nur geringe Annäherung an ihre Peiniger nachgewiesen werden konnte.

90 Vgl. dazu S. 78 ff. in diesem Band.

Demonstration des Reichsbanners von Stuttgart nach Cannstatt mit Kurt Schumacher (Vierter von rechts) und Paul Löbe (Fünfter von rechts), März 1925.
Quelle: AdsD, Foto-Nr.: 6/FOTA082669

1.4 Zeit des Nationalsozialismus

Gefährdet war Schumacher durch die Regierungsübernahme Hitlers unmittelbar und im besonderen Maße. In das Visier der Kommunisten geriet er erst nach der Befreiung von der NS-Herrschaft. Wie menschenverachtend die Nationalsozialisten vorgingen, um ihre Rachegelüste und Drohungen in der Realität umzusetzen, zeigte sich bei der Abstimmung über das Ermächtigungsgesetz am 23. März 1933. Viele Fraktionskollegen waren ebenso wie die Kommunisten dem Terror ausgeliefert. Das Reichstagsprotokoll vermerkte, sie fehlten „unentschuldigt". Das inzwischen rekonstruierte Schicksal aller Fraktionsmitglieder zeigt, dass die frühe Flucht von Sozialdemokraten und der Freitod von Toni Pfülf Folgen nationalsozialistischer Verfolgungsmaßnahmen waren. Im Sommer 1933 tauchte Schumacher, wie viele andere Sozialdemokraten auch, zunächst unter. Er wurde jedoch bald verhaftet und zehn Jahre lang, bis Sommer 1943, und dann erneut vom Sommer 1944 bis zum Ende des Krieges in verschiedenen Konzentrationslagern gefangen gehalten.

Nur wenige Sozialdemokraten waren eine derart lange Zeit festgesetzt worden und hatten überleben können. Schumacher war zeit seines Lebens davon überzeugt, dass es Aufgabe der SPD sei, sich in der Auseinandersetzung mit der Rechten und der Linken für die Demokratie westlichen Typs einzusetzen. Seine Zeiterfahrung blieb durch die Auseinandersetzung mit dem Totalitarismus auf der Rechten und auf der Linken geprägt. Als streitbarer Demokrat trat er für Minderheiten und ihren Schutz ein. Er bereitete sich 1932/1933 auf den Kampf im Untergrund vor, beherrschte persönlich seine durchaus von ihm wahrgenommene Angst und Furcht und verachtete die Nationalsozialisten als diejenigen, die die neue Macht verkörperten, diese auf den Straßen auslebten und gegenüber Einzelnen etwa durch entwürdigende „Schandfahrten" demonstrierten, wie sie sein Parteifreund Ludwig Marum, aber auch der württembergische Staatspräsident Eugen Bolz erleiden mussten.

Er bewahrte sich seine Fähigkeit zur Empörung über Ungerechtigkeit und ungebremsten Machtmissbrauch. Deshalb gab er trotz seiner negativen Erfahrungen den Glauben an eine gerechtere Welt nicht auf. Selbst unter den extremen Haftbedingungen erlahmte seine Abwehr- und Kampfbereitschaft nicht. Aus der Überzeugung, mit der Demokratie staatliches Wirken beeinflussen zu können, hatte er sich für eine politische Haltung entschieden, die seit dem Sommer 1933 immer schwerer und leidvoller zu behaupten war. Schumacher glaubte an die Bedeutung eines demokratisch kontrollierten Staates und setzte seine Hoffnung zugleich auf die Gewissenskraft des Einzelnen.

Die seit den 1960er-Jahren breiter werdende Erforschung der sozialdemokratischen Parteigeschichte lenkte den Blick auf einen kleinen Kreis jüngerer Sozialdemokraten, die als „militant" bezeichnet wurden.[91] Dieses Attribut bezog sich auf ihren Gestaltungsanspruch, gewiss auch auf ihr Interesse an Wehrfragen,[92] aber auch auf den Stil der publizistischen und rhetorischen Agitation, auf den Willen, im Staat und seinen Organen ein Instrument der menschenwürdigen Lebensgestaltung zu sehen. Sie erkannten früher als viele andere die Gefahr, die von den Nationalsozialisten ausging, und riefen zur Verteidigung der Republik und zum Widerstand gegen die neuen Machthaber auf.
Vier dieser später als die „Militanten" bezeichneten jüngeren Sozialdemokraten (Mierendorff, Marum, Leber, Haubach) ließen im NS-Staat ihr Leben. Oft wurde vermutet, sie hätten enger zusammengearbeitet. Dieses Bild muss allerdings korrigiert werden. Eng war das freundschaftliche Verhältnis vor allem zwischen Carlo Mierendorff und Schumacher. Julius Leber und Schumacher harmonierten hingegen weniger gut, blieben sich „fremd".[93] Volker Schober macht dafür die jeweilige Prägung durch unterschiedliche Grenzlanderfahrungen verantwortlich:[94]
Leber stammte aus dem Elsaß und unterschied sich in der Einschätzung der deutsch-französischen Beziehungen von Schumacher, der die deutsch-französische Annäherung begrüßte, die Aristide Briand und Gustav Stresemann im Locarno-Vertrag auf eine neue Grundlage gestellt hatten.

91 Vgl. Dorothea Beck, Theodor Haubach, Julius Leber, Carlo Mierendorff, Kurt Schumacher. Zum Selbstverständnis der ‚militanten Sozialisten' in der Weimarer Republik, in: Archiv für Sozialgeschichte 26 (1986), S. 87–123.

92 Vgl. Theodor Haubach, Der Sozialismus und die Wehrfrage, in: Die Gesellschaft 3 (1926), S. 120–130; ders., Die Richtlinien zur Wehrfrage, in: Die Gesellschaft 6 (1929), S. 97–112. Allg. dazu Gustav Adolf Caspar, Die sozialdemokratische Partei und das Wehrproblem in den Jahren der Weimarer Republik, Frankfurt a. M. 1959 (Beiheft 11 der Wehrwissenschaftlichen Rundschau).

93 Schober, Schumacher, S. 406.

94 Vgl. ebenda, S. 406 f.

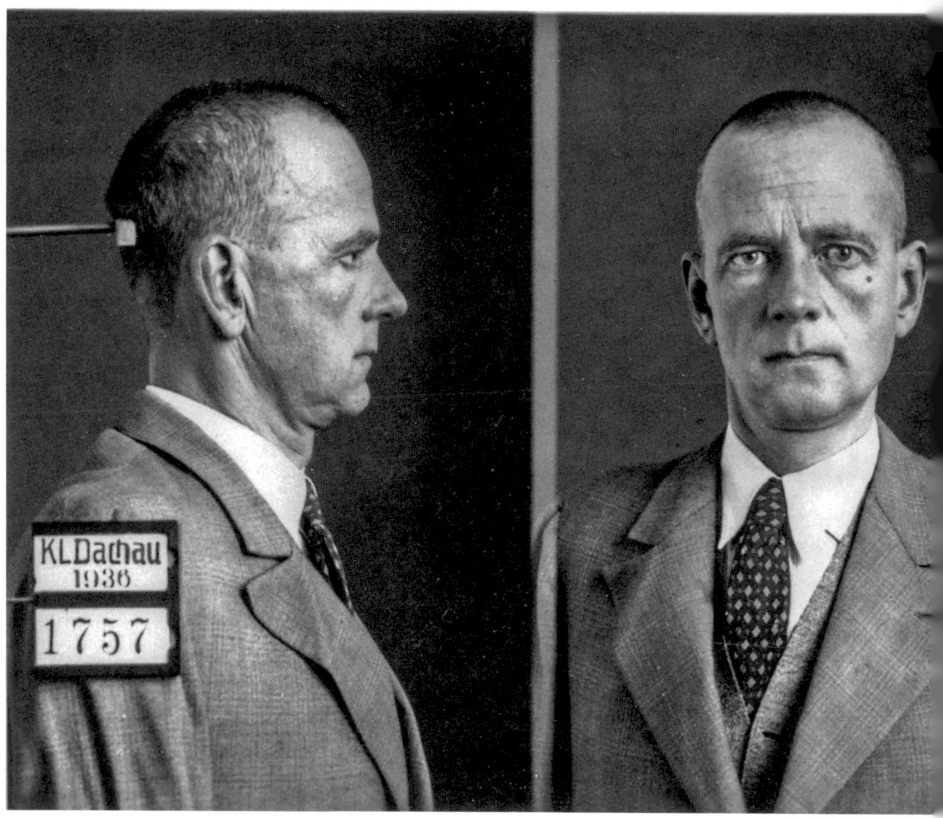

Schumacher hingegen unterschied sich insofern von Leber, als er die territoriale Integration Westpreußens in den polnischen Staat akzeptierte, während Leber bedauerte,

„dass die Geschichte dem Elsass nicht zehn Jahre Gelegenheit gegeben hätte, ein freies Land in einer freien deutschen Republik"

bleiben zu können.[95] In seiner späteren Erklärung des Endes der Weimarer Sozialdemokratie qualifizierte Leber seinen Fraktionskollegen Schumacher sogar als „verbissenen doktrinären Kaffeehausmarxisten"[96] ab. Enge Freundschaft pflegte Schumacher hingegen bis in die gemeinsamen Haftzeiten mit Ludwig Marum, der 1934 in Kislau ermordet wurde, und mit Fritz Bauer, dem 1935 die Emigration gelang.[97]

95 Vgl. Dorothea Beck u. a. (Hrsg.), Julius Leber: Schriften, Reden, Briefe 1920–1945, München 1976, S. 26 f.
96 Ebenda, S. 233.
97 Vgl. Schober, Schumacher, S. 404 f.

Erkennungsdienstliches Foto von Kurt Schumacher aus der Haftzeit im KZ Dachau, 1936.
Quelle: AdsD, Foto-Nr.: 6/FOTA008945

Theodor Haubach[98] und Julius Leber[99] kamen im Zusammenhang mit den Verfolgungsmaßnahmen nach dem 20. Juli 1944 ums Leben, Carlo Mierendorff war bereits 1943 Opfer eines Bombenangriffs geworden.[100]

Kurt Schumacher gehörte zu den KZ-Häftlingen, die mit einer kurzen Unterbrechung eine fast zehn Jahre währende KZ-Haft in verschiedenen Lagern – Heuberg, Oberer Kuhberg, Dachau (vom 6. Juli 1933 bis zum 16. März 1943) und schließlich noch einmal vom 24. August bis zum 20. September 1944 in Neuengamme – durchzustehen hatten.[101] Unbeugsam blieben sie alle, aber nur Schumacher war es vergönnt, den zweiten demokratischen „Neuanfang" zu gestalten. Anpassung, Wankelmut und Anbiederung an die Nationalsozialisten vergaß und verzieh er nicht und setzte deshalb vor allem auf jüngere Parteimitglieder.

98 Vgl. Peter Zimmermann, Theodor Haubach (1896–1945). Eine politische Biographie, München 2004.
99 Vgl. Dorothea Beck, Julius Leber: Sozialdemokrat zwischen Reform und Widerstand, Berlin 1983.
100 Vgl. Richard Albrecht, Der militante Sozialdemokrat: Carlo Mierendorff 1897–1943. Eine Biographie, Bonn 1987.
101 Vgl. Kurt Schumacher, Nach dem Zusammenbruch. Gedanken über Demokratie und Sozialismus, Hamburg 1948.

1.5 Nach der Befreiung

Nach der Befreiung von der NS-Herrschaft wurde er zwischen Mai 1945 und Sommer 1947 zum rastlos vorantreibenden Motor der wiederbelebten SPD.[102] Angebote, nach Stuttgart und in die Landespolitik zurückzukehren, lehnte er ab,[103] weil er sich für eine ganz Deutschland berührende Politik entschieden hatte. So wurde er 1948/49 zum wichtigsten sozialdemokratischen Bundespolitiker, von dem viele annahmen, dass er der erste Kanzler der Bundesrepublik Deutschland werden würde. Es kam anders. Der ehemalige Zentrumspolitiker Konrad Adenauer wurde gewählt, der Liberale Theodor Heuss wurde Bundespräsident. Schumacher aber prägte die Debatten des ersten deutschen Bundestags entscheidend. Eigentlich formte er den Gang der parlamentarischen Konsolidierung wesentlich, weil er sich gegen die „vorbehaltslose Unterbewertung der Oppositionsfunktion"[104] wandte.

Opposition war in der Frühphase der Bundesrepublik für viele noch ein abgelehnter, wenig geschätzter Begriff,[105] wie die häufig nachzuweisende Beschwörung zeigte, Opposition habe „konstruktiv" zu sein. Dies ist nicht unerklärlich in einer Zeit, in der Schüler Besinnungsaufsätze über ein Thema wie

„Kritik am Staat, das steht Dir zu, doch denk daran: der Staat bist Du!"

schreiben mussten.

102 Vgl. ebenda.
103 Vgl. Kurt Schumacher an Otto Steinmayer v. 2.7.1945, in: Albrecht, Schumacher Reden, S. 237 ff., bes. S. 240.
104 Kurt Schumacher, Die Aufgabe der Opposition, in: Scholz/Oschilewski (Hrsg.), Reden und Schriften, S. 166–185, hier S. 167.
105 Vgl. Wolfgang Jäger, Opposition, in: Otto Brunner u. a. (Hrsg.), Geschichtliche Grundbegriffe: Historisches Lexikon zur politisch-sozialen Sprache in Deutschland, Bd. 4, Stuttgart 1978, S. 469–517, bes. 507 ff.; Hans-Gerd Schumann (Hrsg.), Die Rolle der Opposition in der Bundesrepublik Deutschland, Darmstadt 1976 (Wege der Forschung, Bd. 422).

Schumacher nahm die Rolle des Oppositionsführers offensiv an.[106] Er konnte das parlamentarische System der frühen Bundesrepublik entscheidend beeinflussen, weil er in der Opposition kein „zweitrangiges" Organ der Gestaltung der politischen und gesellschaftlichen Ordnung sah.

Schumacher war nicht nur aus der frühen Nachkriegsgeschichte „nicht wegzudenken",[107] sondern bewahrte eben auch die Zeit der Weimarer Republik. Wie andere Bundespolitiker dieser frühen Phase der zweiten Nachkriegsdemokratie überbrückte er die NS-Zeit, indem er an die Weimarer Republik anknüpfte und eine Verbindung zur Bonner Demokratie herstellte. Ist auch unbestreitbar, dass Bonn niemals Weimar war, so blieb die Weimarer Zeit stets präsent und Bezugspunkt politischer Argumente.[108] Dabei sind Konstanten auszumachen. Wie vor 1933 bekannte er sich zur deutschen Einheit und zur einheitlich geführten, aufgrund von Mehrheitsbeschlüssen der Parteigremien abgesicherten Partei. Das machen bereits die ersten richtungsweisenden Erklärungen und Referate in der Mitte der 1940er-Jahre deutlich. Dabei wurde immer entscheidender, die SPD in den Westzonen dem Einfluss der zunehmend unter den Druck der Kommunisten um Walter Ulbricht und Wilhelm Pieck sowie der sowjetischen Besatzungsmacht geratenen Berliner Sozialdemokraten um Otto Grotewohl, Hermann Brill und Gustav Dahrendorf zu entziehen. Das Ziel der deutschen Einheit gab Schumacher dabei nicht auf. Deshalb konnte er die weit in die Zukunft weisende deutschlandpolitische „Magnettheorie" formulieren, als er „auf der Grundlage der ökonomischen und administrativen Festigung der Westzonen eine anziehende Kraft auf die Ostzone auszuüben" empfahl.[109]

106 Vgl. Annemarie Renger (Hrsg.), Kurt Schumacher – Bundestagsreden, Bonn 1972.
107 Merseburger, Kurt Schumacher, S. 7.
108 Vgl. Sebastian Ullrich, Der Weimar-Komplex. Das Scheitern der ersten deutschen Demokratie und die politische Kultur der frühen Bundesrepublik 1945–1959, Göttingen 2009; ders., Der lange Schatten der ersten deutschen Demokratie. Weimarer Prägungen der frühen Bundesrepublik, in: Alexander Gallus (Hrsg.), Rückblickend in die Zukunft: Politische Öffentlichkeit und intellektuelle Positionen in Deutschland um 1950 und um 1930, Göttingen 2011, S. 35–50.
109 Scholz/Oschilewski (Hrsg.), Reden und Schriften, S. 171; dazu auch Merseburger, Kurt Schumacher, S. 387.

Wer genau hinhörte, konnte hier eine Verbindungslinie zwischen seiner Position in der unmittelbaren Nachkriegszeit und seinen Grundüberzeugungen ziehen, gegen separatistische Bestrebungen vorzugehen, die er bereits vor 1933 ausgemacht und immer bekämpft hatte.
So sprach er einmal kritisch von den folgenschweren Konsequenzen einer Illusion, die 1933

„aus der Hoffnung entstanden [war], mit einem totalitären Gegner, der das Ganze will, zu einem Kompromiss zu kommen".

Er stand in allen Konflikten mit seinen politischen Kontrahenten immer auf dem Boden einer freiheitlichen Verfassung, weil er sich für die Rechte seiner Gegner einsetzte und ihnen nicht ihr Recht absprach, streitbar Ziele ihres Gemeinwesens zu bestimmen.

In den wenigen Lebensjahren, die ihm nach 1945 vergönnt waren, hatte Schumacher – aller seiner Manuskripte und Bücher beraubt – nur die Möglichkeit, die politische Entwicklung der Bundesrepublik aus historischen Erfahrungen und aus seiner besonderen Befähigung heraus zu deuten und situativ relevante Schlüsse aus dem „Mitdenken der Tagespolitik" zu ziehen.[110] Trotz mancher Rückschläge gelang es ihm, die zunächst höchst ungeklärten Verhältnisse nachhaltig zu beeinflussen In seinen Ansprachen erwies er sich als Meister der beißenden und treffenden Polemik, etwa, als er Adenauer als „Bundeskanzler der Alliierten"[111] titulierte oder den skandalösen Freispruch eines rechtsextremistischen Bundestagsabgeordneten als „Parteinahme des Neandertalers gegen den Menschen"[112] bezeichnete.

Viele seiner spontan wirkenden Bemerkungen lassen sich nur aus der Kontinuität seines parlamentarischen Debattenstils und seines Denkens erklären. Seine Vorstellungen spiegelten dabei stets auch sein akademisches Denken. Grundlegend blieb seine Vertrautheit mit der sozialdemokratischen Staatstheorie. Hinzu kamen historisch-politische Erfahrungen, die er vor 1933 gesammelt hatte. Sie waren bestimmt durch

110 Vgl. Merseburger, Kurt Schumacher, S. 244.
111 Zwischenruf Schumachers, 24./25.11.1949, in: Albrecht, Schumacher Reden, S. 732 f.
112 Schumacher am 15.2.1950, in: ebenda, S. 993.

seine innerparteilichen Differenzen, zunächst durch den Kampf gegen innerparteiliche Gegner in der USPD, dann durch die Beschwörung der „Reichseinheit". Schließlich kamen die zunehmend gefährlicher werdenden Auseinandersetzungen mit extremistischen Bewegungen hinzu. In dem Schlagabtausch mit der politischen Rechten gewann Schumacher die feste Überzeugung, dass „jeder Nationalismus antisemitisch wirkt und jeder Antisemitismus nationalistisch wirkt".[113] Der Anspruch der Nationalsozialisten auf einen auch weltanschaulichen Führungsanspruch legte den Grund für eine strikte Ablehnung eines wie auch immer gearteten politischen Totalitarismus und stärkte die Überzeugung, dass jede Diktatur in die Abschaffung von Rechtsstaat, Gewaltenteilung und Demokratie führen musste.

Bereits Ende April und dann für seine Parteifreunde wahrnehmbar am 6. Mai 1945 hatte Schumacher aus eigener Kraft und ohne Rückversicherung mit Parteifreunden die Initiative ergriffen, die von den Nationalsozialisten entmachtete und systematisch verfolgte Sozialdemokratie unter seiner Führung neu zu begründen.[114] Weil er nicht nur entschlossen, sondern auch bestens präpariert war, konnte er zwischen 1945 und 1949 entscheidende Weichen für die Wiedergründung und Wiedererstarkung der Sozialdemokratie als einer bestimmenden Kraft neuer demokratischer Gestaltung stellen.[115] Er musste sich dabei praktisch sofort gegen die Vertreter der „bürgerlichen Parteien", gegen Kommunisten und gegen in der Ostzone handelnde kompromissbereite Sozialdemokraten wie Otto Grotewohl behaupten. In Hannover liebäugelten Repräsentanten des Bürgertums mit welfischer Tradition. In Berlin versuchten Sozialdemokraten eine Reichsführung der SPD zu konstituieren, gleichsam unter den Augen der sowjetischen Militäradministration. Die größte Gefahr ging aber von einer kommunistischen Funktionärsgruppe um Walter Ulbricht, Wilhelm Pieck und Anton Ackermann aus, die vor Kriegsende von der sowjetischen Führung mit dem Neuaufbau ihrer KPD beauftragt worden war und bereits im Juni 1945 erste Organisationserfolge vorzuweisen hatte.

113 Schumacher im Bundestag, 21.9.1949, in: ebenda, S. 688–713, hier S. 700.

114 Vgl. Peter Steinbach, Kurt Schumacher – Politische Kontinuität in politischen Umbrüchen, in: Recht und Politik 21 (1985) 4, S. 189–195; ders., Die deutsche Sozialdemokratie zwischen Tradition und Neubeginn. Programmatische Grundlinien im zeitgeschichtlichen Wandel, in: Winfried Becker (Hrsg.), Die Kapitulation von 1945 und der Neubeginn in Deutschland, Köln und Wien 1987, S. 297–334.

115 Vgl. Fried Wesemann, Kurt Schumacher – ein Leben für Deutschland, Frankfurt a. M. 1952.

Schumacher reagierte entschlossen und war nicht bereit, die Eigenständigkeit der SPD aufzugeben.[116] Dass sich die Berliner Sozialdemokratie 1946 der Zwangsvereinigung mit der KPD zur SED widersetzen konnte, war neben Franz Neumann nicht zuletzt auch Schumachers Einfluss zu verdanken.[117] Erich Ollenhauer, sein Nachfolger als Parteivorsitzender, betonte rückblickend deshalb vor allem den „Kampf" Schumachers für das politische „Lebensrecht der Deutschen" und ihre politische Gesittung. In der zeitspezifischen Pathetik bekannte sich Ollenhauer zu den von Schumacher formulierten Forderungen und Zielen:

116 Vgl. Merseburger, Kurt Schumacher, S. 240 ff.
117 Vgl. Peter Steinbach, Die Zwangsvereinigung von SPD und KPD zur SED als Teil der Auseinandersetzung zwischen Sozialdemokratie und Sowjetkommunismus, in: Wilhelm Treue (Hrsg.), Geschichte als Aufgabe. Festschrift für Otto Büsch zu seinem 60. Geburtstag, Berlin 1988, S. 677–707.
118 Erich Ollenhauer, Sein Politisches Vermächtnis, in: Scholz/Oschilewski (Hrsg.), Reden und Schriften, S. 7.

„Der Ruf nach der Freilassung der Kriegsgefangenen und Verschleppten, der Kampf gegen die sinnlose Demontage friedlicher Arbeitsstätten, der Anspruch auf das Recht zur Heimat für die Vertriebenen, das Ringen um die Freiheit und Unabhängigkeit der deutschen Arbeiterbewegung gegenüber totalitären Gleichschaltungsversuchen, die Forderung nach einer grundlegenden inneren Neuordnung in wirtschaftlicher und sozialer Beziehung und vor allem der Kampf um die Einheit Deutschlands in Freiheit […].“[118]

Die Eingliederung dieses neuen Deutschlands in eine europäische Gemeinschaft der Freien und Gleichen machte in Ollenhauers posthumer Würdigung das „Kernstück" der sozialdemokratischen Nachkriegsgeschichte[119] und die eigentliche politische Leistung Schumachers aus. Wie wenig sein Nachfolger über die prägenden Prämissen Schumachers wusste, zeigt seine Behauptung, es gebe

„keine geschlossene Darstellung seines politischen Weltbildes und seiner Vorstellungen über die nationalen und internationalen Aufgaben der deutschen Sozialdemokratie in unserer Zeit".[120]

Der Blick in die Dissertation Schumachers belehrt uns eines Besseren. Sie steht im Zentrum dieser Neuedition, wird allerdings als politischer Text dann deutlich, wenn man Schumachers publizistische und agitatorisch-rhetorische Äußerungen aus der Weimarer Republik heranzieht.

119 Vgl. ebenda.
120 Ebenda, S. 8.

1.6 Rahmenbedingungen seines Denkens und Handelns

Schumachers Schicksal hatte sich in der Zeit zwischen 1933 und 1945 von dem der emigrierten und ins Ausland geflohenen Sozialdemokraten insofern unterschieden, als er in den langen Haftjahren keine kommunikative Verbindung mit ehemaligen Parteifreunden hatte halten können. Verständigung mit Gesinnungsfreunden war ihm nur ansatzweise möglich, eigentlich nur in den ersten Monaten seiner Haft in der Nähe von Ulm. Kenntnis hatte er allerdings von dem angepassten Verhalten der Sozialdemokraten, die sich nicht zum Widerstand oder zur aktiven „inneren Emigration" entschlossen hatten. Politisches Fehlverhalten, das sich aus der Anpassungsbereitschaft erklärte, tolerierte Schumacher nicht. Das spürten vor allem Otto Braun und Wilhelm Keil; das richtete sich aber auch gegen Otto Grotewohl.[121]

In der Zeit der nationalsozialistischen Herrschaft war Schumacher auf seine Familie angewiesen, die allerdings dem Nationalsozialismus gewogen war. So charakterisierte Schumachers Leben im NS-Staat vor allem die abgrundtiefe Einsamkeit, durch die er wie wenig andere Sozialdemokraten gehindert war, im „Gesinnungswiderstand" der kleinen Freundeskreise oder aus dem Exil heraus die programmatische Neuausrichtung der deutschen Sozialdemokratie zu konzipieren oder gar zu beeinflussen. Was dies bedeutete, mag man ermessen, wenn man sich bewusst macht, wie wichtig für die Entwicklung und Festigung dieser durch „Gesinnungspflege" geprägten Widerstandskraft die Kontakte mit sozialdemokratischen Parteifreunden waren, wie wichtig überdies für die sozialdemokratischen Emigranten die Kontakte mit Politikern etwa der Labour Party wurden.

121 Vgl. Merseburger, Kurt Schumacher, S. 240 ff.

Als KZ-Häftling war Schumacher daran gehindert, sich mit anderen Sozialdemokraten in Verbindung zu setzen. Auch nach seiner Haftentlassung 1943 konnte er sich nicht an den programmatischen Auseinandersetzungen der unterschiedlichen sozialdemokratischen und sozialistischen Richtungen und Zirkel beteiligen. Betreut von seiner Familie, kontrolliert von der Gestapo, schließlich ausgebombt – vielleicht erklärt sich daraus die besondere Bedeutung seiner Dissertation, die neben den politischen Erfahrungen, die er in den württembergischen Wahlkämpfen und Landtagsdebatten gemacht hatte, ein argumentatives Grundgerüst bereitstellen konnte und deshalb nachwirkte. Die sich über ein Jahrzehnt erstreckende weitgehende politische Isolation macht erklärlich, dass Schumacher sein Konzept sozialdemokratischer Praxis nach der Befreiung von der NS-Herrschaft in der Haft entwickelt hatte und nur in seinen Gedanken bewahren und im Zuge einer explosiv anmutenden Aktivität realisieren konnte.

Andererseits war er deshalb innerlich sofort bereit, politische Verantwortung zu übernehmen. Deshalb konnte er einige Tage vor der bedingungslosen Kapitulation und im Moment der Besetzung Hannovers durch britische Truppen, also vor dem Ende der Kriegshandlungen, öffentlich auftreten. Am 6. Mai hielt er in Hannover, wo sich bereits im April 1945 Sozialdemokraten zusammengefunden hatten, sein erstes Grundsatzreferat,[122] das den weiteren Kurs der Partei beeinflussen sollte und in mehrfacher Hinsicht eine Weichenstellung darstellte: Es widersetzte sich der Verschmelzung mit der KPD,[123] ohne die politische Zusammenarbeit in einer Koalition auszuschließen. Er grenzte sich von bürgerlichen Kommunalpolitikern ab und trat zugleich für die Bewahrung der Reichseinheit ein. Für ihn blieb die Nation eine „Solidargemeinschaft". Eine deutliche Absage erteile er hingegen in gleicher Weise separatistischen und nationalistischen Tendenzen. National zu sein, so betonte er, sei für ihn eine „Ehrensache". Nationalisten hingegen lehnte er als „Todfeinde des deutschen Volkes" ab. Deshalb erteilte er den welfisch geprägten Versuchen, Niedersachsen mit Großbritannien zu verbinden, eine klare Absage und trat folgerichtig für die deutsche Einheit ein, wollte sie allerdings als „gleichberechtigten Bestandteil der Vereinigten Staaten von Europa"[124] anerkannt wissen. In seiner Entgegnung auf Adenauers Regierungserklärung klang diese grundsätzliche politische Orientierung an.

122 Vgl. Kurt Schumacher, Wir verzweifelten nicht, in: Albrecht, Schumacher Reden, S. 203–236.
123 Ebenda, S. 228 betonte er, dass sich „überall in den befreiten Ländern [...] Kommunisten und Sozialisten [...] als selbständige politische Parteien mit eigener Ideologie und eigener Taktik der Öffentlichkeit vorstellen" sollten.
124 Merseburger, Kurt Schumacher, S. 198.

Seine Wirkung blieb wegen der zeitbedingten Einschränkungen politischer Kommunikation zunächst begrenzt. Schumacher gelang es allerdings, Mandate von Parteifreunden in den westlichen Besatzungszonen zu beschaffen, die sein „Büro" zu einer Art Zentrale machten. Im Sommer 1945 war die weitere Entwicklung dabei ebenso ungeklärt wie offen. Schumacher nahm allerdings wahr, dass Gefahr aus der „Reichshauptstadt", wie man sagte, drohte, denn dort hatte die sowjetische Besatzungsmacht die Neubildung von Parteien lange vor den westlichen Besatzungsadministrationen gestattet und aktiv gefördert.

Erst im Rückblick erwies es sich als ebenso weitsichtig wie folgenreich, dass Schumacher bereits im April 1945 die Neuformierung der SPD vorbereiten konnte und dadurch zugleich einen entscheidenden Startvorteil gegenüber den emigrierten Sozialdemokraten behauptete. Sein früher Vorstoß, der dann in die Reichskonferenz von Wennigsen mündete, war nicht einmal mit der britischen Besatzungsmacht abgestimmt.[125] Unvorbereitet war Schumacher auf seine neue Aufgabe nicht, der er sich beherzt verschrieb. Deshalb konnte er 1945 Konsequenzen aus seiner zwei Jahrzehnte zuvor abgeschlossenen akademischen Arbeit ziehen. So erwies sie sich nach mehr als zwanzig Jahren als grundlegend für die Neubestimmung des sozialdemokratischen Staatsverständnisses und den „Neubau".[126]

Ausgestattet mit einem theoretisch reflektierten politischen Grundverständnis, konnte sich Schumacher trotz der ihn politisch weitgehend isolierenden KZ-Haft den drängenden Herausforderungen der Nachkriegszeit stellen. Ansehen gewann er, weil er trotz seiner schroffen Art als Gegner des NS-Staates in seiner Standhaftigkeit, Unbeirrbarkeit und in seiner theoretisch reflektierten Klarsicht als einer der prägenden deutschen Politiker in der sich festigenden Nachkriegsdemokratie anerkannt wurde. Dabei zeigte sich, dass er keineswegs, wie oft behauptet wurde, der Machtpolitiker war, als den ihn seine Gegner zeichneten, ehe sie ihn lange nach seinem Tod als einen Sozialdemokraten zu ehren bereit waren; vielleicht, weil sich sein politisches Grundverständnis von den Gegnern der SPD instrumentalisieren ließ. Auch diese Phase der Schumacher-Rezeption ist inzwischen Geschichte. Niemand muss sein Denken und Wollen beschwören, um die Haltung der SPD etwa in der Phase der Ostverträge zu kritisieren.

125 Vgl. dazu genauer Albrecht, Schumacher Reden, S. 98.
126 Vgl. ebenda, S. 203 ff.

In Schumachers politischer Tätigkeit lässt sich geradezu exemplarisch das Selbstverständnis einer kleinen, aber einflussreichen innerparteilichen Gruppierung der Weimarer SPD reflektieren, der sich der ansonsten keineswegs gesellige und durch viele politische Verbindungen hervorstechende Schumacher zuschrieb. In seinen Reden achtete er auf politische Äquidistanz zu den verschiedenen innerparteilichen Gruppierungen, die sich um Zeitschriften bildeten. Auf Parteiveranstaltungen interpretierte er die politische Grundrichtung der Partei. Dies bedeutete keineswegs, dass er durch innerparteiliche Absprachen seinen politischen Aufstieg im Auge hatte.[127] In seinen Landtagsreden und Zeitungsartikeln ist das Gestaltungspotential zu erkennen, das pragmatisch-republikanische Sozialdemokraten wie Schumacher dem Staat zuerkannten. Schumacher reagierte publizistisch auf tägliche Herausforderungen seiner Parteiarbeit zwischen Stuttgart, Esslingen und Heilbronn.[128] In den wenigen Landtagsreden[129] spiegelte sich sein Kampf gegen die landespolitische Dominanz von Deutschnationalen, Bauernpartei und Zentrum, vor allem, nachdem eine Vereinbarung zwischen Zentrum, DNVP und Staatspartei dazu führte, die Sozialdemokratie unter „Missachtung des Volkswillens" ihres Einflusses zu berauben.[130]

Die gegen die SPD gebildete „bürgerliche" Koalition wählte 1928 Eugen Bolz zum württembergischen Staatspräsidenten, vor allem, um die Einbeziehung der SPD in die Koalition zu verhindern. Überraschend ist, dass in Schumachers Reden der Staatspräsident wie zuvor der Justizminister niemals zum Ziel eines persönlich-politischen Angriffs wurde. Es zeigt sich hier, dass Schumacher in der Zentrumspartei, deren bürgerliche Wähler er durchaus umwarb, nicht den Hauptgegner sah, sondern in der nationalistischen Rechten um den Ministerpräsidenten Bazille, ehe dann in den späten 1920er-Jahren die Auseinandersetzung mit den Nationalsozialisten und Kommunisten zunehmend in den Fokus seiner Berichterstattung und Agitation rückte.[131]

127 Schober, Schumacher, S. 379 ff. versucht, das Karrieremuster Schumachers vor 1933 zu skizzieren. Er benennt dabei als wichtiges Ziel die schwierige Verjüngung der Partei, die Schumacher dann 1945 zielbewusst betrieb.

128 Vgl. ebenda, S. 186 ff.

129 Vgl. ebenda, S. 213 ff.

130 Ebenda, S. 312.

131 Vgl. ebenda, S. 323 ff. und S. 408 ff.

Begleitet wurden diese Kontroversen durch die innerparteilichen Konflikte, die Schumacher zu einem Sozialdemokraten hatten werden lassen, der sich zur Verfassungsordnung bekannte und mit Sicherheit mit einer Kampfparole „Republik das ist nicht viel, Sozialismus ist das Ziel" nichts anfangen konnte. Sein Republikanismus schlug sich in seinem engagierten Einsatz für das Reichsbanner Schwarz-Rot-Gold nieder.

Auf den letzten Seiten seiner Dissertation, die erst unmittelbar vor dem förmlichen Abschluss seines Verfahrens und somit Jahre nach dem Rigorosum im Zuge einer Bearbeitung von Auflagen der Gutachter hinzugefügt wurden, bekannte sich Schumacher noch einmal entschlossen zu Reichsbanner und Republik und erinnerte so an sein Engagement bei der Gründungs- und regionalen Konsolidierungsphase dieses tief in der sozialdemokratischen Vereinskultur angelegten republikanischen Verteidigungsbündnisses. Mit mindestens 1,5 Mitgliedern war das Reichsbanner in wenigen Jahren seit der Mitte der 1920er-Jahre zu einem der größten, der SPD nahestehenden, offiziell jedoch überparteilichen, politischen Massenverbände aufgewachsen.

So schlägt sich in der Dissertation nicht nur die Auseinandersetzung Schumachers mit der älteren Parteigeschichte nieder, sondern auch mit neueren Tendenzen bis hin zum Neomarxismus. Hier manifestiert sich eine politische Haltung, die sich aus der Wertschätzung der Weimarer Reichsverfassung erklärt. Der Text ist in seinen größten Teilen unter dem Eindruck von Kriegsende und Neuanfang entstanden und drückt eine Zukunftshoffnung aus, reflektiert aber auch die Rücksicht, die auf Gegenkräfte zu nehmen war. Die Verfassung konnte nur dann Stabilität entwickeln, wenn sie breite Anerkennung fand. Demokratische Legitimität bot diese Aussicht. Akzeptiert war die neue Ordnung aber auch nur dann, wenn es gelang, die Folgen der Vergangenheit zu tragen und die Gegenwart in sozialer Hinsicht so zu gestalten, dass sie eine Perspektive für die weitere Zukunft eröffnete.

Die das Reichsbanner betreffenden Ergänzungen des ursprünglichen Dissertationstextes stellen eine enge Verbindung zu dem Anfang 1924 in Magdeburg gegründeten Reichsbanner her, das ab August gleichen Jahres auch in Stuttgart Fuß fassen konnte.[132] Am Anfang stand der Wunsch, für die durch Putsche und Aufstände bedrängte, durch mehrere Attentate und Fememorde – etwa an Matthias Erzberger und Walther Rathenau – bedrohte und erschütterte Republik geschlossen einzutreten.[133] Ursprünglich überparteilich auf die drei Parteien der ersten Weimarer Koalition ausgerichtet, engagierten sich vor allem Anhänger von SPD und Gewerkschaften (insbesondere Mitglieder der ADGB-Verbände), aber auch Mitglieder der DDP, des Zentrums und vereinzelt sogar der DVP.[134] Nicht zu übersehen ist, dass ein Kern der Mitglieder die Funktion des Saalschutzes bei sozialdemokratischen Parteiveranstaltungen übernahm und sich gegen die SA und den Rotfrontkämpferbund positionierte, die Parteiversammlungen der SPD vorrangig störten.

Bestimmend blieb jedoch der Gedanke des „Republikschutzes"[135]: Wenn diese Republik eine politische Hoffnung verkörperte und ein Zukunftsversprechen enthielt, letztlich eine in die weitere Zukunft weisende politische Zielvorstellung bot, dann lag darin eine Verpflichtung. Das Versprechen der Verfassung war zu verwirklichen; umso mehr, als sich in der Verfassungsurkunde ein neues Staatsverständnis niedergeschlagen hatte, das sich in der demokratischen Ordnung und in der noch zu schaffenden Gesellschaft manifestieren sollte.

132 Vgl. Marcel Böhles, Im Gleichschritt für die Republik. Das Reichsbanner Schwarz-Rot-Gold im Südwesten, 1924 bis 1933, Essen 2016.
133 Vgl. Karl Rohe, Das Reichsbanner Schwarz Rot Gold. Ein Beitrag zur Geschichte und Struktur der politischen Kampfverbände zur Zeit der Weimarer Republik, Düsseldorf 1966.
134 Vgl. Benjamin Ziemann, Die Zukunft der Republik? Das Reichsbanner Schwarz-Rot-Gold 1924–1933, Bonn 2011.
135 Sebastian Elsbach, Das Reichsbanner Schwarz-Rot-Gold. Republikschutz und Gewalt in der Weimarer Republik, Stuttgart 2019.

Die Aufgabe des „Reichbanners", aktiv – und das hieß auch: gegengewaltsam – zum „Republikschutz" beizutragen, richtete sich nicht nur gegen Kampfverbände der Rechten und der Linken, sondern auch gegen Kräfte, die die Substanz der Republik von innen verletzten oder aushöhlten. Vor allem Polizei, Justiz, Reichswehr und die Verwaltung rückten in das Visier derjenigen, die die Verfassung verteidigten, indem sie gegen Verfassungs- und Rechtsverletzungen eintraten. Dieses Bekenntnis zur Verfassung war umso notwendiger, als die neue politische Ordnung der Republik niemals vorbehaltlos akzeptiert worden war und die Attraktivität des monarchisch geprägten Obrigkeitsstaates für viele ungebrochen war.

Der Übergang vom Kaiserreich zur Republik war keineswegs eine die staatliche Verwaltung, die Rechtsprechung und die Reichswehr umstürzende Revolution. Die Generäle des Heeres waren, so hieß es, weitgehend gegangen. Die Geheimräte und mit ihnen Richter, Lehrer und Hochschullehrer hingegen waren geblieben. In Zukunft musste es darauf ankommen, die staatliche Bürokratie als parlamentarisch kontrollierbare Exekutive in den Griff zu bekommen und politischer Verantwortung zu unterwerfen. Die Justiz entzog sich diesem Einfluss, denn die Richter beschworen die Gewaltenteilung und ihre Unabhängigkeit.

Wegen der demokratischen Absicherung der politischen parlamentarischen Willensbildung war die Legislative eigentlich prädestiniert, politische Veränderungen aufzugreifen und umzusetzen, sie blieb aber gefährdet durch Stimmungsschwankungen der Wählerschaft und der Öffentlichkeit und die geringe Neigung der Parteien, verlässliche Koalitionen einzugehen. Deshalb war es wichtig, die öffentliche Stimmung mit publizistischen Mitteln zu gestalten, Diskussionen zu entfachen und Widerspruch zu organisieren. Die Voraussetzungen eines Meinungsstreits waren so günstig wie niemals zuvor, denn Grundrechte boten mit Meinungs-, Glaubens-, Versammlungs- und Demonstrationsfreiheit gute Voraussetzungen für Debatten und Kontroversen. Deshalb bekamen Presse und Pressefreiheit eine große Bedeutung.

Schumacher machte als Redakteur und politischer Agitator deutlich, dass sich die neue Republik nicht, wie es später schien, auf eine negative Generationserfahrung beziehen ließ, die Ernst Jünger in seinem Buch „In Stahlgewittern" beschrieb. Schumachers Dissertation spiegelt so wiederum seinen Willen zur Gestaltung der Gegenwart – als Konsequenz einer historisch-politischen Auseinandersetzung mit der sozialdemokratischen Theorie- und Parteigeschichte, als produktive Verarbeitung konkreter Erfahrungen, die in zurückliegenden politischen Konflikten gesammelt wurden und sich nun in Erwartungen transformierten. Ein damals 30-jähriger Mann, der bürgerlich sozialisiert und im Krieg desillusioniert worden war, ergriff Partei in den sozialdemokratischen Flügelkämpfen und nutzte seinen akademischen Abschluss für die Begründung seines sozialdemokratischen Selbstverständnisses.

Schumacher leugnete später nicht, dass auch er zur Weltkriegs- und Frontgeneration gehörte,[136] sondern wies sogar in Gerichtsverfahren auf die Kriegsverletzungen hin, als seine Gegner behaupteten, er hätte sich selbst verstümmelt. Er verherrlichte diese Episode allerdings nicht, beschwor auch nicht ein männerbündisches Heldentum, sondern zog aus seinem „Kriegsopfer" sozialpolitische Konsequenzen, indem er den Einsatz für die Interessen der Kriegsopfer und Kriegsbeschädigten zu seinem engagiert vertretenen Anliegen machte. Dadurch unterschied er sich um Welten von vielen seiner Zeitgenossen, die aus ihrer Zugehörigkeit zur Kriegsgeneration das Recht ableiteten, rückwärtsgewandte Ordnungsvorstellungen zu vertreten und jene zu diffamieren, denen sie die Zugehörigkeit zu dieser „Kriegsgeneration" streitig machen wollten. Schumacher zog aus den bedrängenden Einsichten seiner Militärzeit eine politische Konsequenz, die völlig quer zur Verherrlichung der Kriegsgeneration durch Autoren wie Ernst Jünger stand.
Er verstand seinen Auftrag dahingehend, sich für sozialen und politischen Frieden in Europa einzusetzen.

136 Vgl. allg. Benjamin Ziemann, Veteranen der Republik. Kriegserinnerung und demokratische Politik 1918–1933, Bonn 2014.

Schumachers wiederholter Schlagabtausch mit Deutschnationalen, mit Nationalsozialisten und Revisionisten zeigt, dass er sie für unbelehrbar hielt, dass er aber nicht die Hoffnung aufgab, Zeitgenossen die Augen zu öffnen. Er bekämpfte die Rechte, weil er erkannte, wie sie Stimmungen beeinflusste und Methoden einer Gefühlspolitik entwickelte, die ihn als Aufklärenden herausforderten. Als Redner bekämpfte er Verführer und machte sie sich zum Feind, indem er sie der Verlogenheit und Feigheit bezichtigte. In vielen seiner parlamentarischen Reden erwähnte Schumacher immer wieder Erfahrungen seiner Generation.

Er war durch den Weltkrieg endgültig zu einem politisch bewussten, geradezu „militanten" Pazifisten geworden, der sich jeder Heroisierung des Soldatentums, sei es spöttisch, sei es sarkastisch, entgegenstellte. „Militanz" bedeutete nicht, alles Militärische abzulehnen, sondern begründete den Anspruch, öffentlich kämpferisch zu wirken und parlamentarisch-politisch das Militär zu kontrollieren. Unübersehbar war sein Kampf um eine einheitliche Position. Dies betonte er auch nach 1945 immer wieder und reagierte so auf die Stimmenvielfalt theoretischer Positionen, die die SPD vor 1933 in seinen Augen geschwächt hatte. Ihm lag daran, Disziplin zu verlangen und dabei hierarchisch begründete Verantwortlichkeit zu betonen.[137] Unberührt ließ ihn der Vorwurf, überheblich, autoritär oder autokratisch zu sein.

Die Militarisierung des öffentlichen Lebens war ein Kennzeichen der Weimarer Öffentlichkeit. Sie schlug sich in vielen Vereinigungen nieder, die in der Weimarer Republik neu entstanden waren und auf Uniformierung achteten. Der Jungdeutsche Orden spiegelte dies ebenso wie das 1924 begründete Reichsbanner Schwarz-Rot-Gold, der Rotfrontkämpferbund, der Stahlhelm oder die Sturmabteilung (SA) der NSDAP. Manche dieser Schutz- und „Kampfverbände" standen in der Tradition bündischer Bestrebungen oder hatten sich in den 1920er-Jahren aus Freikorps entwickelt. Die meisten dieser Vereinigungen waren als Männerbünde organisiert. Wenige öffneten sich für weibliche Mitglieder.

137 Vgl. Schumachers Brief v. 2.7.1945 an Otto Steinmayer, in: Albrecht, Schumacher Reden, S. 237 ff.

Der Kontrolle von Bürokratien und der Beeinflussung der öffentlichen Meinung hatten sich junge Sozialdemokraten wie Kurt Schumacher früh verschrieben. Ihm wie manchen seiner politischen Gesinnungsfreunde kam es darauf an, die Parteipresse zu stärken. Sie verkörperten die jüngere Generation und galten deshalb den Älteren als „junge Wilde". Sie entwickelten einen eigenen, aggressiveren Debattenstil, kultivierten die Kunst des Zwischenrufs und der Polemik. Im Kern zielten sie auf eine neue Sozialdemokratie, weil ihnen Partei und Republik als Projekte galten, als eine nur im Verbund zu erfüllende Aufgabe. Dabei wirkte sich der durch die republikanische Verfassung grundlegend veränderte Rahmen sozialer Interessenvertretung aus. Gemeinsam von Gewerkschaften und SPD-Fraktion waren vor 1914 die Lebensverhältnisse verbessert worden. Nun galt es, eine menschenwürdige Ordnung zu schaffen: Tarifverträge, Fürsorge, Arbeitszeiten, Sozial- und Arbeitslosenversicherung waren neu zu regeln.

Die neue Reichsverfassung entfaltete in den Augen der Mehrheits-Sozialdemokraten den grundlegenden Rahmen für eine menschenwürdige Ordnung gleichberechtigter und sozial abgesicherter Bürger. Kritiker der Linken verlangten hingegen mehr und setzten auf revolutionäre Veränderungen der Eigentumsordnung. Sozialdemokraten hielten diese Schritte nur für möglich, wenn ihnen demokratisch zugestimmt wurde. Weitere Verbesserungen sollten das Ergebnis von Initiativen und Reformen sein, die Schritt für Schritt durch parlamentarische Gesetzgebung zu verwirklichen waren.

1.7
Die Geschichte der SPD als historische Grundlage der Weimarer Demokratie

Auffallend an der Dissertation Schumachers ist die große Bedeutung, die er der Parteigeschichte der SPD zumisst. Seine Sichtweise ist exemplarisch, denn bis weit in die 1950er- und noch in den 1960er-Jahren spielte die Orientierung an historischen Erfahrungen, an Erfolgen und überwundenen Rückschlägen für das Selbstverständnis der Partei eine große Rolle. Das mag heute befremdlich wirken, denn die Geschichte der SPD ist seit den 1990er-Jahren deutlich in den Hintergrund getreten und bestimmt nicht mehr das Selbstverständnis und Selbstbewusstsein der SPD-Mitglieder. Dies sei der Darstellung von Schumachers Sicht der SPD-Geschichte als Kampf um ihren Staatsgedanken vorausgeschickt.

Bis zum Ende des Ersten Weltkrieges war die SPD aufgrund des Dreiklassenwahlrechts in den Ländern marginalisiert und im Reichstag infolge der sich nicht den rapide veränderten sozialen Realitäten anpassenden Wahlrechtsänderungen unterrepräsentiert. Der Zuwachs an Stimmen hatte sich nicht in Mandaten ausgezahlt. Die SPD, so schien es, hatte sich trotz aller Erfolge in einzelnen Reichstagswahlkreisen geradezu totgesiegt. Trotz beeindruckender regionaler Wahlerfolge gelang es der Reichstagsfraktion nicht, ihren Gestaltungsanspruch durchzusetzen. Kaiser Wilhelm II. hatte die nationale Zuverlässigkeit der SPD-Anhänger noch wenige Jahre vor dem Ausbruch des Ersten Weltkrieges bezweifelt. Dies erklärt die heftigen innerparteilichen Debatten, die die Partei auf sich selbst zurückzuwerfen schienen und den Eindruck verstärkten, sie sei geradezu in Richtungen zerrissen.

Mit dem demokratischen Verhältniswahlrecht, das überdies mit dem Frauenwahlrecht bereits im November 1918 eingeführt wurde, war eine erste Grundforderung politischer Veränderung erfüllt; weitergehende politische Visionen ließen sich daran knüpfen. Sie begründeten einen politischen Optimismus, der zunächst beherzt Hoffnung aus einem Zukunftsprojekt schöpfte, das sich rechtfertigte durch das Scheitern der politischen Eliten der Kaiserzeit, aber schon nach wenigen Jahren erlahmte und den Einfluss der politischen Arbeiterbewegung drastisch einschränkte. Die Vorstellung, es habe sich 1918/19 weniger um die Liquidation eines militärisch gescheiterten Kaiserreiches gehandelt, sondern um die unausweichliche Notwendigkeit einer durchzusetzenden gerechteren und demokratischen Gesellschaftsordnung, verlor an Resonanz. Dies geschah umso schneller, je mehr es den Vertretern der alten Mächte gelang, die militärische Niederlage als Folge eines verräterischen „Dolchstoßes“[138] der Heimat in den Rücken des unbesiegten Heeren zu deuten.

Immer unverhohlener nährten die Nachfolgeparteien der Konservativen und der Nationalliberalen des Kaiserreichs Zweifel an der Legitimität der republikanischen Ordnung und diffamierten Sozialdemokraten als „Verräter“. Diese Polemiken wurden durch die Kritik der extremen politischen Linken an den angeblich die Revolution verratenden Sozialdemokraten aufgegriffen. Vertreter der Arbeiterbewegung standen sich als „feindliche Brüder“ gegenüber. Indem im Zuge der kommunistischen Generallinie die Sozialdemokraten als „Sozialfaschisten“ diffamiert wurden, waren die meisten Möglichkeiten einer Verständigung verworfen worden. Nur kleinere, geistig besonders regsame Brückenparteien bildeten sich zwischen SPD und KPD, sie standen der Sozialdemokratie aber näher als Bolschewismus und Stalinismus.

138 Friedrich Freiherr Hiller von Gaertringen, „Dolchstoß“-Diskussion und „Dolchstoßlegende“ im Wandel von vier Jahrzehnten, in: Waldemar Besson u. a. (Hrsg.), Geschichte und Gegenwartsbewusstsein. Historische Betrachtungen und Untersuchungen. Festschrift für Hans Rothfels zum 70. Geburtstag, Göttingen 1963, S. 122–160.

Den Vertretern der mehrheitlichen Sozialdemokratie wurde nach 1919 von Wahl zu Wahl immer deutlicher, wie sehr sie sich in ihren optimistischen Hoffnungen getäuscht hatten.[139] Die Republik ließ sich nur im sozialdemokratischen Sinne durch Koalitionen gestalten. Das war aber nicht allen Sozialdemokraten bewusst, und einige setzten sich lieber für eine nicht durch Kompromisse beschwerte Linie ein. Zugleich aber erlebten sie, dass sie auf Reichsebene überwiegend von einer durch Koalitionen bestimmten Politik ausgeschlossen waren. Auch in den Ländern waren Sozialdemokraten auf Kompromisse angewiesen. Sie aber setzten das Bewusstsein von Grenzen der Ziele und des politischen Wollens voraus, die nicht überschritten, aber auch von den politischen Gegnern nicht verletzt werden durften. So erinnerte manche politische Debatte an eine Gratwanderung. Immer ging es um Aporien, die ertragen und ausgehalten werden mussten, immer auch um Ambivalenzen, die nur mühsam zu verändern waren. Beiden Herausforderungen stellte sich Schumacher, wie noch zu zeigen sein wird.

Der innergesellschaftliche Frieden hatte folgende Voraussetzungen: die Bereitschaft der deutschen Gesellschaft, gemeinsam die Kriegsfolgen zu tragen, Verluste hinzunehmen, Opfer zu bringen und Ungleichheiten wenn nicht zu mildern, so zumindest gemeinsam zu bewältigen. Bürgerkriegsähnliche Auseinandersetzungen, die die Jahre bis 1923 prägten, machten die Gefahr einer Gegenrevolution einerseits, einer Überforderung revolutionärer Erwartungen andererseits deutlich. Die Arbeiterbewegung schien tief gespalten und fiel deshalb als Faktor einer republikanischen Stabilisierung weitgehend aus. Die politische Rechte schien bestimmend und wurde 1920 im Kapp-Putsch vor allem durch die Gewerkschaften ausgebremst.

139 Vgl. Heinrich August Winkler, Weimar 1918–1933: Die Geschichte der ersten deutschen Demokratie, München 1993; ders., Von der Revolution zur Stabilisierung: Arbeiter und Arbeiterbewegung in der Weimarer Republik 1918–1924, Bonn 1984; ders., Der Schein der Normalität: Arbeiter und Arbeiterbewegung in der Weimarer Republik 1924–1930, Bonn 1985; ders., Der Weg in die Katastrophe: Arbeit und Arbeiterbewegung in der Weimarer Republik 1930–1933, Bonn 1990.

Die Gefahren waren damit nicht überwunden, wie der „Hitler-Putsch" im November 1923 zeigte. So festigte sich die Einsicht, dass die Gefahr rechts stünde. Dies hatte Reichskanzler Joseph Wirth im Reichstag nach der Ermordung des Außenministers Walther Rathenau im Juni 1922 erklärt.[140] Die Differenzen innerhalb der politischen Arbeiterbewegung wurden von gegenrevolutionären Bestrebungen, von Freikorpsexzessen und außenpolitisch bedingten Unruhen, vor allem im Rahmen der Ruhrbesetzung, überformt.

So ging es zunehmend deklamatorisch um das Bekenntnis zu einer demokratischen Staatsform, die politische Vernunft, geregelte Interessenvertretung und Anerkennung von sozialer Vielfalt, von Pluralismus sicherte. Doch weiterhin ging es in den Augen politischer Idealisten darum, eine neue Welt zu schaffen und die „Errungenschaften" der Republik zu verteidigen. Die Realitäten des Übergangs von der Kriegs- in die Friedenswirtschaft und die Folgen der massenhaften Demobilisierung verstärkten Not und Krisenstimmungen, bewirkten eine neue soziale Rücksichtslosigkeit und zerbröselten die zuvor beschworenen Solidaritätsgefühle der durch kriegswirtschaftliche Zwänge zusammengefügten „Volksgemeinschaft".

Erst 1924 begann eine gewisse Stabilitätsphase,[141] die allerdings den utopischen Rahmen traditioneller sozialdemokratischer Zukunftsvorstellungen weiterhin auflöste, der zunächst am Ende des Krieges und bis zum Scheitern der Novemberrevolution spürbar war. Fünf Jahre später aber setzte 1928/29 unter dem Eindruck der Weltwirtschaftskrise der zunächst schleichende, dann von Republikgegnern immer unverhohlener betriebene Rückbau der Verfassung ein. Die Rückentwicklung der 1918/19 erreichten sozialen Zugeständnisse mündete in der Zeit der Präsidialkabinette in die Endphase der Entparlamentarisierung der Weimarer Verfassungsordnung. Nicht vorstellbar war, dass die Bejahung der Demokratie in eine plebiszitär abgesicherte Pseudodemokratie münden konnte, die aus der „belagerten" Weimarer Civitas heraus eine Dynamik einleitete, die zunächst eine Preisgabe und dann eine Zerstörung der ersten deutschen Demokratie im Zuge einer „besonderen Radikalisierung breiter Wählerschichten"[142] mit sich brachte.

140 Vgl. Reichstagssitzung (236. Sitzung), 25. Juni 1922, in: Verhandlungen des Reichstags. Stenographische Berichte. 1. Wahlperiode 1920. Bd. 356, Berlin 1922, S. 8054–8058.

141 Vgl. Michael Stürmer, Koalition und Opposition in der Weimarer Republik 1924–1928, Düsseldorf 1967.

142 Schober, Schumacher, S. 375.

Der politische Erdrutsch, der zwischen 1930 und 1933 die Republik zerstörte, beschäftigte Schumacher immer wieder und erklärt auch seine frühe soziologische Analyse vom 6. Mai 1945. Dass es den Gegnern der Republik um „Gewalt im Innern" ging, hatte er erfahren. Erklärungsbedürftig blieb die Nachfolgebereitschaft der „Verführten" in der Bauernschaft, im alten und neuen Mittelstand, unter den Angestellten. Seine Erklärung, dass „Militarismus und Reaktion" zu einem Bündnis zusammengefunden und die „Nazis zu Knechten des Großkapitals" hätten machen können, erklärte die Entzivilisierung der Politik und die Zerstörung „der Moral und des Rechts" als Folge einer „Mobilisierung der Dummheit". Eigentlich sei eine inhaltliche Auseinandersetzung nicht möglich gewesen, weil die „völlige Subjektivität unbegründeter Werturteile" die Nationalsozialisten „jedem Argument unzugänglich" machten.

1.8 Letzte Rettungsversuche

Die Auflösung der Republik erlebte Schumacher als Reichstagsabgeordneter. Seine Rolle als Reichstagsabgeordneter begann mit der „schwierigen"[143] Tolerierung der Präsidialkabinette. Schumacher hatte im Februar 1932 mit der Gründung der „Eisernen Front" eine weitere Ebene im Kampf um die Republik geschaffen. In seiner ersten Stuttgarter Rede vor der „Eisernen Front" schlug er genau die Töne an, die er dann später auch in der Reichstagsdebatte vom 23. Februar 1932 benutzte. Erstmals sprach er vom nationalsozialistischen Appell an den „inneren Schweinehund im Menschen" und geißelte die „Niederträchtigen, Untüchtigen und Dummen", ohne allerdings das „nationalkapitalistische Unternehmertum" zu schonen: „Wir sind die Angegriffenen. Wir verteidigen die Verfassung, wir verteidigen in unserer Klasse auch die deutsche Nation."[144]

Nun ging es nicht mehr nur um den Staatsgedanken, sondern um die Bewahrung politischer Praxis als Voraussetzung eines planvollen, berechenbaren und verlässlichen, also eines „kontrollierten Regierens".[145] Nur die entschlossene Verteidigung der Republik konnte ihr Überleben und damit auch das der Sozialdemokratie sichern. Diese Rechtfertigung rationaler Regierungspraxis, die ursprünglich während des Krieges mit Blick und in der Hoffnung auf einen „Kriegssozialismus" als Ausdruck planvoller Gesellschaftsgestaltung konzipiert worden war, verlor sich dann in der Zeit der Präsidialkabinette. Wahlkämpfe folgten 1932 rasch aufeinander, die Zahl der nationalsozialistischen Reichstagsmandate stieg explosionsartig an. Im Sommer 1932 errangen

143 Ebenda, S. 385 ff.
144 Eiserne Front gegen Faschismus und Reaktion, in: „Schwäbische Tagwacht" v. 27.1.1932.
145 Kurt Schumacher, Programmatische Erklärungen Schumachers auf den Konferenzen von Wennigsen und Hannover am 5./6.10.1945, in: Albrecht, Schumacher Reden, S. 301–319, hier S. 316.

Kurt Schumacher bei einer Wahlveranstaltung in Chemnitz am 22. Januar 1933.
Quelle: AdsD, Foto-Nr.: 6/FOTA045407

die Nationalsozialisten 230 Mandate, bei der Folgewahl im Herbst 1932 verloren sie zwar einige der Sitze, blieben aber weiterhin mit fast 200 Abgeordneten die stärkste Fraktion. Das Scheitern der Papen-Regierung barg in Schumachers Augen keine Chance, die Entwicklung aufzuhalten. Dennoch war er entsetzt über die Anpassungsbereitschaft von Parteifreunden, die wie Wilhelm Keil die Erörterung von Handlungsalternativen verwarfen. Keil hatte überlegt:

„Wir haben eine von drei Möglichkeiten zu wählen: 1. Selbstmord, 2. Emigration, 3. im neuen Staat leben. Wer eins und zwei ablehnt, dem bleibt nur drei übrig."[146]

146 Wilhelm Keil, Erlebnisse eines Sozialdemokraten, Bd. 2, Stuttgart 1948, S. 497 f.

Schumacher kämpfte zwischen der „Papenwahl" im Sommer 1932 und dem Versuch Kurt von Schleichers, Ende 1932 eine „Querfront" zu bilden, innerhalb seiner Fraktion fast einsam und, wie sich dann im Mai 1933 zeigte, auch weitgehend erfolglos. Noch im Sommer 1932 war er zu einem der vier Fraktionsvorsitzenden gewählt worden. Er wurde immer verzweifelter und erkannte schließlich die Aussichtslosigkeit angesichts der nationalsozialistischen Entschlossenheit, die Macht zu ergreifen. Nicht einmal auf Julius Leber konnte er sich innerfraktionell verlassen.[147] Aber die Verhältnisse waren, wie sie waren. Mit ihnen war zu rechnen. Es kam gleichsam auf einen würdigen Abgang von der parlamentarischen Bühne an. Den verdankte die SPD der Rede von Otto Wels, die Schumacher mit formuliert haben soll. Er war sogar bereit, sie zu verlesen, als Wels zögerte und kurzfristig Bedenken hatte.

Schumacher gehörte nicht zu den Gefühlspolitikern, die auf Emotionalisierung setzten, so deutlich er auch seine Fähigkeit nutzte, durch eine die Menschen begeisternde Sprache Stimmungen zu erzeugen. Rational blieb er, ebenso aber politisch eindeutig. Wenn er im Mai 1945 rückblickend betonte, die Nationalsozialisten hätten die „Ergebnisse der Wissenschaft" „nie gekannt" oder „einfach ignoriert", so wurde ein Verständnis von politischer Rationalität deutlich, die sich gegen die „völlige Subjektivität unbegründeter Werturteile" wandte:

„Ängstlich gingen sie jeder Gelegenheit aus dem Wege, etwas zu lernen, denn schon die Andeutung einer Erkenntnis hätte ihre Bewegung gebrochen."

In den politischen Auseinandersetzungen hatte er gesehen, wie eine geistige „Unzulänglichkeit" geradezu als „eine höhere Form der Erkenntnis" empfunden wurde:

„Sie flohen vor der Auseinandersetzung mit den Mitteln des Verstandes in einen schmierigen und chaotischen ‚Mythos'."[148]

147 So deutet Schober, Schumacher, S. 440 an.
148 Albrecht, Schumacher Reden, S. 210.

1.9
Grundlegender Wandel des Staatsverständnisses

Von Schumacher sind aus den beginnenden 1920er-Jahren nur wenige Äußerungen überliefert, die ahnen lassen, was ihn in dieser Zeit in rechts- und staatsphilosophischer Hinsicht bewegte. Hugo Preuß, der Schöpfer der Weimarer Verfassungsentwürfe, war für ihn der Verfasser[149] des „klassischen Buches der Opposition" (256). Er lieferte die „oppositionellen Argumente", die damit „nicht von einem Sozialisten" stammten, sondern von „einem liberalen Professor", dessen Bedeutung nicht einmal von einem „selbständigen Kopf wie Max Adler" erkannt worden sei.

Schumacher wurde beeinflusst von „Liberalisten des Sozialismus" (258), die wie Paul Lensch den „parlamentarischen Parteienstaat" als Gegenentwurf zum „Organisationsstaat" entwickelt hatten. Mit den „Liberalen des Sozialismus" verband Schumacher überraschend einen neuen Begriff, nämlich den der „Neu-Marxisten" um Paul Lensch, Konrad Haenisch und auch Karl Renner. Ihr Kennzeichen sei, dass der „Staat nicht das bloße Objekt gesellschaftlicher Kräfte" sei, sondern in der Lage sei, „die Wirtschaft von sich aus mit Hilfe des juristisch-politischen Mittels" zu regeln. Schumacher sprach von sozialisierender „Durchstaatlichung" auf der Grundlage einer Verfassung, die „Kampfmittel und Kampfziele" (262) bestimmte. Wenn Schumacher in diesem Zusammenhang betonte, man müsse versuchen,

„den Staat zum Verbündeten zu bekommen und mit dem eigenen Geiste zu erfüllen",

149 Vgl. Hugo Preuß, Das deutsche Volk und die Politik, Jena 1915.

so bedeutete dies, den Klassenkampf und die traditionelle Staatsfeindschaft durch eine demokratisch beeinflusste und kontrollierte staatliche „Verwaltungstätigkeit" zu ersetzen. Die politische Emanzipation konnte dann also auf eine Weise gefördert werden, die keinen Umsturz oder eine Revolution benötigte, sondern Ergebnis einer Beeinflussung des Staatshandelns war. Der Kampf um den Staatsgedanken mündete dann in eine politische Wirksamkeit und Tätigkeit, die eine gleichsam „inhärente Emanzipationstendenz" beförderte. Demokratie ermöglichte so die Verwandlung des Staates in ein „Organ der sozialen Verwaltung".[150] Die besondere Leistung von Kurt Schumachers Dissertation ist aber nicht die Zusammenführung der Gedanken anderer, sondern die Vorbereitung einer Neuorientierung, die einen politischen „Neubau" ermöglichen sollte.

Um diese grundlegende Neuorientierung zu erklären, mag es gestattet sein, eine Analogie zu bemühen. Zwölf Jahre nach dem Ende des Zweiten Weltkriegs und fünf Jahre nach dem Tod Schumachers brachte Albert Camus in seiner Rede zur Verleihung des Nobelpreises für Literatur an, was ihn als Zeitgenossen „einer dem Wahnsinn verfallenen Epoche" zwischen Diktatur und Demokratie, zwischen Krieg und Frieden, zwischen Verheißung und Enttäuschung bewegte:

150 S. 262 der vorliegenden Edition.
151 Albert Camus, Rede anlässlich der Entgegennahme des Nobelpreises am 10.12.1957, in: ders., Kleine Prosa, Reinbek 1961, S. 9.

„Jede Generation sieht zweifellos ihre Aufgabe darin, die Welt neu zu erbauen. Meine Generation jedoch weiß, daß sie sie nicht neu erbauen wird. Aber vielleicht fällt ihr eine noch größere Aufgabe zu. Sie besteht darin, den Zerfall der Welt zu verhindern.“[151]

Schumacher drückte wiederholt ganz ähnlich klingende Bemerkungen aus.

So sah er den entscheidenden und tragfähigen Ausweg aus den Kriegs- und Besatzungsjahren in der Verpflichtung, „zu sagen, was ist" und so die Wahrheit stets neu „zu erobern". Überdies machte er sich 1918 wie 1945 auf die Suche nach einer überzeugenden Legitimität, die nur die Demokratie bieten konnte.

Seine Dissertation spiegelt aber nicht nur das Wissen und Wollen Schumachers in der Revolutionsphase 1920, sondern verarbeitet auch die bereits erwähnten weiteren Erfahrungen, die erst nach 1920 gemacht wurden. Denn zwischen dem mündlichen Examen 1920 und der Erfüllung der Auflagen, die die Gutachter Schumacher für die Drucklegung machten – und damit dem förmlichen Abschluss des Verfahrens –, lagen knapp sechs Jahre. In dieser Zeit beschäftigte ihn die Frage der Vereinigung von MSPD und USPD, die mit dem Heidelberger Programm von 1925 abgeschlossen wurde, das das Görlitzer Programm von 1921 ersetzte. Das neue Programm bedeutete eine Richtungsentscheidung über die weitere parlamentarische Praxis der Sozialdemokratie.[152] Durch die Vereinigung des linken Flügels der USPD mit der KPD zur „Vereinigten Kommunistischen Partei Deutschlands" und durch die anschließende Rückkehr eines erheblichen Teils der „Rest"-USPD in die SPD wurde auch die Grundorientierung der Mehrheits-SPD verändert. Denn die im Vergleich zu den Mehrheitssozialdemokraten eher links orientierten ehemaligen USPD-Mitglieder beeinflussten in den sich anschließenden politischen Kontroversen die Richtung der SPD wesentlich stärker als die MSPD-Mitglieder.[153] Mit dieser Orientierung auf den Staat bekam Schumachers Dissertation eine neue politische Bedeutung. So war er auf programmatische Auseinandersetzungen bestens vorbereitet. Er vertiefte seine Kenntnisse durch politische Bildungsveranstaltungen, die er für jüngere Parteimitglieder organisierte und durchführte. In ihnen festigte sich sein Verständnis der Weimarer Verfassung, aber auch seine Entschlossenheit, mit der er gegen KPD und Bolschewismus[154] auf der einen, gegen den Nationalsozialismus[155] auf der anderen Seite agitieren musste. Schumacher verteidigte die Verfassung gegen die Linke und gegen die Rechte und entwickelte mit dieser doppelten Frontstellung ein antitotalitäres Konzept.

152 Vgl. Klaus Schönhoven, Der Heidelberger Programmparteitag von 1925: Sozialdemokratische Standortbestimmung in der Weimarer Republik, Heidelberg 1995.

153 Vgl. Schober, Schumacher, S. 157 ff.

154 Vgl. ebenda, S. 163 ff.

155 Vgl. ebenda, S. 171 ff.

Schumachers Landtagsreden zeichneten sich wie seine Wahlkampfansprachen durch eine prinzipielle Bejahung der Weimarer Reichsverfassung aus. Immer wieder verteidigte Schumacher die Novemberrevolution gegen konservativ-monarchistische Vorbehalte. Verfassungsverletzungen und Halbheiten kritisierte er kompromisslos, verwirrte zuweilen seine Gegner durch Zwischenrufe und beschämte sie durch Entgegnungen. Inhaltlich nutzte er dabei vor allem die Chance, die ihm seine Funktion als Verantwortlicher für das württembergische Justiz- und Rechtswesen bot. Die württembergische Rechtsprechung hielt er wie die Justiz des Reiches auf dem „rechten Auge" für weitgehend erblindet.[156]

Sein Eintreten für die Verfassungsordnung erklärt zugleich den heftigen Schlagabtausch, den er sich wiederholt mit den Deutschnationalen und den Nationalsozialisten lieferte. Ihm ging es um die Einheit des Reiches. Deshalb wandte er sich gegen jede separatistische Äußerung der Staatsvertreter.

Dem Reichstag gehörte Schumacher seit 1930 an. Wie in Stuttgart bezog er wiederum furchtlos gegen die NSDAP und vor allem gegen deren Propagandisten Joseph Goebbels Stellung.[157] Dieser hatte die SPD als eine „Partei der Deserteure"[158] bezeichnet und damit nicht nur einen Tumult verursacht, sondern auch den heftigen Widerspruch von Carlo Mierendorff und Kurt Schumacher hervorgerufen. Besonderes Aufsehen fand Schumachers Schlagabtausch mit der NSDAP-Fraktion am 23. Februar 1932.[159] Mit ihr beendete er seine Rolle als Hinterbänkler. Ob Willy Albrechts Vermutung zutrifft, mit seiner Attacke habe Schumacher den Hass und das „Rachebedürfnis" der Nationalsozialisten angestachelt, kann in Kenntnis seiner vorangegangenen Auseinandersetzung mit den württembergischen Nationalsozialisten bezweifelt werden. In das Visier der Nationalsozialisten war er lange vorher wegen seiner Landtagsreden geraten.

156 Vgl. allgemein dazu Heinrich Hannover/Elisabeth Hannover-Drück, Politische Justiz 1918–1933, Berlin 2019 (zuerst Frankfurt a. M. 1966).
157 Vgl. Albrecht, Schumacher Reden, S. 23 f.
158 Schober, Schumacher, S. 416.
159 Vgl. Albrecht, Schumacher Reden, S. 70 f.

1.10 Kontextualisierung der Dissertation

Schumachers Dissertation, die erstmals in ihrer ursprünglichen Fassung publiziert wird,[160] spiegelt die Bemühung um eine politische Neuorientierung. Diese kann jeder Leser nachempfinden, der diesen zwischen 1945 und 1952 die politische Kultur der Deutschen prägenden Sozialdemokraten aus dem Zusammenhang seiner Lebensgeschichte zu begreifen sucht, der angespornt wurde durch seine Energie, seine Rastlosigkeit, seine Entschiedenheit, mit der er den von ihm als richtig empfundenen Weg verfolgte. Seine staats- und rechtswissenschaftliche Dissertation aus dem Jahre 1920 gehört deshalb nicht nur zu den bemerkenswerten Texten der Weimarer Sozialdemokratie, sondern spiegelt darüber hinaus eine besondere Kraft Schumachers, in der Neuorientierung auch zu einer politischen Korrektur zu gelangen. Sie hat die Sozialdemokratie ebenso 1918/19 wie nach 1945 geprägt. Schumacher zeigt, dass es nicht um Taktik ging, sondern um die Fundierung neuer politischer Koordinaten des Handelns. Verständlicher wird sein Text, wenn man ihn nicht ideologisch bewertet und der Frage folgt, ob die Formulierungen mit den dominierenden politischen Vorstellungen in Einklang zu bringen sind. Der Text ist Tatsache, die wahrgenommen und verstehend nachvollzogen werden muss. Es geht insofern nicht um reine Lehre und auch nicht um dogmatische Korrektheit, sondern um den Versuch, diesen Text als Konsequenz von Einsichten zu begreifen – Einsichten, in denen sich Erfahrungen, aber auch Zukunftserwartungen niedergeschlagen.

160 Die 1973 herausgegebene Fassung weicht zuweilen von dem maschinenschriftlich überlieferten Manuskript ab, aus dem seinerzeit nur ein kleiner Teil, dem damaligen Promotionsrecht entsprechend, veröffentlicht wurde.

Kurt Schumacher besucht den Ostteil Berlins, 20. Oktober 1946. Von links nach rechts: Arno Scholz, Kurt Schumacher und ein britischer und ein sowjetischer Besatzungsoffizier.
Quelle: AdsD, Foto-Nr.: 6/FOTA063120

Die zentrale Wahlkampfparole der Weimarer SPD wurde auf den Parteitagen der 1920er-Jahre vorbereitet und begründet: „Heran an den Staat!" Diese Parole schloss eine längere Entwicklung ab, die sich früh in Reden von Delegierten der SPD-Parteitage manifestiert hatte. Sie prägte auch die Dissertation Schumachers. Da es sich nicht nur um eine wissenschaftliche Fleißarbeit, sondern um die Dokumentation eines Selbstverständnisses und gleichsam um die Beschreibung einer politischen Mission handelte, konnte sie als Bekenntnis nur überzeugen, wenn sie historische und theoretisch-programmatische Überzeugungskraft entwickelte. Theoretisch oder programmatisch den Wandel des sozialdemokratischen Staatsverständnisses zu begründen, war nur möglich, wenn Staatserfahrungen und Staatsverständnis zusammengeführt wurden. Die theoretischen Kontroversen der Weimarer SPD diskutierten Ziel, Auftrag und Versäumnisse der Partei und machten deutlich, dass es sich nicht um die, wie Kritiker sagten, Partei der Älteren handelte. Gerade die jüngeren Mitglieder verstanden sich als streitbare und zugleich als militante Sozialdemokraten. Eine in sich geschlossene, scharfe Kritik am Kurs der Partei vor 1933 formulierte nach seiner Haftentlassung – und somit aus dem Rückblick – Julius Leber.[161]

Schumachers Dissertation hingegen steht am Beginn der Entwicklungen, die viel später von den Nachlebenden, die die Epoche überschauten, als „Scheitern", Zerstörung, Preisgabe oder Auflösung der Weimarer Republik gefasst wurden. So sinnvoll es ist, Zeiten begrifflich zu fixieren, so leicht wird übersehen, dass es neben den historischfaktischen Alternativen immer auch vielfältige Deutungen gibt. Arthur Rosenberg,[162] Erich Eyck,[163] Hajo Holborn, Karl-Dietrich Erdmann, Hagen Schulze,[164] Ursula Büttner,[165] Peter Longerich[166] und Heinrich August Winkler,[167] sie alle bieten neben den historischen Rekonstruktionen von Ereignissen immer auch Deutungen und loten aus sicherem Rückblick Alternativen der damals Handelnden – ihnen die Freiheit ihrer Willensentscheidung zubilligend – aus, fügen aber doch nur Aspekt zu Aspekt.[168]

Aber war eine Wende des sozialdemokratischen Staatsverständnisses, das sich aus einem pragmatischen Verständnis des Staates erklärte, überzeugend? Schumacher entschloss sich für eine andere, eine historisch reflektierte Argumentationslinie. Sie stand in der Tradition der hoch entwickelten sozialdemokratischen Geschichtsschreibung, die vor allem Franz Mehring und Eduard Bernstein verkörperten,

161 Vgl. Julius Leber – Ein Mann geht seinen Weg. Schriften, Reden, Briefe, mit Vorwort v. Gustav Dahrendorf, Berlin-Schöneberg und Frankfurt a. M. 1952; Beck u. a. (Hrsg.), Schriften, Reden, Briefe.

162 Vgl. Arthur Rosenberg, Entstehung und Geschichte der Weimarer Republik, Berlin 1928, Karlsbad 1935. Rosenberg lässt die Weimarer Verfassungsordnung faktisch mit den Präsidialkabinetten enden.

163 Vgl. Erich Eyck, Geschichte der Weimarer Republik, Bd. 1: Vom Zusammenbruch des Kaisertums bis zur Wahl Hindenburgs, 1954. Bd. 2: Von der Konferenz von Locarno bis zu Hitlers Machtübernahme, 1956, Erlenbach 1954/56.

164 Vgl. Hagen Schulze, Weimar. Deutschland 1917–1933, Berlin 1982 (Die Deutschen und ihre Nation, Bd. 4).

165 Vgl. Ursula Büttner, Weimar. Die überforderte Republik 1918–1933. Leistung und Versagen in Staat, Gesellschaft, Wirtschaft und Kultur, Stuttgart 2008.

166 Vgl. Peter Longerich, Deutschland 1918–1933. Die Weimarer Republik. Handbuch zur Geschichte, Hannover 1995.

167 Vgl. Winkler, Weimar 1918–1933.

168 Deshalb wird auf den Forschungsbericht von Eberhard Kolb und Dirk Schumann verwiesen: Die Weimarer Republik, München 2010.

Kurt Schumacher bei der Stimmabgabe der Wahl zum 1. Deutschen Bundestag in Hannover, 14. August 1949.
Quelle: BArch, B 145 Bild-P107552

und ermöglichte die Kombination von Fortschritts- und Konfliktgeschichte. Um die Veränderungen zu verstehen, bedurfte es allerdings einer theoretischen Grundklärung, die die überkommene Staatsvorstellung durch eine partizipatorische politische Praxis insofern zu korrigieren hatte, die sich mit dem Wahlrecht, mit Parteien, Vereinen und Verbänden, mit Volksvertretungen, neuen Formen des „menschlichen Zusammenlebens" ergeben hatten, die politische Utopien in ihrer „Unzulänglichkeit" deutlich machten (153).

Es gehört zur politischen Tragik der deutschen Sozialdemokratie, dass sie sich erst in der zweiten Hälfte der 1920er-Jahre zu einer Sicht durchrang, die Nation, Staat und Demokratie mit gemeinwirtschaftlichen Vorstellungen verband, wie sie Schumacher in seiner Dissertation zitierte:

„In der demokratischen Republik“

besäße die Sozialdemokratie

„die Staatsform, deren Erhaltung und Ausbau für ihren Befreiungskampf eine unerlässliche Notwendigkeit“

sei, um durch eine

„Vergesellschaftung der Produktionsmittel […] in den Besitz der politischen Macht zu kommen“.

Eine Absage erteilte er hingegen der passiven Vorstellung des wohltätigen Verteidigungs- und Versorgungsstaates. Er war überzeugt, dass nur die Partizipation starke Wurzeln einer demokratischen Staatsgesinnung ausbilden könnte. Wahlrecht und Koalitionsrecht führten dann zur betrieblichen Mitbestimmung und darüber hinaus zur Gestaltung von alltäglichen, betrieblichen Arbeitsbedingungen. Es kam also darauf an, durch politisches Engagement das apolitische Analphabetentum zu reduzieren und so eine gegenkulturelle Gemeinschaft entstehen zu lassen.

„Arbeiter sind nicht länger aus einem Kulturkreis verbannt, zu dem sie sich selber Eingang verschafft haben." (286)

Nur dann sei die Arbeiterschaft bestrebt, den Staat „nicht zur leeren Schale" werden zu lassen.

Mit der Revolution von 1918 war zunächst wenig Raum für die Überzeugung geblieben, die Marx unter dem Einfluss der Revolution von 1848 und der Reaktion der französischen Öffentlichkeit auf den bonapartistisch-cäsaristischen Staatsstreich 1852 entwickelte hatte. Mit dem Scheitern der Pariser Kommune 1871 war nach Überzeugung von Marx und Engels bewiesen, dass der Staat ein Instrument zur Behauptung bürgerlicher Klassenherrschaft geblieben sei; durch neue politische Assoziations- und Artikulationsmöglichkeiten unterschied dieser – misstrauisch bewertete – Staat sich jedoch von den frühsozialistischen Erfahrungen und Konfliktbedingungen. Im Zuge des Klassenkampfes sollte die Macht der Bourgeoisie im Laufe der Zeit, aber unaufhaltsam durch die expandierende Gegenmacht des Proletariats zum Instrument der Umgestaltung einer kapitalistisch-bürgerlichen in eine proletarische Demokratie werden. Die industrielle Revolution würde die gesellschaftlichen Verhältnisse entscheidend verändern. Neben- und Unterklassen der Bourgeoisie müssten die Konflikte zwischen den Besitzern der Produktionsmittel und den Lohnabhängigen verändern. Mit der Einführung des allgemeinen, gleichen, direkten und geheimen (Männer-)Wahlrechts konnten sich die unterschiedlichen politischen Erwartungen manifestieren, sei es in Wahlergebnissen, sei es in der Stärke der Reichstagsfraktionen.

Auf lange Sicht erwies sich also die von Ferdinand Lassalle entwickelte Perspektive als zukunftsträchtig. Lassalles Staatsverständnis musste sich in Verbindung mit dem modernen Wahlrecht in der gewachsenen Bedeutung der Arbeiterschaft und darüber hinaus in der ganzen Gesellschaft durch Bildung und Sittlichkeit niederschlagen. Dies setzte allerdings nicht nur Bildung, sondern auch bewusste Teilnahme an politischen Auseinandersetzungen und die Mitwirkung an den Festlegungen von Staatshandeln und Staatszielen voraus. Der Staat galt nun nicht mehr als prinzipieller Gegner der Emanzipation und Partizipation und nicht länger als Instrument der Unterdrückung im Interesse der ökonomisch Mächtigen, sondern er wurde zum Adressaten von Veränderungswünschen und Partizipationsbegehren. Durch den Staat sollten sich aufgrund der Teilnahme der bisher Ausgeschlossenen und Unterdrückten am Staatsleben die Lebensbedingungen der Lohnabhängigen und „Ausgebeuteten" verändern können.

Marx bekannte sich lange zur Unausweichlichkeit einer sozialen und politischen Revolution; Lassalle hingegen setzte auf Evolution. Beide Theoretiker der Arbeiterbewegung täuschten sich. Denn die Revolution fand nicht statt; die Evolution hingegen verzögerte sich um viele Jahrzehnte und musste immer wieder Widerstände derjenigen überwinden, die sich durch Reformmaßnahmen benachteiligt sahen. So gesehen, blieb auch für den Lassalleaner der Staat ein Instrument, das die Besitzenden in ihrem Sinne nutzen wollten und konnten. Dennoch wirkten die Konzepte von Marx und Lassalle nach und erklären die charakteristische Ambivalenz des sozialdemokratischen Staatsverständnisses, die sich in den Parteiprogrammen niederschlug. Mit der Sozialistenverfolgung in der Bismarckzeit gesellte sich zur Erfahrung der „Ausbeutung" im Produktionsprozess auch noch die Erfahrung, durch Institutionen des Staates wie Justiz und Polizei ungerecht und willkürlich behandelt, durch Schule und Heer zum Staatsbürger abgerichtet zu werden.

Im Vormärz bildeten sich weitere Ansätze einer frühsozialistischen Theorie heraus. Der Radikalismus des „Handwerksburschen-Kommunismus“ eines Wilhelm Weitling pflegte eine „absolute Feindschaft“ gegenüber den „bestehenden Zuständen“ und lehnte die „politische Betätigung im Staat“ als „zwecklos“ ab, ohne in völlige und als „vulgär“ bezeichnete „Staatsfeindschaft“ (153 f.) zu verfallen. Selbst Weitling ahnte als Vertreter eines frühen vormarxistischen Klassenkampfgedankens, nach Schumacher, dass „für verschiedene Zeiten verschiedene Formen der menschlichen Organisation“ durchaus die „besten“ sein können. (154)

Die Dissertation über den Kampf um den Staatsgedanken in der deutschen Sozialdemokratie gliedert sich in drei Hauptteile, die Theorie, Zeitgeschichte und unmittelbare Gegenwartsgeschichte verschränken. Im theoretischen Kapitel konzentriert sich Schumacher auf die Konfrontation der Vorstellungen von Marx und Lassalle, die auf Hegels Rechtsphilosophie zurückgeführt werden. Dabei geht es nicht um eine Abstraktion, sondern um die Frage, wie aus der Gesellschaft wieder eine Gemeinschaft der Menschen werden kann, die über die „Befriedigung der persönlichsten Bedürfnisse“ hinausgeht (156). Die individuelle Existenz sei durch ein „Doppelleben“ geprägt, durch das „Leben im politischen Gemeinwesen“ und zugleich durch das Leben „in der bürgerlichen Gesellschaft“. Hier werden die „eigenen Zwecke“ verfolgt und die persönlichen Bedürfnisse befriedigt.

1.11

Staatsgedanke und Verfassungswirklichkeit im Kaiserreich

In der Weimarer Republik schlug sich diese neue sozialdemokratische Staatsgesinnung nicht zuletzt in der Gründung eines republikanischen Kampf- und Verteidigungsverbandes nieder, der sich zur Verfassung und deren Grundwerten bekannte und eine Abwehrbereitschaft kultivierte, die dann auch Eingang in die zweite demokratische Verfassung, das Grundgesetz, gefunden hat, das sich zum Prinzip der streitbaren und abwehrbereiten Demokratie bekennt und seit 1968 sogar mit Art. 20 Abs. 4 GG das Widerstandsrecht legitimiert.

Schumachers Dissertation ist zugleich ein gewichtiges Zeugnis des sozialdemokratischen Staats- und Verfassungsdenkens. Sie lässt sich überdies als ein bemerkenswertes Bekenntnis zum Anspruch und Selbstverständnis des Reichsbanners Schwarz-Rot-Gold interpretieren. Deshalb erscheint die Neuausgabe in der Schriftenreihe der Gedenkstätte Deutscher Widerstand, die sich auch den Versuchen jener widmet, die den Nationalsozialismus vor 1933 bekämpften.

Der Ursprung des württembergischen Reichsbanners lag in Stuttgart und bleibt mit Schumacher verbunden. Um ihn hatten sich in den frühen 1920er-Jahren Anhänger der neuen Verfassung organisiert, zunächst als „Schwäbische Wandergruppe", die sich bald als Stuttgarter Gruppe des Reichsbanners Schwarz-Rot-Gold unter der Vorstandsdoppelspitze von Hermann Haußmann (DDP) und Kurt Schumacher (SPD) gebildet hatte und sich als sozialdemokratischer Schutzverband begriff, der Versammlungen und prominente Sozialdemokraten zu schützen hatte. Die agitatorische Hauptlast in den ersten beiden Jahren des Verbandes trug Schumacher, der als Redakteur der „Schwäbischen Tagwacht" stets greifbar war und zudem authentisch über die Veranstaltungen berichten konnte.

Das Reichsbanner beanspruchte nach Schumacher, „in der großen Masse der Arbeiterschaft die politische Bindung an die Parteien der Weimarer Koalition“ zu stärken. Dieses Bekenntnis zu Verfassung und Staat war nach den Erfahrungen, die die Sozialdemokraten im deutschen Kaiserreich gemacht hatten, keineswegs selbstverständlich. Kurt Schumacher verkörperte ein neues, republikanisches Staatsverständnis, das erst Jahre später allgemein auch in der SPD Rückhalt fand. Das Staatsverständnis formte sich nicht nur im Kampf gegen den Staat heraus, sondern auch in der Gestaltungsphase während des revolutionären Durchbruchs von 1918/1919. Nun aber wurde ein neues Staatsverständnis geprägt, das sich stark aus dem sozialpolitisch begründeten Anspruch rechtfertigte, die wirklichen und alltäglichen Lebensverhältnisse der Menschen mit den neuen politischen und staatlichen Möglichkeiten zu verbessern. Diese neue Gestaltungschance sollte auch die parlamentarische Republik von Weimar rechtfertigen und mit Sinn und Erwartungen füllen. Dies galt umso mehr, als sich die Verfassung zum sozialen Pluralismus und zur Anerkennung unterschiedlicher Berufsgruppen und Lebenskreise bekannte. „Heran an den Staat“, diese auf dem Kieler Parteitag von 1927 noch einmal betonte Wahlkampfparole der SPD machte deutlich, dass sich die Arbeiterbewegung als tätige Kraft der Umgestaltung von Staat und Gesellschaft verstand, „nicht mehr“ – um die bildhafte Sprache der Parteiagitation aufzugreifen – „Amboss, sondern Hammer“ sein wollte.

Dass Schumacher in seiner Dissertation eines der wichtigen Themen sozialdemokratischer Selbstklärung aufgriff, bedeutete eine Absicherung eines neuen Weges gesellschaftlicher und politischer Veränderung. So sprach er Formen der Gemeinwirtschaft an, die das Selbstverständnis der Sozialdemokratie in der Weimarer Republik wie kaum ein anderes Thema berührten. Denn seit der Revolution vom November 1918, seit den Wahlen zur Verfassunggebenden Nationalversammlung und den wenig später durchgeführten Landtagswahlen war die bis dahin als Partei der „Reichsfeinde“ verunglimpfte Umsturzpartei zur staatstragenden Verfassungspartei geworden. Im Bürgertum war zwar nicht vergessen, dass sie unter Bismarck politisch verfolgt und von Kaiser Wilhelm II. verunglimpft worden war. Viel wichtiger für die Bestimmung eines neuen politischen Standortes war jedoch die Klärung der Richtungsfragen. Die SPD war immer eine Mehr-Flügel-Partei gewesen. Bestimmend blieb die Mittelgruppe, die „Zentristen“ genannt wurde. Bis zu seinem Tod im Jahr 1913 hatte August Bebel die beiden Flügel zusammengehalten.

Seinem Nachfolger Friedrich Ebert gelang das unter dem Eindruck der Debatte über die Kriegskredite und die Kriegsziele nicht mehr. Die Reichstagsfraktion spaltete sich. Im Laufe des Krieges bildeten sich auch organisatorische Strukturen heraus, die sich in den Parteineugründungen von Mehrheitssozialdemokratie (MSPD), Unabhängiger Sozialdemokratie (USPD) und der sich aus der Spartakusgruppe bildenden KPD um Karl Liebknecht und Rosa Luxemburg manifestierten.

Dies bedeutete zugleich, dass die Parteien und ihre Anhänger höchst unterschiedliche Erwartungen hegten, die mit dem politischen Selbstverständnis auch das Staats- und Gesellschaftsverständnis berührten. Eine Umsturzpartei, wie die Liberalen und Konservativen behauptet hatten, war die SPD vor 1914 nie gewesen. Sie bekannte sich zum „revolutionären Attentismus" (Dieter Groh) und betonte zugleich ihre politisch-demokratische Grundorientierung. Auf den sozialdemokratischen Parteitagen wurde über dieses neue Selbstverständnis gerungen, nicht abstrakt, sondern sehr pragmatisch, sehr konkret, unter Verarbeitung der Kriegserfahrungen, die nicht zuletzt durch die Erwartung geprägt waren, aus dem Kriegssozialismus könnte sich eine zunehmende rational geplante Organisation des Staates entwickeln.

Erwartungen und Erfahrungen manifestierten sich auf den Parteitagen, nicht zuletzt in dem neuen Görlitzer Parteiprogramm von 1921, das das zwitterhafte Erfurter Programm von 1891 für vier Jahre ablöste und 1925 durch das Heidelberger Programm ersetzt wurde. Mit dem Heidelberger Programm, das bis 1959 Geltung behauptete, kehrte die Sozialdemokratie zum Erfurter Programm von 1891 zurück. Es spiegelte keineswegs die Einheit der Partei, sondern machte die Spaltung zwischen prinzipiellen Revolutionären und den eher auf evolutionäre Entwicklungen setzenden Pragmatikern deutlich.[171] Damit war die Spaltung der Partei auch programmatisch sichtbar geworden. Im ersten Programmteil des Erfurter Programms wurde nach dem Ende der Sozialistenverfolgung die Krise der bürgerlich-kapitalistischen Gesellschaft unter Rückgriff auf Marx' Vorstellung von der ursprünglichen Akkumulation des Eigentums beschrieben, im zweiten Hauptteil jedoch wurden reformerisch angelegte „Zunächst-Forderungen" formuliert.

171 Vgl. Dieter Groh, Negative Integration und revolutionärer Attentismus. Die deutsche Sozialdemokratie am Vorabend des Ersten Weltkrieges, Berlin 1973.

Im Kaiserreich hatten die damals bestimmenden politischen Kräfte in Staat und Reichstag der SPD-Fraktion keine politische Verantwortung zugestanden. Auch in den vielen Landtagen und Gemeindevertretungen hatten die bestehenden Dreiklassen-Wahlrechte die SPD benachteiligt und faktisch ausgegrenzt. Dennoch hatten sich einige Bereiche der Mitgestaltung der Lebensverhältnisse herauskristallisiert. Mitwirkungsmöglichkeiten gab es in Krankenkassen, über erste Ansätze auch in Unternehmen, denn neben der Partei konnten vor allem die Gewerkschaften vereinzelt durch innerbetriebliche Absprachen Einflussmöglichkeiten eröffnen.

Schlagartig wurde die SPD im November 1918/1919 im Rat der Volksbeauftragten Teil der Regierung des Deutschen Reiches. Übergangslos wurde ein parlamentarisches System etabliert. Mit dem neuen Verhältniswahlrecht, das wenige Wochen nach der Novemberrevolution mit dem Frauenwahlrecht durchgesetzt wurde, wurde die SPD in der Weimarer Koalition mit der Deutschen Demokratischen Partei und der Zentrumspartei eine tragende Säule des politischen Wandels. Dabei ging es nicht nur um die Regierungsform, sondern auch um die Lebens- und Arbeitsverhältnisse. Der 8-Stunden-Tag wurde mit der 6-Tage-Woche zum Anfang einer sozialpolitischen Veränderung, die ohne die Mitwirkung von SPD und Gewerkschaften wenige Jahre früher nicht vorstellbar gewesen war.

Wegen der Spaltung der Arbeiterbewegung war es jedoch keineswegs leicht für die Führung von MSPD und USPD, die neue Rolle als Staats- und Verfassungspartei zu klären. Die Auseinandersetzungen berührten die Festlegung eines Wahltermins für die Verfassunggebende Nationalversammlung, die Haltung zum Versailler Friedensvertrag, die Frage des Umgangs mit den alten Kräften des untergegangenen Systems, aber auch die Kritik an dem auf Absicherung politischer Legitimation zielenden Kurs der Mehrheitssozialdemokratie. Immer wieder brachen die Streitfragen der Flügelkämpfe auf und spalteten die Partei faktisch und theoretisch. Die SPD bekannte sich zu einer Doppelspitze und fand ihre Vertreter in Hermann Müller und Otto Wels, nachdem Friedrich Ebert zum ersten Reichspräsidenten der neuen

Republik gewählt worden war. Weiterhin standen sich die Parteiflügel gegenüber, umso mehr, als die Aufspaltung der Sozialdemokratie bald durch die Sondierung einer Vereinigungsmöglichkeit unter Verlust der „radikalen" Randgruppen überwindbar schien. So blieben politische Gegensätze weiterhin bestimmend. Eine ihrer positiven Konsequenzen war eine lebhafte politisch-theoretische Debatte, die sich in verschiedenen Zeitschriften niederschlug. Endgültig gelöst wurden Kontroversen über das Staatsverständnis und die koalitionspolitisch wichtigen Auseinandersetzungen über politische Partner niemals.

In diesem zeitgeschichtlichen Zusammenhang muss die Dissertation Schumachers zunächst – aber, wie bereits betont, nicht vorrangig – gesehen werden. Erstaunlich ist, dass sie in den damaligen Grundsatzdebatten nicht intensiver aufgegriffen wurde. Denn diese Dissertation war mehr als eine Kompilation von Texten. Sie war eine Bekenntnisschrift. Ihr Ziel hätte es gewesen sein können, dass Schumacher sich selbst und anderen am Beginn einer politischen Karriere Rechenschaft über eine grundlegende Orientierung oder Umorientierung gab. Bemerkenswert ist, dass Schumacher sich nicht, wie Eduard Bernstein oder Karl Kautsky, die prominentesten Wortführer in den Programmdebatten, neu zu orientieren hatte. Denn er hatte früh und unbelastet von den Erfahrungen der Verfolgung von Sozialdemokraten unter dem Sozialistengesetz (1878–1890) ein eigenes Bild des demokratisch beeinflussten Staates entwickeln können. Dennoch beherrschte bis zum Ende der Weimarer Republik die ältere Generation das Geschichtsbild der Partei; insofern war Schumacher durch seine Dissertation zugleich zum staatstheoretischen Pionier und in gewisser Weise auch zum Einzelgänger und Außenseiter geworden. So war es fast noch ein Vorteil, dass er bis weit über die Mitte der 1920er-Jahre auf Reichsebene unbekannt und staatstheoretisch im Hintergrund blieb.

Aufmerksamkeit erregte sein sozialpolitisches Engagement in der Versorgungsfrage der Kriegsopfer. Insofern waren aber auch seine frühen sozialpolitischen Erfahrungen begrenzt. Weil seine Wahrnehmung durch andere nicht ausgeprägt war, hatte er zunächst auch keine innerparteilichen Kontrahenten zu fürchten, sondern konnte verlässliche, weit über das Jahr 1945 hinaus wirkende Verbindungen pflegen und zu Freundschaften ausbauen. Seit 1917 gehörte er dem Bund der Kriegsteilnehmer und Kriegsbeschädigten an, also einem Interessenverband der Kriegsopfer, der unmittelbar vor der Inflation fast eine Million Mitglieder hatte und zu den Vorläufern des VdK gehört.

Allerdings war Schumacher auch schon vor Kriegsende zur SPD gestoßen. Sein Beitritt war, wie wir vermuten, politisch motiviert. Nachdem sich im Laufe des Jahres 1917 zunehmend Protestaktionen und erste Streiks in Betrieben und in der Reichsmarine ereignet hatten und sich im Januar 1918 noch einmal steigerten, erfolgte Schumachers Eintritt in die SPD am 8. Januar 1918 und damit wenige Wochen vor der zweiten Berliner Streikwelle, die Ende Januar ihren Höhepunkt erreichte. Damit begann für ihn eine neue Phase der Auseinandersetzung mit Politik und Regierung, die im 19. Jahrhundert als Obrigkeit galt. Obrigkeit setzt Untertanen voraus, nicht den mitgestaltenden Bürger. Im Krieg hatte sich aber gezeigt, dass die Sozialdemokratie mitgestalten wollte und auch Veränderungen einzuleiten wusste.

Der demokratische Staat wurde als beeinflussbar wahrgenommen. Damit war eine neue Phase demokratisch orientierter Politik eingeleitet worden und zugleich deutlich geworden, dass Staat eben nicht per definitionem stets und in allen Handlungsfeldern, also durch Exekutive und Justiz, Partei für die sogenannten „staatstragenden" Schichten ergreifen musste. Durch das Wahlrecht und durch das „Parlamenteln" waren staatliche Zielbestimmungen beeinflussbar und wegen der freien Presse diskutier- und kritisierbar geworden. So leitete sich eine Umwälzung des sozialdemokratischen Staatsverständnisses aus der Veränderung der Staatserfahrung ab.

Die Verfolgungsgeschichte des Kaiserreichs war nicht vergessen, schärfte aber den Umgestaltungswillen und prägte die Wachsamkeit. Nur weil Sozialdemokraten einst nicht als staatstragend anerkannt wurden, ja als „Reichsfeinde" galten, wie es sich im 19. Jahrhundert vor allem in dem im Rückblick dann als „gut" gedeuteten Jahrzehnt der Sozialistenverfolgung gezeigt hatte, musste es nicht so bleiben. Umso weniger, als andere der ehemaligen Reichsfeinde, die Ultramontanen des politischen Katholizismus und die Linksliberalen der Deutschen Demokraten, nun die starke Mehrheit der Weimarer Regierungskoalition sicherten.

In der Zeit der Sozialistenverfolgung zwischen 1878 und 1890 war es der SPD nur möglich gewesen, sich an Reichstagswahlkämpfen zu beteiligten. Der Staat galt Sozialdemokraten als Garant einer Klassenherrschaft, die von Polizei und Justiz rigoros durchgesetzt wurde. So ist es kaum verwunderlich, dass das Verhältnis der Arbeiterbewegung zum Staat bis zum Ausbruch des Ersten Weltkriegs niemals spannungsfrei war. Justiz, Polizei und die Verwaltungsbehörden wirkten als Bollwerke gegen Aufmüpfigkeit und Revolution; das Heer sozialisierte ebenso wie die Schule die Untertanen, denen Vertreter des Staates mit Misstrauen und nicht nachlassender Wachsamkeit begegneten. Adel, Unternehmer und das besitzende – und wenn es ihm an Besitz fehlte, dann eben das „gebildete" – Bürgertum gehörten zu den Privilegierten.

In einem seiner frühesten politischen Aufsätze[172] hatte Karl Marx beschrieben, wie sich Privilegien, „alte Rechte", im Zuge der Entstehung der „bürgerlichen Gesellschaft" in Vorrechte verwandeln konnten. Rechte, die im Laufe der Jahrhunderte entstanden waren, die die Vertreter der alten Mächte gleichsam „vorfanden", wurden zu Privilegien.

Die „Standeslosen", der „Pauper", die „Unterständischen" – auch der „Vierte Stand" genannt – sahen sich nicht nur als benachteiligt, sondern geradezu als Unterdrückte an. Schumacher referierte diese Erfahrungen explizit, als er betonte, sie „hatten den Staat nur als den Polizisten der herrschenden Klasse kennengelernt" (154).

Allerdings entwickelte Marx nicht nur die These vom Klassen-, Polizei- und Unterdrückungsstaat, sondern deutete einen Ausweg an, der notwendig war, um den „politischen Aberwitz" zu bewältigen, der aus der Natur des „egoistischen Menschen" resultierte. Marx formulierte zwei Möglichkeiten, wenn er sich die Frage stellte, ob das bürgerliche Leben vom Staat zusammengehalten werde oder ob nicht vielmehr der Staat das bürgerliche Leben ermögliche. Dies setzte die Überwindung des Egoismus und die Anerkennung des Menschen als gesellschaftliches Wesen voraus. Deshalb erklärte Marx:

172 Vgl. Karl Marx, Debatten über das Holzdiebstahlgesetz (1842), in: MEW 1, S. 117.
173 Artikel in der Kölnischen Zeitung 179 (1842), in: MEW 1, S. 95.

„Selbst der Staat erzieht seine Glieder, indem er sie zu Staatsgliedern macht, indem er die Zwecke des Einzelnen in allgemeine Zwecke, den rohen Trieb in sittliche Neigung, die natürliche Unabhängigkeit in geistige Freiheit verwandelt, indem der Einzelne sich im Leben des Ganzen und das Ganze sich in der Gesinnung des Einzelnen genießt". [173]

Schumacher betonte, Marx habe die Gegenüberstellung von Individuum und Gesellschaft „überwunden", weil er sich Menschen als „gesellschaftlich verbundene Individuen" vorstellte.

Dies hatte in seinen Augen eine wichtige Konsequenz, denn dem Staat wurde ein Einfluss auf die Veränderung der Gesellschaft zugestanden; er war also nicht nur ein Unterdrückungsinstrument der Herrschenden, sondern verkörperte etwas „Entwicklungsfähiges" (160). Als weiteren Grundzug der Marx'schen Staatsvorstellung betonte Schumacher dessen „Entdeckung" einer sozialistischen „Organisationsform". Hier wirkten sich Vorstellungen aus, die vor allem nach 1914 im Konzept des Kriegssozialismus entwickelt und praktiziert worden waren, denn die Organisation von Produktion und Verteilung unter den Kriegsbedingungen hatte die Bedeutung von Planung bewiesen und entsprach dem Konzept eines zunehmend organisierten Kapitalismus. Sechs Jahre vor dem Ausbruch der Revolution von 1848 bekundete der junge Karl Marx auf diese Weise ein in der Zwiespältigkeit zukunftsweisendes Staatsverständnis, das bereits wenige Jahre später im Zuge der Revolution von 1848/49 für die sozialistische Staatstheorie, aber auch die Erfahrung im Umgang mit der Staatsmacht konstitutiv blieb.

In den Folgejahren variierte Marx diese Anschauungen. Häufig polemisierte er gegen Vertreter anderer Staatskonzeptionen, nicht zuletzt gegen Ferdinand Lassalle, der in den 1860er-Jahren, aus der Bildungsbewegung kommend, im Staat ein Mittel zur Veränderung der Lebenswirklichkeit der Lohnabhängigen, der „Arbeiter", sah. Gleichzeitig wurden alternative Staatskonzeptionen entwickelt, vereinzelt sogar in der Kommunalverfassung partizipativ erprobt.

Einen weiteren entscheidenden Aspekt des sozialdemokratischen Staatsverständnisses fügte Ferdinand Lassalle hinzu. Schumacher rückt ihn in eine Beziehung nicht nur zu Hegel, sondern auch zu Fichte, der im Staat ein Mittel zur Verwirklichung individueller Freiheit sehen wollte und den unterdrückenden „Notstaat" vom „Vernunftstaat" unterschied (166). Damit hatte Fichte zwei Staatsideale konzipiert, die Lassalle gesellschaftlich verorten konnte und als „Staatsideale der Bourgeoisie" und des „Proletariats" charakterisierte. Zugleich lehnte Lassalle die liberale Vorstellung eines „Nachtwächterstaates" ab, der in der Verhütung von Raub und Diebstahl das Hauptziel staatlicher Tätigkeit anerkennen wollte.

Schumacher war hingegen überzeugt, dass der Staat in der Idee des Arbeiterstandes auf der „Solidarität der Interessen", der „Gemeinsamkeit" und „Gegenseitigkeit" beruhe und die Entwicklung des Menschengeschlechts „zur Freiheit" zu gewährleisten habe (166). Schumacher berief sich auf Lassalle, wenn er betonte, nur mit Hilfe des Staates ließe sich „eine Summe von Bildung, Macht und Freiheit" verwirklichen. Die Arbeiterbewegung stand in der Tradition von Marx (zugleich als „Führer beim Sturm" akzeptiert und als „Literat" als wichtiger Begründer der Theorie vom Klassenkampf bewundert) und von Lassalle (dem „Organisator" des Staates, der „zum Verbündeten der Arbeiter" gemacht werden sollte). Bekannte sich Lassalle zur „Selbsthilfe", so verband er diesen Gedanken mit der Möglichkeit „staatlicher Intervention", die „zwischen der egoistischen Gesellschaft der Gegenwart" und der zu verwirklichenden „kollektivistischen Zukunftsgesellschaft" durch Wahrnehmung einer „Vermittlerrolle" einen Kompromiss „konstruieren" sollte (170).

1.12
Geschichte und Politik: Erwartungen und Erfahrungen

Nach der theoriegeschichtlichen Auseinandersetzung mit den beiden wichtigen Ansätzen sozialdemokratischer Staatstheorie behandelt Schumacher im zweiten Hauptteil seiner Dissertation die Geschichte der Sozialdemokratie als die Erfolgsgeschichte einer „aufsteigenden Partei" im Kaiserreich. Schumacher sichtet und bewertet die zuvor skizzierten Staatsvorstellungen und ergänzt seine Überlegungen durch eine historisch-politische Erläuterung des in der parlamentarischen Praxis erprobten neuen Staatsverständnisses, das der Sozialdemokratie in der Weimarer Republik half, jenes letztlich positive Staatsverhältnis zu entwickeln, das auf dem Kieler Parteitag (1927) grundlegend wurde. Deutlichen Ausdruck fand dieses Staatsverständnis in dem Gefühl, den Kapitalismus organisieren[174] und die Lebensverhältnisse rational gestalten zu können.[175] So sei „die Bedeutung des Staates überhaupt anerkannt" und die anarchistische Staatsfeindlichkeit korrigiert worden. Ebenso entscheidend war das Bekenntnis der Partei zu ihrer „Gesetzlichkeit" (185).

Durch die neuen Einflussmöglichkeiten des Wahlrechts war es mehr als abwegig geworden, nur die Disziplinierungsfunktion des Staates zu betonen. Zwar zeigte er seine Macht, weil er immer wieder durch einen „Rattenschwanz" von Prozessen wegen Majestätsbeleidigung einzelne sozialdemokratische Redakteure bedrängte. Dennoch machte die Regierung deutlich, dass sie sozialpolitische Forderungen aufzugreifen bereit war. Dies zeigte sich nicht zuletzt in der Verbesserung des Arbeitsschutzes. Die Regierung setzte sich zunehmend über die verstockte Kritik von Unternehmern hinweg und ließ abwegige

174 Vgl. Heinrich August Winkler (Hrsg.), Organisierter Kapitalismus: Voraussetzungen und Anfänge, Göttingen 1974.

175 Rudolf Hilferding begründete auf dem Kieler Parteitag „den prinzipiellen Ersatz des kapitalistischen Prinzips der freien Konkurrenz durch das sozialistische Prinzip planmäßiger Produktion".

sozialpolitische Initiativen ins Leere laufen. Im Ergebnis lockerte sich so unter dem Eindruck nachlassender Repressionen ein negatives Staatsverständnis, das sich in der Anhängerschaft der SPD und der Gewerkschaften zunächst noch länger gehalten hatte (186). Immer wichtiger wurde nun der gewerkschaftlich getragene Reformismus, der anstelle der Staatshilfe den Gedanken der Selbsthilfe stärkte. Denn mit dem faktisch auf betrieblicher Ebene durchgesetzten Koalitionsrecht der Gewerkschaften galt:

„Die Gewerkschaften sollten zu einem der stärksten Bindemittel zwischen Staat und Arbeitern werden."

Schumacher war zu jung, um die frühen Phasen des „organisierten Kapitalismus" wahrnehmen zu können. Erst in den beiden Jahrzehnten um die Jahrhundertwende schien es offensichtlich, dass die „Machtstellung des Unternehmertums" die Grundlagen einer „Organisation des Kapitals" (199) verändert hatte. Dies führte dazu, dass die SPD „wohl oder übel" in die „Gefolgschaft" des Staates eingereiht wurde. Rückblickend spielt Schumacher dabei nur auf die Forderung an, „Einigungsämter" zu schaffen, die Arbeitskonflikte zu lösen hatten. Mit sozialpolitischen Forderungen veränderte sich das Verhältnis zum Staat: „Je mehr Sozialpolitik, desto stärker die Staatsgesinnung!"

Diese Entwicklung war nicht selbstläufig, sondern musste ausgefochten werden. Dabei konnte die Gewerkschafts- und Arbeiterbewegung auf Forderungen der Agrar- und Industrieverbände reagieren, die staatliche Interventionen zugunsten eines Schutzzolles verlangten. „Das Kapital wurde so an einem starken Staate interessiert", das Proletariat „aber [...] auch, wenn auch zuerst, ohne sich dessen recht bewusst zu werden". (191) Wenn aber der Staat potenziell zum Bundesgenossen wurde, dann bedeutete dies, dass das ursprüngliche Staatsgefühl, das „aus Scheu und Hass" bestand, sich in einen Staatsgedanken transformierte, der „stark genug war, das Los der Arbeiterklasse mit dem der gehassten Preussen zu verbinden." (177) Die politische Hoffnung richtete sich darauf, dass durch die demokratische Mitbeteiligung der „Grenzenlosigkeit und Rücksichtslosigkeit des jungen Großkapitals Zügel" angelegt würden, der Kapitalismus also kontrolliert werde.

Schumacher reflektiert die Zeit vor dem Ausbruch des Ersten Weltkriegs nicht ereignisgeschichtlich, sondern betrachtet die grundlegenden Veränderungen der Staatsfunktionen programmhistorisch. Da sich in seinen Augen der Staat zum „größten Unternehmer" entwickelt hatte, war es umso notwendiger, die Strukturen des Staates und der Wirtschaft durch Verstaatlichung zu verändern. Endpunkt dieser Entwicklung könnte der Staat als eine Art „sozialistische Genossenschaft" sein. Weder Marx noch Engels hatten sich vorstellen können, dass die Sozialdemokratie Einfluss auf die Gestaltung des Arbeitsmarktes gewinnen könnte oder gar durch Gesetzgebung Veränderungen hätte beeinflussen können, die die Parität von Arbeitgebern und Arbeitnehmern zum Ziele hatten. Sie stärkten die Zielvorstellung, den „vorhandenen kapitalistischen Staat [...] durch Eroberung der politischen Macht" in eine sozialistische „Wirtschaftsgenossenschaft" reformieren oder transformieren zu können. Vor dieser Perspektive war es notwendig, der „Staatsbejahung" starken Ausdruck zu geben, also einen „Kampf um den Staat und in dem Staat, aber nicht gegen den Staat" zu führen (194).

Schumacher empfand die reformistisch gestimmten „Zunächst-Forderungen" des Erfurter Programms vor allem als Impuls zur weiteren Staatsbejahung, die auch das von den gouvernementalen Kräften bezweifelte Nationalbewusstsein der Anhänger der Arbeiterbewegung beeinflusste. Die Konsequenzen sah Schumacher mehr als deutlich, denn in der Frage der Landesverteidigung hätte „gerade die deutsche Sozialdemokratie" sich als eine „Hüterin des Staatsgedankens" gezeigt (195). Im Laufe der Zeit hätten „Staat und Nation ein [...] selbstverständliches Ganzes gebildet" und so ermöglicht, eine Distanz zur „gewöhnlichen Tagesagitation" aufzubauen (197). Spürbar wurde, dass der Staat mit den Sozialgesetzen und anderen sozialpolitischen Maßnahmen ein „weit größeres soziales Empfinden" bewies als zuvor. Aber dies genügte der Sozialdemokratie nicht, denn der Staat konnte erst dann sozialpolitisch genutzt werden, wenn er sich – etwa bei der Verbesserung des Arbeitsschutzes – zum Staatsunternehmer entwickelte und der „Kontrolle" in den Parlamenten ausgesetzt war. Mit den sozialpolitischen Veränderungen ging in der Wahrnehmung Schumachers eine Veränderung des Verständnisses von Eigentum einher. Es begründete nicht mehr ein Recht, sondern eine Verpflichtung (201). Damit trat zugleich eine „Verschiebung seines moralischen und juristischen Ausdrucks" ein. Dies bedeutete andererseits auch, dass den in den Staatsbetrieben beschäftigten Arbeitern die „Pflichten der Beamten" zugeschrieben wurden (200).

Durch die zunehmende Beteiligung an Wahlen hatte sich seit 1867/1871 und vor allem dann seit 1890 zunächst die Hoffnung ergeben, der Klassenstaat könne sich in einen Volksstaat verwandeln. Nunmehr festigte sich die Vorstellung von einer „gemeinsamen Haftung" der Wähler für den Staat. Dies bedeutete endgültig die Distanzierung von einem staatskritischen Klassenkampfgedanken und die Überzeugung, nur ein „starker Staat" stelle eine Voraussetzung der Sozialpolitik dar. Schumacher registrierte nun mehr als nur einen „starken Zug zur Staatsfreundlichkeit"(181 u. 184); er sprach von einer „Pflicht der Gemeinschaft", hielt es für denkbar und wünschenswert, „dem Staate ehrlich entgegenzukommen" und bezeichnete die SPD mit Georg von Vollmar, dem süddeutschen Sozialdemokraten, der bereits in den ersten Tagen des Weltkriegs sein Leben ließ, als „Staatspartei par excellence" (204).

Zugleich aber gab es Rückschläge, denn die Regierung ging nicht selten mit der ganzen Macht der Staatsgewalt gegen die Sozialdemokratie vor. Schumacher differenzierte hier nicht nach Ländern. Was in Preußen an Verfolgungsmaßnahmen registriert wurde, galt nicht für die südwestdeutschen Einzelstaaten des Reiches oder die großen Städte. Aber verschärfte Vereinsgesetze, die Zuchthausvorlage und die Umsturzvorlage stachelten den Widerspruch der SPD nicht nur an, sondern erwiesen sich als politisch-taktischer Vorteil. Agitatoren konnten weiterhin „radikal" den Staat bekämpfen, Organisatoren hingegen auf reformerische Fortschritte hinweisen und so die „Anerkennung des gegenwärtigen Staates" im Sinne einer pragmatischen Sozialpolitik beeinflussen. Dies erwies sich als zielführend und erleichterte die Tendenz, im Staat den – wie Schumacher pathetisch formulierte – „Bannerhalter wirklicher Gemeinschaft" (207) zu sehen:

„Sie lernten den Staat auch als ihren Staat kennen und teils, wo er Gegner war, verstehen und teils seine Schwächen für ihre Zwecke zu benutzen."

Schumacher sah die Sozialdemokratie geradezu durchdrungen vom Staatsgedanken und konstatierte, dass am Ende der historisch-politischen Veränderungen eine überzeugende „Staatsanschauung" fehlte, die er in der Tradition von Hegel, Fichte und Lassalle als „Gedanken" bezeichnete, also die von ihm gehegte Überzeugung, im Staat nicht nur einen Kulturträger, sondern auch das Element der neuen Gemeinwirtschaft zu sehen (211). In der Auseinandersetzung mit linken Sozialisten spitzte sich der „Kampf um den Staat" zwar zu, wirkte sich aber dennoch positiv auf das weitere Staatsverständnis aus, weil bei aller Kritik „die Arbeit auf dem Boden der Gesetzmäßigkeit" beharrte unter Anerkennung der „Gesetzlichkeit als des einzig möglichen Kampfbodens" in der Praxis und in der Theorie (220). Schumacher zog unbeirrt auf diese Weise die Erfahrungen aus der Entrechtung und Verfolgung der Sozialdemokraten. Nichts anderes schien ihm denkbar, als dass der weitere „Kampf auf dem Boden von Recht und Gesetz" erfolgte, um die Arbeiterbewegung weiter als entscheidende Kraft eines sich „demokratisch entwickelnden Staates" zu bestätigen. Damit schwand zugleich die Bedeutung eines von Schumacher abgewerteten „parteioffiziellen Vulgärmarxismus" (219), der weiterhin eine „pessimistische Auffassung vom Wert des Gegenwartskampfes" pflegte.

Schumacher übersah nicht, dass die in der Geschichte der Sozialdemokratischen Partei tief angelegten Gegensätze zwischen den Vertretern einer Sozialreform einerseits und einer Sozialrevolution andererseits weiterhin die Partei prägten, trotz „nationaler Gefühle" und der „Gemeinsamkeit der Kritik" an dem repressiven Verhalten der Behörden. Er nahm allerdings auch die politische Erstarkung des sich gegenüber sozialpolitischen Veränderungen offenen „sozialen Liberalismus" wahr, der unmittelbar vor dem Ausbruch des Weltkrieges sogar zu einer „ausgesprochenen Hilfstruppe der Sozialdemokratie" geworden war (228). Damit war die Abwehrfront der sozialdemokratischen Gegner, die mit „allen Mitteln" den Einfluss der SPD zurückdrängen wollten, im Ansatz geschwächt.

Auf den Anfang des Ersten Weltkrieges datierte Schumacher einerseits den beginnenden Zerfall der Arbeiterbewegung, andererseits konstatierte er ein „mächtiges" Anwachsen des sozialdemokratischen „Nationalbewusstseins", das sich mit dem Gefühl gepaart habe, der Krieg sei kein militärisches Wagnis (234). Als Staatsbürger akzeptierten die Sozialdemokraten ihre Verpflichtung zur Kriegsteilnahme und die Finanzierung der Kriegskredite. Das bedeutete innerparteilich eine agitatorische Schwächung, die aber in den Augen Schumachers aufgewogen wurde, weil die bürgerlichen und konservativen Gegner der Partei den Vorwurf der „Staatsfeindlichkeit" nicht mehr wiederholen konnten.

Schumacher sah in der Unterstützung der Kriegserklärung durch die sozialdemokratische Reichstagsfraktion nicht nur die in den politischen Entwicklungen angelegte und von ihm mehrfach beschriebene Wendung zur „Staatspartei schlechthin", sondern auch die Manifestation einer „Bejahung des Staates" (241). Er betonte, die Parteiführung habe einem Trend entsprochen und die Konsequenz aus ihrer „politischen Erziehung" der Parteianhänger zum „Solidaritätsgefühl" gezogen (236), das sich zum „Gemeinschaftsgedanken" gesteigert habe. Zwar gewannen die Kritiker an Einfluss auf die Stimmung; andererseits sah Schumacher einen geschichtsmächtigen Trend. Denn gegen den Willen der Mächtigen wurde durch Kriegssozialismus, zunehmende Bürokratisierung und die expandierende Planung von Produktion und Verteidigung „der Grundstein zu etwas Neuem" gelegt (239).

Vielfältige Angriffe auf die Parteiführung fächerten die innerparteilichen Diskussionen auf. So entfalteten sich während des Krieges neue Konzeptionen und Visionen einer auf die Veränderungen in Staat und Gesellschaft angemessen reagierenden Theorie. Sie bewegten Schumacher dazu – ähnlich wie sein späterer Doktorbetreuer Johann Plenge, diesen „Vertreter der offiziellen Gelehrsamkeit" (250) –, die Bedeutung der „Ideen von 1914" zum Ideal des freiheitlichen Aufgehens der Individualität in einer „Kollektivperson" zu betonen. Das erwies sich bald als Irrweg und wurde von Schumacher später nicht vertieft, vielleicht, weil er erkannt hatte, dass er sich mit diesen Vorstellungen gerade den Vertretern einer Kriegsgeneration genähert hatte. Hier zeigt sich die Berechtigung des Satzes, dass ein Mensch seiner Zeit ähnlicher als seinem Vater sein kann. Vielleicht liegt in dieser Verengung des Blicks, die in der Sozialdemokratie eine Sackgasse markierte, die Erklärung für die Zurückhaltung Schumachers, seine Dissertation zum Druck zu befördern. Andererseits nahm die Gründung des Reichsbanners Schwarz-Rot-Gold die Neigung dieser Kriegsgeneration auf, sich durch gemeinsame Erfahrungen und Hoffnungen nicht nur zu begreifen, sondern auch auf dieser Grundlage zu organisieren.

Denn „in der und durch die Organisation zu leben und zu wirken", konnte aufgrund seiner späteren Lebenserfahrungen nicht identisch sein mit dem „freiwillige[n] Aufgehen des Individuums in das Ganze unter dem Gesichtspunkte der Erlangung einer höheren Freiheit". (251)

Mit der Revolution von 1918 ging es aber nicht mehr um Befindlichkeiten und Stimmungen, sondern um die Demokratisierung der Gesellschaft. Damit wurde der lange Kampf um demokratische Verfassungsformen zu einem gewissen Abschluss gebracht. Die Kooperation mit den republikanischen Kräften wurde nicht zuletzt ermöglicht, weil die „Sozialisten [...] den Kampf [...] im liberalen Geist geführt" und sich zum Individualismus, zur „Individualität des Einzelmenschen" bekannt hatten. Die sich aus der Revolution vom November 1918 entwickelnde neue Staatsform war aber nicht mehr das Werk der sozialdemokratischen Opposition, sondern eines „liberalen Professors", nämlich von Hugo Preuß, dem eigentlichen Vater der Weimarer Reichsverfassung. An die Stelle des „Volksstaats" trat nun der „parlamentarische Parteienstaat", aus dem „Obrigkeitsstaat" wurde nunmehr der „Organisationsstaat" (258).

Weniger in den Auseinandersetzungen, die während des Krieges innerhalb der deutschen Arbeiterbewegung geführt wurden, als durch die Debatten in der österreichischen Sozialdemokratie hatte sich das Staatsverständnis modifizieren können, dem Schumacher zuneigte. Wie er in der Rezeption Fichtes und Lassalles bekannt hatte, sah er im Staat nicht das Objekt gesellschaftlicher Einwirkungen, sondern eine Möglichkeit, die Wirtschaft durch Sozialisation gleichsam zu durchstaatlichen. Dies setzte allerdings das Werben um demokratische Mehrheiten voraus, das heißt, es mussten politische Allianzen gebildet werden, die sich zur ökonomischen Weiterentwicklung von Staat und Gesellschaft bekannten. Damit endete aber der bisherige Klassenkampf, nicht nur, weil „Kampfmittel und Kampfziele" durch die Verfassung bestimmt wurden, sondern vor allem, weil die veränderungswilligen Kräfte versuchen mussten, „den Staat als Verbündeten zu bekommen und mit dem eigenen Geiste zu erfüllen". (262)

Karl Renner hatte in Wien dafür plädiert, den Staat zu einem „Organ der sozialen Verwaltung zu machen" (262), der nicht mehr den Besitzenden, sondern der Bevölkerungsmehrheit durch eine „demokratische Staatspolitik" diente. Schumacher ahnte, dass die „Staatsverdrossenheit" (269) anwachsen müsste, wenn die in der Umbruchphase artikulierten Reformversprechen nicht eingelöst würden. Er identifizierte einen Umschlag der revolutionären Stimmung, weil er Anzeichen einer „liberalen Revolution" als Ausdruck einer „Auflehnung des einzelnen gegen die ihn vernichtende Verkörperung der Allgemeinheit" erkannte. Der Geist von 1914 war nicht mehr bestimmend. An seine Stelle trat die Proklamation von Rechten als Ausdruck eines „revolutionären Geistes des Liberalismus", der sich für Menschenrechte einsetzte und gegen gesellschaftliche und politische Zwangspflichten richtete. Man könnte in diesen Bemerkungen einen Ansatz für das antitotalitäre Grundverständnis Schumachers sehen. Aber es ist nicht abzustreiten, dass er diese Entwicklung erst allmählich nahm. Denn unter dem Eindruck der revolutionären Erfahrungen bekannte er sich zum Geiste vom 4. August 1914, aus dem die Kriegskredite bewilligt worden waren, zur angeblich „höchste[n] Entwicklung des Staatsgefühls", während er in den Ereignissen von 1918 den „tiefsten Sturz und den Anfang eines individualistisch gerichteten Kommunismus" erblickte (270).

Der Widerspruch zu den vorangegangenen positiven Einschätzungen eines durch den Liberalismus geprägten Verfassungsstaates klärt sich auf, wenn berücksichtigt wird, dass Schumacher eine Verbindung zwischen dem Anarchismus der Bismarckzeit und den neuen revolutionären Bestrebungen zog. Anarchisten, Kommunisten und Bolschewisten waren für ihn Vulgär- und Extremmarxisten, die in sich radikale, maximalistische und syndikalistische Strömungen vereinigten (270 f.). Ebenso entschieden lehnte Schumacher den „Sowjet-Demokratismus" als „Verneinung des Staates" wie den Anarchismus ab (272). Seine Ablehnung lässt sich insofern zusammenfassen, als er sich gegen „Freiheitsschwärmerei, Rätediktatur und Internationalismus" wandte. Viel wichtiger war für ihn aber die Reflexion des Nationalprinzips, denn er wandte sich gegen den „naiven Kosmopolitismus" und blieb entschlossen, einen „Abwehrkampf" gegen die Linke „unter dem Zeichen der Demokratie" fortzusetzen und so die Nähe von Liberalismus und Sozialdemokratie und die Bedeutung der SPD als der eigentlichen „Volksstaatspartei" zu betonen. Die Konsequenz war, dass von einem derart beeinflussten Staat „eine grundsätzliche Änderung ihrer Lebensverhältnisse" erwartet werden konnte (278).

Hinter diesen Überlegungen stand vor allem die Auseinandersetzung mit den sowjetischen Entwicklungen, die mit der Oktoberrevolution von 1917 begonnen hatten. Der „deutsche Sperling" war Schumacher offensichtlich lieber als eine „russische Taube" auf dem Dach, was aber nicht bedeutete, dass er sich gegen die revolutionäre Taktik wandte, denn er gab den Anspruch nicht auf, auf der Grundlage des Görlitzer Programms den Kapitalismus zu bekämpfen (281).

Nicht übersehen werden darf, dass die innerparteilichen Auseinandersetzungen um das Staatsverständnis der Arbeiterbewegung weit zurücklagen, als Schumacher sich in der SPD engagierte. Allerdings beeinflussten die vorausgegangenen Flügelkämpfe und die Abspaltungen aus der Zeit vor 1914 weiterhin die Diskussionen und Konflikte zwischen KPD und SPD. Die Arbeiterbewegung verspielte gleichsam ihre Einheit. Dies berührte auch die Gewerkschaftsbewegung und begünstigte die Bildung vieler kleinerer Gruppierungen innerhalb der SPD und auch in der kommunistischen Opposition gegen die „Generallinie" der KPD und deren Stalinisierung. Diese Brückenparteien zwischen SPD und KPD verkörperten einen Teil der politischen Zukunft und Modernität der SPD nach 1945.

Der Revolution von 1848 war anlässlich ihres 50. Jahrestages 1898 von der sozialdemokratischen Reichstagsfraktion zwar gedacht worden, aber dass einmal die Novemberrevolution als Erfüllung dieser Revolution, als Einlösung eines Vermächtnisses gedeutet werden könnte, das war solange undenkbar, wie das Kaiserreich bestand. Unmittelbar gegenwärtig blieben hingegen die politischen, sozialen und betrieblichen Unrechtserfahrungen aus der Zeit der Sozialistengesetze, die seit 1878 die politischen Auseinandersetzungen bestimmt hatten. Nach Rückschlägen bei den „Attentatswahlen" von 1881 und nach den „Kartellwahlen" von 1887 hatte die Sozialdemokratie erstmals wieder 1890 weit mehr als eine Millionen Stimmen auf sich vereinigen können. Ebenso wichtig war die Entstehung einer Gewerkschaftsbewegung, die neben dem „gerechten Lohn" vor allem das Ziel verfolgte, die Arbeitsbedingungen zu verbessern. Neben den Sozialgesetzen Bismarcks ist also die Verbesserung des Arbeitsschutzes Ausdruck einer Reformpolitik, die öffentlich debattiert wurde.

1.13
Ausblick

Schumachers Doktorarbeit trug den zeittypischen Titel „Der Kampf um den Staatsgedanken in der deutschen Sozialdemokratie". Weshalb er Johann Plenge bat, die Betreuung der Arbeit zu übernehmen, ist nicht mehr zu klären. Schumacher hatte nicht bei Plenge studiert, sondern seine Dissertation als sogenannter „Reisedoktor" abgeschlossen. So wurden damals externe Doktoranden genannt. Nach seiner Kriegsverwundung und nach dem Examen hatte er eine Anstellung als Hilfsreferent einer Versicherung angenommen. Die Revolution hatte er erlebt, ohne sich aktiv einzuschalten. Seine Dissertation verrät allerdings, dass er sich mit den theoretischen Debatten um den Kurs der Sozialdemokratie auseinandergesetzt hatte. Auffällig ist jedoch, dass die Dissertation keine tagesaktuellen und zeithistorischen Exkurse und Reflexionen enthält, sondern die unterschiedlichen Flügel und Gruppen der Theoriediskussionen beleuchtet.

Schumacher neigte, wie sein Resümee zeigt, offensichtlich Johann Plenge zu, der zu seiner Zeit wegen seiner organisationssystematischen Ansätze bekannt geworden war und die Sozialdemokratie nicht, wie manche seiner sozialwissenschaftlichen Kollegen, ablehnte. Er ist jüngst durch eine profunde Münsteraner Dissertation in seiner sozialwissenschaftlichen und zugleich zeittypischen Bedeutung gewürdigt worden. Er war kein Sozialdemokrat, bemühte sich aber darum, den Weg der SPD kritisch und zugleich sehr aufgeschlossen zu begleiten. Weniger aus Respekt vor dem Betreuer Plenge als wegen dessen als zukunftswichtig eingeschätzter Bedeutung für die weitere Neuorientierung der SPD nach dem Krieg von 1914/18 prüfte Schumacher die „neumarxistischen" Überlegungen von Heinrich Cunow und Konrad Haenisch und stellte sie positiv heraus. Sie alle hatten nur kurze Zeit Bedeutung für die Bestimmung des weiteren politischen Kurses der sich im Umbruch befindenden Partei. Überdies hatte sich unter dem Eindruck des „Kriegssozialismus" die politische Programmatik der Sozialdemokratie sehr weit aufgefächert. Es ging dabei nicht um theoretische Richtungskämpfe, die die sozialdemokratische Programmdiskussion seit den Antwortschreiben Ferdinand Lassalles, seit den ersten Parteiprogrammen von Eisenach 1869 und Gotha 1875 und vollends seit dem Erfurter Programm von 1891 geprägt hatten. Stattdessen ging es um die Entwicklung eines pragmatischen Staatsverständnisses. Dabei hatte sich gezeigt, dass die Auseinandersetzungen über Weg und Ziel der SPD immer durch eine ambivalente Einschätzung des Staates geprägt worden waren.

Für Marx und Engels war der Staat ein Klassenstaat im Interesse der Bourgeoisie, gleichsam ein Polizeibüttel zur Unterdrückung des Proletariats. Für Lassalle hingegen war der Staat ein Mittel zur Veränderung der Lebensverhältnisse der Lohnabhängigen. Lassalle hatte sich für das allgemeine Wahlrecht eingesetzt und damit ein Beeinflussungs- und Veränderungsinstrument geschaffen. Dieses ermöglichte, Vertreter der Arbeiterklasse in den Reichstag zu entsenden. Die wachsende Bedeutung der Sozialdemokratie manifestierte sich in ihren Wahlergebnissen und im kontinuierlichen Wachstum der sozialdemokratischen Reichstagsfraktion. Diese Erfolge konnten auch durch die Verfolgung von Sozialdemokraten, ihre Ausweisung und Entrechtung während der Sozialistenverfolgung aufgrund der von 1878 bis 1890 geltenden Sozialistengesetze nicht gebremst werden.

Unter dem Eindruck der Verfolgung, aber auch der politischen Erfolge, wandelte sich das sozialdemokratische Staatsverständnis. Mit den von Bismarck angeregten Sozialgesetzen wurde deutlich, dass die Lebensverhältnisse nicht nur gegen die Interessen der ökonomisch machtvollen Klasse der Produzenten durchzusetzen waren, sondern dass die Regierung sich nicht immer dagegen sperrte, die Lebensbedingungen durch Gesetzesvorhaben zu verbessern. Mit dem Koalitionsrecht und der Gründung der Gewerkschaften boten sich im letzten Drittel des 19. Jahrhunderts weitere Möglichkeiten, die schließlich sogar die Mitwirkung von Vertretern der Arbeiterbewegung, etwa in Krankenkassenorganisationen, erleichterten. Mit der Notwendigkeit der Planwirtschaft während des Krieges konkretisierten sich Vorstellungen eines Kriegssozialismus. Hier setzte Plenge an.

Mit einigen anderen „Neomarxisten" betonte er entschieden die Gestaltungskraft eines Staates, mit dem sich viele Sozialdemokraten nicht erst seit dem „Augusterlebnis" vom 4. August 1914 identifiziert hatten. Plenge wurde ebenso wie seine heute weitgehend vergessenen Gesinnungsfreunde in Schumachers Dissertation ausführlich zitiert, galt er doch zumindest in seinen Augen weniger als „Sozialingenieur" denn als ein Gelehrter, der den Brückenschlag zugunsten der SPD in das akademische Bürgertum versucht hatte.

In den 1950er-Jahren weigerte sich Schumacher, seine Dissertation zu veröffentlichen. Das ist verständlich, denn manche der Überlegungen hätten 1950 befremdlich gewirkt und möglicherweise auch die Polemik der Kommunisten gegen Schumacher befeuert. Überdies hatte sich, lange bevor die Rolle des Deutschen Reiches beim Ausbruch des Ersten Weltkrieges kritisch gesehen wurde, ein merklicher Vorbehalt gegenüber der Bewilligung der Kriegskredite durch die sozialdemokratische Reichstagsfraktion aufgebaut. Die Bewilligung der Kriegskredite im August 1914 wurde während des Krieges, in der Revolutionsphase und auch durchgängig in der Zeit der Weimarer Republik weiterhin als Ausdruck eines sozialdemokratischen „Augusterlebnisses" gerechtfertigt und diente geradezu dazu, einen Gegensatz zur politischen Linken, der USPD, der KPD zu begründen. Diese Abgrenzungsdiskussionen konnten die Brückenparteien nur begrenzt auffangen. Schließlich brachen die Gegensätze in der Debatte über den Panzerkreuzer A noch einmal auf. Die sozialdemokratisch geführte Regierung unter Hermann Müller zerbrach 1930. Die Folge war, dass nun mit Notverordnungen regiert wurde und die Phase der Präsidialkabinette den Übergang in das NS-Regime einleitete. Zwar noch weit entfernt von der kritischen Bewertung der Novemberrevolution als halbherzig betriebener Durchsetzung grundlegender revolutionärer Veränderungen, war auch die Unterstützung der Regierung im Ersten Weltkrieg kritischer als zuvor betrachtet worden.

Es gehört nicht viel Fantasie dazu, sich vorzustellen, wie Schumachers Bekenntnis zum Nationalstaat damals – in der beginnenden Debatte über die Wiederbewaffnung der Bundesrepublik – aufgegriffen worden wäre.

Kurt Schumacher und Annemarie Renger, o. J.
Quelle: bpk/Hanns Hubmann, Bild-Nr.: 70169933

Heute ist es müßig, nach Gründen für die verspätete Veröffentlichung der Dissertation zu suchen. Plenges Assistent Friedrich Holtmeier, der Jahrzehnte später die Dissertation in einer Taschenbuchreihe herausbrachte und damit Schumachers Stellungnahmen in die Debatte über die Rolle des Staates in der Gegenwart der 1980er-Jahre einbringen wollte, erklärte die verspätete Neuveröffentlichung der unter Fachleuten oftmals erwähnten Dissertation des SPD-Parteivorsitzenden schlicht mit dessen Weigerung, ohne nach Gründen zu suchen. Allerdings hatte sich das politische Klima in den 1970er-Jahren sichtbar gewandelt. Die SPD hatte mit dem Godesberger Programm 1959 eine erhebliche Veränderung eingeleitet und war auf dem Weg zur Volkspartei. Nur verbohrte Zeitgenossen hielten sie für national unzuverlässig, für marxistisch inspiriert, gleichsam fähig und bereit, den „Weg nach Moskau" zu gehen.

Erich Matthias hatte doch schon Anfang der 1950er-Jahre zeigen können, in welchem Maße sich die SPD mit der Nation nicht erst im Exil, sondern seit dem Kaiserreich identifiziert hatte.[176] Vaterlandslose Gesellen waren Sozialdemokraten zu keiner Zeit gewesen.

Schumacher Dissertation gehörte in den 1990er-Jahren nicht mehr zum – überdies schwindenden – Kernbestand sozialdemokratischer Programmschriften. Sie teilt dieses Schicksal mit einer ebenso wichtigen Studie von Susanne Miller, die – zwanzig Jahre jünger als Schumacher – mit einer Dissertation über das Freiheitsproblem in der sozialdemokratischen Programmatik promoviert worden war.[177] Deshalb ist sie aber nicht unwichtig und überholt. So wie Susanne Miller die Orientierung auf die bürgerliche Freiheit als Grundlage sozialdemokratischer Identität ausmachte, lässt sich Schumachers Dissertation als Versuch begreifen, den Staat als zentrales Instrument sozialer Gestaltung zu rechtfertigen.
Nur wenn es um eine konkrete Verbesserung der Lebensverhältnisse einer breiten Bevölkerung, die Schumacher noch als „Volk" bezeichnen konnte, geht, lässt sich der demokratische Staat, lassen sich Parlamentarismus, Interessenvertretung, Parteien- und Verbandsstaat als Partizipationsinstrumente rechtfertigen.

Kurt Schumacher sah in der SPD erstmals eine demokratische Staatspartei schlechthin. Dies war auch eine Reaktion auf das Verhalten der bürgerlichen Parteien, die sich auf Interessenvertretung und Klientelförderung konzentrierten. Die SPD war für Schumacher eine Volkspartei, nicht so sehr wegen der soziologischen Zusammensetzung als vielmehr wegen ihres politischen Anspruchs, das Volk an sich zu vertreten.
In dieser Überzeugung schlug sich durchaus Misstrauen gegenüber den traditionellen Eliten nieder. Schumacher verkörperte den Parteipolitiker, der sich systematisch darum bemühte, die Parteibasis zu verbreitern. Deshalb vertrat er die Interessen des Mittelstandes, der Beamten, schließlich nach 1945 sogar die der Wehrmachtssoldaten. So wie er nach dem Ersten Weltkrieg die Interessen der Kriegsopfer vertreten hatte.

Der Staat wurde somit aber der Klassenfunktion entkleidet, die er nach traditioneller sozialdemokratischer Überzeugung zu erfüllen hatte. Schumacher hatte Fichte und Hegel durchdacht, er hatte Lassalle und

176 Vgl. Erich Matthias, Sozialdemokratie und Nation. Ein Beitrag zur Ideengeschichte der sozialdemokratischen Emigration in der Prager Zeit des Parteivorstandes 1933–1938, Stuttgart 1952.

177 Vgl. Susanne Miller, Das Problem der Freiheit im Sozialismus. Freiheit, Staat und Revolution in der Programmatik der Sozialdemokratie von Lassalle bis zum Revisionismusstreit, Frankfurt a. M. 1964.

Marx miteinander verglichen und auf seine Weise entideologisiert. Es war aber 1920 keineswegs eine Selbstverständlichkeit, wenn er aufforderte, den Staat als Mittel zur Veränderung der sozialen Verhältnisse zu nutzen. Denn in den Augen vieler Sozialdemokraten blieb der Staat nicht nur im 19. Jahrhundert, sondern auch in der Endphase der Weimarer Republik und nicht zuletzt unter dem Nationalsozialismus Ausdruck eines Klassenstaates. Schumacher machte dies auch in seiner ersten Rede nach dem Ende des Zweiten Weltkriegs deutlich, als er die Attraktivität der nationalsozialistischen Ideologie auf deutsche Gesellschaftsschichten soziologisch erklärte. Er brach mit dem Gedanken, mit Unterstützung einer Regierung einen ideologischen und sozialen Klassenkampf zu führen.

Er hatte erfahren, wie weit ein gegen die Arbeiterbewegung handelnder Staat gehen würde. Voraussetzung der Willkür, die Schumacher leibhaftig erfahren hatte, war aber die Zerstörung der Weimarer Verfassungsordnung. Er hatte sich geschworen, sie zu schützen und zu verteidigen und hatte sich deshalb für das Reichsbanner Schwarz-Rot-Gold engagiert. Vielleicht fehlte ihm vor 1933 wie Wilhelm Hoegner die Fantasie, sich vorstellen zu können, zu welchen Exzessen die antimarxistische und antiliberale Programmatik der NSDAP führen würde. Es gehört zur politischen Tragödie der Sozialdemokratie, dass sich der Gegensatz zwischen KPD/SED und SPD im Zuge der deutschen Teilung prolongierte. Unvorstellbar, dass wenige Jahre zuvor von den Nationalsozialisten Sozialdemokraten, Kommunisten, Anarchisten, „kulturbolschewistische" Intellektuelle und Gewerkschaften als Marxisten bekämpft, unterdrückt und ausgeschaltet worden waren.

Der NS-Staat hatte keine Ähnlichkeit mehr mit dem Obrigkeitsstaat des 19. Jahrhunderts und auch nicht mit dem „Polizeistaat" des Kaiserreiches. Er spiegelte die Fähigkeit ideologisierter politischer Bewegungen zur Vernichtung ihrer Gegner. Die Konsequenz dieser Erfahrung widerständiger Sozialdemokraten war die Versicherung, dass es in Zukunft keinen derartigen Unterdrückungsstaat, ob von der Rechten oder der Linken, mehr geben sollte. Ansätze, die Gegensätze zu überwinden, gab es im Widerstand. Schumacher sperrte sich gegen die Homogenisierung von Gegensätzen durch Beschwörung der Geschichte und der gemeinsam erlittenen Verfolgung. Er blieb tief geprägt durch das Misstrauen, das er in den Kämpfen mit den Kommunisten entwickelt hatte. Deshalb widersetzte er sich Grotewohl und seinen Anhängern, denn er befürchtete, dass eine Verlegung der Parteiführung nach Berlin den Einfluss der kommunistischen Parteifunktionäre stärken würde.

Theoretisch stellte er sich einer ungeheuren Herausforderung, denn nicht einmal das Prager Manifest der Exil-SPD blieb in Fragen der Abgrenzung eindeutig. Es ließ Schumachers Rigidität vermissen, es knüpfte an ältere Vorstellungen im Bedauern über das Scheitern der Novemberrevolution an. Schumacher verfolgte keinen abwehrenden, sondern einen offensiven, einen gestaltenden Ansatz. Galt für die Weimarer Republik, dass man an den Staat „heran" wollte, so blieb Schumacher bei dieser Überzeugung. Im Mai 1933 fühlte er sich als Geschlagener, in den Jahren der Haft als Gedemütigter und Gescheiterter. Seinen Optimismus gab er so wenig auf wie seinen Willen, nach Hitler – an dessen Untergang er fest glaubte – „wieder da zu sein".

In den Märztagen 1933 hatte Schumacher, wie bereits betont, gemeinsam mit Wels an dessen Rede vom 23. März 1933 geschrieben, in der sich die SPD-Restfraktion gegen das Ermächtigungsgesetz aussprach und die Errungenschaften von Rechtsstaat, Gewaltenteilung und Parlamentarismus verteidigte. Immer blieb für Schumacher bestimmend, dass Deutschland vom Nationalsozialismus befreit werden musste, ehe wieder erste Schritte eines demokratischen Neubeginns gewagt werden konnten. Nichts war vergessen: Weder sein Leiden in der Haft noch seine Hoffnungen, die er vorher gehegt und denen er nicht abgeschworen hatte. Insofern knüpfte er an Erfahrungen an. Seinen politischen Optimismus, seine Tatkraft und seine Originalität als Sozialdemokrat hatte er nicht verloren als KZ-Häftling. Vielleicht kam ihm in dunklen Stunden sein Wort aus der Reichstagsdebatte vom Februar 1932 in den Sinn, als er Goebbels nachrief, dieser werde das Maß seiner Verachtung niemals erreichen. Er bewahrte sich in dieser Situation offensichtlich einen kämpferischen Zukunftsoptimismus, der auf die Befähigung demokratisch Gebildeter und Geläuterter zur politischen Beteiligung und deren Willen zur Verteidigung der Republik setzte. So wird deutlich: Schumacher bekannte sich nicht nur zur Geschichte der deutschen Sozialdemokratie, sondern verkörperte sie und ihre Erfahrung aus den Jahren der Weimarer Republik. Insofern gehörte er zu den „Jungen", die den Älteren als „militant" galten und überzeugt waren, die Zukunft der SPD zu verkörpern. Deshalb suchte er seinen Platz im Reichsbanner Schwarz-Rot-Gold, denn in diesem Verband sah er eine Vereinigung kampfentschlossener verfassungstreuer Demokraten. „Nach Hitler kommen wir!", das war die Sicherheit, die manchen der bedrängten Sozialdemokraten Mut machen und ihren Durchhaltewillen stärken sollte.

Wer sollte ihm seinen Anspruch, die deutschen Dinge im Einklang mit Demokratie, Verfassung und der Verpflichtung zur europäischen Gemeinsamkeit mitzugestalten, streitig machen? Wer hatte so intensiv wie er über die Funktion des modernen Verfassungsstaates in Verbindung mit der Demokratie nachgedacht? Wer verkörperte wie er Traditionen einer kämpferischen Sozialdemokratie, die sich vor 1933 im Reichsbanner Schwarz-Rot-Gold manifestiert hatte, eines mitgliederstarken republikanischen Schutzverbandes, der sich als überparteiliche Verfassungsbewegung verstand und für einen freiheitlichen Staat eintrat, der durch die deutsche Teilung und durch bürgerliche Parteien gefährdet schien, die sich ihrer Vergangenheit nicht entschieden stellten?

Und wer konnte auf eine ähnliche Ungebrochenheit seines politischen Lebens verweisen, die sich in den Auseinandersetzungen mit Kommunismus, Nationalsozialismus und rückwärtsgewandten, nicht lernfähigen, monarchistisch und autoritär gesonnenen Vertretern eines politischen Bürgertums manifestierte? Seine Dissertation zeigt, dass es nicht immer der Erfahrungshintergrund ist, der Erwartungshorizonte bestimmte. Bei Schumacher war es gerade umgekehrt.

Schumacher, der die Schriften von Kant, Fichte, Hegel, Marx und Lassalle gut kannte, der auch Max Weber erlebt hatte, besaß ein Verständnis von einem gesitteten, zivilisierten, sozial verpflichtenden Staat.

In seiner Dissertation hatte er früh und eigenständig eine zentrale politische Frage geklärt: Staat war nicht Obrigkeit, es war ein Institutionengefüge, das beeinflusst und genutzt werden konnte, um Freiheit zu verteidigen und die Lebensverhältnisse zu verbessern. Dieses Bewusstsein half ihm nach 1933, nicht in grundsätzliche politische Zweifel an seinem bisherigen Verhalten zu verfallen, sondern zu seinen bisherigen Entscheidungen zu stehen, als seine auf Partizipation und Zivilisierung gerichteten Staatsideale durch die Nationalsozialisten pervertiert wurden. Nach 1945 zeigte sich: Sie hatten Bestand.

Wichtig war es, „zu sagen, was ist", um zu vermeiden, dass wieder einmal eine Zeit käme, in der man angeblich „nicht wußte, was man tat".[178]

Peter Steinbach

178 Albrecht, Schumacher Reden, S. 210.

2

Editorisches Vorwort

Das als Vorlage der Edition dienende Original der Dissertation Kurt Schumachers besteht aus einem maschinengeschriebenen Manuskript, das kleinere handschriftliche Korrekturen, meist zur Beseitigung von Tippfehlern, enthält. Unklar ist allerdings, ob diese von Schumacher selbst oder einem bzw. mehreren Prüfern der Arbeit stammen; Form und Inhalt einiger Korrekturen sprechen für Letzteres. Dem Textkorpus ist ein Inhalts- sowie Literaturverzeichnis vorangestellt. Hinzu kommt ein 1926 von Schumacher auf Verlangen des Dekanats der Staatswissenschaftlichen Fakultät der Universität Münster verfasster Auszug aus der Dissertation, der in Druckfassung beiliegt. Dieser enthält ebenfalls Titel und Inhaltsverzeichnis der Arbeit, die in kleineren Punkten in Schreibweise (Titel) bzw. einem Gliederungspunkt im Inhaltsverzeichnis vom Manuskript abweichen, ansonsten aber identisch sind.

Für die Edition ist der Text des Manuskripts insgesamt so originalgetreu wie möglich gehalten; Änderungen wurden nur dort vorgenommen, wo sie notwendig erschienen. Sie dienen in erster Linie der Fehlerkorrektur sowie der besseren Lesbarkeit. Die handschriftlichen Korrekturen aus dem Manuskript wurden stillschweigend übernommen, kleinere offensichtliche Tipp-, Rechtschreib- oder Zeichensetzungsfehler, die keinen Einfluss auf den Inhalt haben, sowie versehentliche Wortdopplungen (auch in den Zitaten) ebenfalls ohne Kenntlichmachung korrigiert. Das betrifft auch die Korrektur und Vereinheitlichung von Schreibweisen etwa bei Namen sowie das Ausschreiben von Abkürzungen (bis auf gängige Abkürzungen wie usw., d. h. etc.). In allen Fällen wurde die „alte" Rechtschreibung zugrunde gelegt bzw. beibehalten. Zur besseren Lesbarkeit wurden zudem die Großbuchstaben der Umlaute Ä, Ö und Ü (im Original Ae, Oe, Ue) an die heutige Schreibweise angepasst, ebenso wie der Buchstabe I dort eingefügt wurde, wo im Manuskript an entsprechender Stelle ein J enthalten ist (Internationale statt Jnternationale). Auch das Und-Zeichen (&) wurde stillschweigend durch das Wort „und" ersetzt, doppelte Anführungsstriche innerhalb der Zitate in einfache verwandelt. Auf die Setzung eines „ß" wurde hingegen verzichtet, hier ist die Schreibweise Schumachers mit „ss" beibehalten worden. Jahreszahlen wurden, wo nötig, um die Angabe des Jahrhunderts ergänzt (1876 statt 76).

Sämtliche weitere Änderungen im Text sind kenntlich gemacht.
Die direkten Zitate wurden, wo möglich, anhand der zitierten Literatur überprüft. Hinzufügungen durch die editorische Bearbeiterin sind durch eckige Klammern kenntlich gemacht. Weitere Hinweise auf nötige Korrekturen finden sich in den mit Sternchen markierten Fußnoten.
Das betrifft vor allem kleinere Fehler in Zitaten aus der Sekundärliteratur sowie in den bibliografischen Angaben. Schumacher selbst benutzte keine eckigen Klammern in seinem Manuskript, so dass alle derart markierten Stellen Ergänzungen oder Kommentare durch die Bearbeiterin darstellen.

Die bei Schumacher mit jeder Seite neu gezählten Fußnoten wurden in der vorliegenden Ausgabe fortlaufend nummeriert. Ihre Stellung im Text (in den meisten, jedoch nicht allen Fällen vor dem Zitat) wurde beibehalten. Zur besseren Les- und Nachvollziehbarkeit sind die bibliografischen Angaben in den Fußnoten zudem in ein einheitliches Schema gebracht worden: Wenn fehlend, wurden immer ergänzt: Nachname des Autors, korrekter (Kurz-)Titel, und wenn bekannt: Seitenzahl. Ergänzungen oder Änderungen sind hier durch eckige Klammern kenntlich gemacht, kleinere, einfache Änderungen wurden ohne Kenntlichmachung vorgenommen, etwa in der Zeichensetzung, wenn sie der Vereinheitlichung dienten (Komma statt Punkt, Entfernung von Anführungszeichen bei Buchtiteln). Bei den meisten Zweit- und weiteren Nennungen ist die Kennzeichnung Schumachers mit der Abkürzung „a. a. O." beibehalten worden, wenn die Zuordnung (etwa weil im Literaturverzeichnis nur eine Schrift des Autors aufgeführt ist oder der zitierte Titel mit dem der vorhergehenden Anmerkung identisch ist) eindeutig war. An wenigen Stellen des Manuskripts fanden sich Fußnoten, die keine Entsprechung im Anmerkungsapparat am Seitenende haben. Diese Ziffern wurden ohne Kenntlichmachung aus dem Text gelöscht. Aus gestalterischen Gründen bzw. zur besseren Lesbarkeit wurden Zitate abgesetzt und kursiv gedruckt sowie zusätzliche Absätze in den Text eingefügt. Der Übersichtlichkeit dient auch die Hinzufügung der Abschnittsüberschriften in das Manuskript, die Schumachers Inhaltsverzeichnis entnommen sind.

Auf korrekte Buchtitel, fehlende Untertitel u. a. ist auch im Literaturverzeichnis durch eckige Klammern oder Fußnoten verwiesen. Stillschweigend geändert wurde hier allerdings an einigen Stellen die Reihenfolge der verzeichneten Literatur, wenn sie nicht dem Alphabet folgte. Auch befindet sich das Literaturverzeichnis nicht wie in Schumachers Manuskript am Anfang der Arbeit vor dem Inhaltsverzeichnis, sondern wurde hinter den Textteil gesetzt. Bei den mit * versehenen Titeln im Literaturverzeichnis handelt es sich um durch die Bearbeiterin ergänzte Titel, die zwar von Schumacher zitiert wurden und in den Fußnoten zu finden sind, aber im Literaturverzeichnis fehlten.

Julia Pietsch

3

Der Kampf um den Staatsgedanken in der deutschen Sozialdemokratie

Veröffentlichter Auszug aus der Inaugural-Dissertation, 1926

Der Kampf um den Staatsgedanken in der deutschen Sozialdemokratie

Auszug aus der

Inaugural-Dissertation

zur

Erlangung der staatswissenschaftlichen Doktorwürde

einer

Hohen Rechts- und Staatswissenschaftlichen Fakultät

der

Westfälischen Wilhelms-Universität

zu

Münster in Westfalen

Vorgelegt von

Curt Schumacher

aus

Kulm in Westpreußen

 Veröffentlichter Auszug aus der Inaugural-Dissertation, 1926

Referent:

Herr Professor Dr. Plenge

Korreferent:

Herr Professor Dr. Schmöle

Inhaltsverzeichnis:

Die Dissertation über den „Kampf um den Staatsgedanken in der deutschen Sozialdemokratie" hat zum Inhalt die geistigen und politischen Auseinandersetzungen in der deutschen Sozialdemokratie und den aus ihr entstandenen Parteien um eine feste staatstheoretische Fundierung der sozialistischen Bewegung.

Die Arbeit geht aus von einer begrifflichen Klärung des Verhältnisses von Gesellschaft, Staat und Nation und konzentriert ihre Aufmerksamkeit unter Ausschaltung aller Nebensächlichkeiten und benachbarten Gebiete auf die Staatsidee und das Verhältnis, in dem diese zu den sozialistischen Lehren in ihrer geschichtlichen Entwicklung und der sozialdemokratischen Praxis von der Gründung der Partei bis heute gestanden hat und steht.

Nachdem in der Geschichte der sozialistischen Utopien der Staat von Plato über Campanella und Morus eine überragende Rolle gespielt hat, wird er in der Periode der Aufklärung in England und Frankreich zugunsten liberal-anarchischer Ideale in den Hintergrund gedrängt. Einzig im Verwaltungsstaat St. Simons finden wir eine Ausnahme. Die kleinbürgerlichen Sozialisten wie Louis Blanc waren zwar praktisch zu einer stärkeren Staatsfreundlichkeit gezwungen, haben aber keine theoretischen Grundlagen für ihre Politik geschaffen. Der deutsche „Handwerksburschen-Kommunismus" war ein sehr uneinheitliches Gebilde, hatte aber in keiner seiner zahlreichen Erscheinungen irgendwelche staatstheoretischen Grundlagen, desgleichen auch die anderen vom Westen nach Deutschland eingedrungenen Formen des Sozialismus.

Der junge Marx dagegen stand zuerst ganz im Bann Hegels und seiner Verehrung des Staates. Aber schon in der „Heiligen Familie" von 1845 kündigte sich der Umschwung an. Zuerst die französischen, dann die englischen Einflüsse veranlaßten Marx, den Staat lediglich als politischen Ausdruck der gesellschaftlichen Machtverhältnisse zu werten. Freilich finden sich bei Marx — im Gegensatz zu Friedrich

Engels — auch Bemerkungen, die auf ein positives Verhältnis zur Staatsidee schließen lassen. Doch fehlt eine Marxsche Staats- und Rechtslehre fast völlig, und ein Versuch, eine solche positive Lehre zu konstruieren, kann nicht von Erfolg begleitet sein, da ja die gegenteiligen Anschauungen in den Werken von Marx eine bessere Grundlage finden. Die Marxsche Formulierung des Klassenkampfes im „Kommunistischen Manifest" ist nicht nur antistaatlich, sondern hat auch als bewußtes Gesellschaftsideal die Abschaffung des Staates zum Ziele.

Im Gegensatz dazu ist die Staatsauffassung Lassalles die von Hegel und Fichte. Lassalle sah in der Verneinung des Staates ein liberales bourgeoises Element. Die politische Entwicklung in Deutschland hat dazu beigetragen, die Lassalleschen Auffassungen von der sittlichen und politischen Notwendigkeit des Staates für das Proletariat zugunsten der kälteren und negativeren Einstellung von Marx zurückzudrängen. Das zeigt ein Vergleich des noch stark lassalleanischen Parteiprogramms von Gotha von 1875 mit seinem von Marx so bitter kritisierten Volksstaatsideal und dem von Erfurt im Jahre 1891, in dem die sozialdemokratische Politik rein unter den Gesichtspunkten der Gesellschaft fundiert ist. Trotzdem hat eine restlose Abkehr vom Staate in der deutschen Sozialdemokratie nie stattgefunden, ist in der Praxis sogar niemals ernsthaft versucht worden. Aber auch eine endgültige theoretische Klärung ist nicht zustande gekommen. Die Allerradikalsten negierten die Staatsidee und wollten vom Staate der Gegenwart nichts wissen, der orthodoxe Marxismus in der Mitte neigte mehr zu einem staatslosen Zukunftsideal, machte aber Politik mit den Mitteln der Demokratie und der praktischen Staatsbejahung. Der Revisionismus war sehr stark staatspolitisch eingestellt, schuf aber keine theoretischen Grundlagen für diese Politik.

Der 4. August 1914 offenbarte die Neigungen und Strömungen innerhalb der Partei, bei der sich ein taktisches und gefühlsmäßiges Ueberwiegen der positiven Einstellung zum Staat offenbarte, das aber durch die praktische Politik des Gegenwartsstaates nicht gefördert wurde. Im Kampf mit den negierenden Elementen lieferte der „Neumarxismus" in den Formen, wie er wissenschaftlich und theoretisch von Johann Plenge und Karl Renner, politisch von Paul Lensch und journalistisch-agitatorisch von Hänisch vertreten wurde, die geistigen Waffen gegen die Zimmerwälder, den Spartakusbund und die Staatsverneinung des Bolschewismus, wie ihn Lenin verfocht.

Die besonderen Umstände des Zusammenbruchs ließen das reine Klassengefühl auf Kosten des Staatsgefühls erstarken. Die Kommunisten negieren den Gegenwartsstaat wie auch das Staatsideal vollkommen, die Unabhängigen übernahmen für die Dauer ihrer Existenz die Anschauungen des marxistischen Zentrums und die Mehrheitssozialdemokratie stand theoretisch auf einem Boden, der aus staatsfreundlichen Auslassungen von Karl Marx, den Schriften Ferdinand Lassalles, vor allem aber aus einer Rechtfertigung der Republik und der Demokratie gezimmert war und auf den sich seit 1924 weitere Kreise der Arbeiterschaft bewußt stellten. Diese Anschauungen sind auch größtenteils auf den Teil der U. S. P. D. übergegangen, der sich 1922 mit den Mehrheitssozialisten vereinigt hat. Die große Synthese zwischen Staat und Klasse, die eine restlos ausreichende theoretische Grundlage für die politischen und sozialen Kämpfe in und um den Staat und die veränderte Wirtschaft bilden würde, steht noch aus, ist aber für den Sozialismus dringend notwendig.

4

Der Kampf um den Staatsgedanken in der deutschen Sozialdemokratie

Inaugural-Dissertation zur Erlangung der staatswissenschaftlichen Doktorwürde einer Hohen Rechts- und Staatswissenschaftlichen Fakultät der Westfälischen Wilhelms-Universität zu Münster i. W.

vorgelegt von Kurt Schumacher aus Culm in Westpreussen, 1926

Inhaltsverzeichnis

1. Abschnitt

Die theoretischen Grundlagen

I.

Bei der Betrachtung der Formen des menschlichen Zusammenlebens stehen sich zwei Begriffe schroff gegenüber: Staat und Gesellschaft. Über ihren Wert oder Unwert, noch mehr über die gerade den einen oder anderen von ihnen kennzeichnenden Merkmale ist eine Einigung nicht erzielt worden, auch in Deutschland nicht, wo dieses Thema am eifrigsten diskutiert worden ist, „solche Mengen deutscher Druckerschwärze geflossen sind".[179] Fast jeder Autor hatte etwas ganz anderes im Auge, wenn er einen dieser Begriffe gebraucht.
Aus der verschiedenen Auffassung von Welt und Mensch nannte der Stoiker das Gesellschaft, was der Epikuräer Staat hiess, Verschiedenheiten, die in den andersartigen Voraussetzungen der Betrachtungsweise lagen und sich bis heute vererbt haben. Oppenheimer[180] weist auf das Kuriosum hin, dass Arnold Klöppel in seinem Buche „Staat und Gesellschaft" genau das Gesellschaft nennt, was er als Staat bezeichne und umgekehrt. Gerade bei der Erklärung des Staates hat immer der Historiker sein Wesen aus dem Zustandekommen und der Sozialphilosoph aus seinem „idealen Zweck" heraus zu bestimmen versucht. Zu einer objektiveren Fassung der Begriffe, der sich die grössten Schwierigkeiten entgegenstellen, kann man nur gelangen, wenn man die sozialen Erscheinungen, die die Grundlage für das Zustandekommen des einen oder anderen Gebildes sind, besonders betrachtet.

179 Kjellén, Der Staat als Lebensform, S. 3.
180 [Oppenheimer,] Staat und Gesellschaft, [in:] Handbuch der Politik, [Bd.] I., S. 102 ff.

Dabei ergibt sich, trotz aller Verschiedenheiten, die wohl allgemein anerkannte Tatsache, dass es zwei Kräfte sind, die beim Zustandekommen menschlicher Organisationen mitwirken: Einmal das natürliche, von den geographischen, klimatischen, wirtschaftlichen Bedingungen abhängige Wachstum, zum anderen der menschliche Wille – sei er frei oder unfrei –, der Einrichtungen schafft, die bindend sein sollen. Die verschiedenen Auffassungen vom Staate gehen nun auf die verschiedene Wertung des Abhängigkeitsverhältnisses, in dem beide Faktoren zueinander stehen, zurück. Ohne auf den Streit der Meinungen einzugehen, ist doch zu sagen, dass Staat und Gesellschaft weder blosse Gegensätze sind, noch sich miteinander decken, oder der Staat eine blosse „Form der Vergesellschaftung" in dem Sinne wäre, dass er lediglich den politischen Ausdruck der Gesellschaft darstellt.

Der Staat regelt weder sämtliche gesellschaftlichen Funktionen, noch ist er auf die Verfolgung bloss gesellschaftlicher Zwecke begrenzt, sondern er hat auch eigene, nur ihm eingehende Zwecke. Die Regelung aber kann er nur treffen kraft seiner Macht über die Menschen, seiner Erhöhung über die Einzelwesen. Der aus dieser Macht erwachsenden Souveränität setzt er das Recht, schützt es und wehrt Störungen von den Gewaltunterworfenen ab, Tätigkeiten, die ihn verselbständigen und die allein es ermöglichen, dass die einzelnen Individuen, die er vertritt und verpflichtet, zu einer wirklich aktionsfähigen Einheit zusammengefügt werden. Diese neue Einheit erschöpft sich nicht in der Betätigung der Souveränität, sondern betätigt auch soziale und wirtschaftliche Kräfte, die ganz und gar Äusserungen des Staates sind und nicht der Gesellschaft im gegensätzlichen Sinne zum Staate. Aus den Funktionen des Staates allein kann man sein Wesen und seinen Begriff erklären. Aus der Unmenge der Versuche, den Staat zu erklären, kristallisieren sich zwei Methoden heraus: Die der individualistischen Versuche sind von vornherein zum Scheitern verurteilt, weil sie die überindividuellen Momente des Staates nicht erfassen und selbst das Kollektiv im Individuum nicht zu begreifen vermögen. Der Staatsbegriff muss ein sozialer sein. Da seine Substanz die Menschen sind, hat Jellinek (Allgemeine Staatslehre, 3. Aufl., Berlin 1914) recht, wenn er vom Staate sagt:

„Er ist somit nach keiner Richtung hin Substanz, sondern ausschliesslich Funktion."

Lorenz v. Stein sagt in seiner „Geschichte der sozialen Bewegung":[181]

„Es ist [demnach] wahr ..., dass in der [menschlichen] Gemeinschaft zwei durchaus entgegengesetzte Pole vorhanden sind, welche sich abstossen und sich bekämpfen; es ist wahr, dass diese beiden Pole, der Staat und die Gesellschaft, das Leben der menschlichen Gemeinschaft bilden, eben weil sie einander entgegengesetzt sind; es folgt, dass dies Leben nur erkannt werden kann, indem das Wesen und die Kraft jener beiden Elemente [genau] erkannt sind."

Die Frage nach dem Einigungsprinzip der Willensverhältnisse, deren Gesamtheit der Staat ist, kann nicht mit dem Hinweis auf räumliche und zeitliche Einheiten beantwortet werden. Menschenmassen auf einem Gebiet sind noch kein Staat. Die kausale Einheit ist auch keine ausreichende Erklärung, denn wenn sie auch im Staat mehrfach vorhanden ist, genügt sie doch nicht, wie Jellinek[182] richtig zeigt, um ihn als durchgängige Einheit erscheinen zu lassen. Auch mit den zahlreich vorhandenen formalen Einheiten im Staat lässt sich das Problem nicht klären. Der Kernpunkt ist die teleologische Einheit, die durch dauernde Zwecke miteinander verbundene Vielheit, beim Staate also näher bestimmt eine Verbandseinheit, die sich als räumlich abgegrenzter ausschliesslicher Herrschaftsbereich sesshafter Menschen bestimmt. „Der Staat hat Herrschergewalt. Herrschen heisst aber die Fähigkeit haben, seinen Willen anderen Willen unbedingt zur Erfüllung auferlegen, gegen anderen Willen unbedingt durchsetzen zu können. Diese Macht unbedingter Durchsetzung des eigenen Willens gegen anderen Willen hat nur der Staat. Er ist [der] einzige, kraft ihm innewohnender ursprünglicher, rechtlich von keiner anderen Macht abgeleiteter Macht, herrschende Verband." Jellinek formuliert also als Begriffsbestimmung des Staates:[183]

181 [Stein, Geschichte der sozialen Bewegung in Frankreich von 1789 bis auf unsere Tage,] 1. Band, S. 45.
182 Jellinek, Allgemeine Staatslehre, 3. Aufl., S. 178 f.
183 Jellinek, a. a. O., S. 180 [f.].

„Der Staat ist die mit ursprünglicher Herrschermacht ausgerüstete Verbandseinheit sesshafter Menschen."

So bildet die Gesellschaft zwar eine Voraussetzung des Staates, erschöpft aber sein Wesen noch nicht.

„Der Staat ruht auf genossenschaftlicher und herrschaftlicher Verbindung",

sagt Menzel[184] und noch prägnanter formuliert Otto Bauer:[185]

„Der [moderne] Staat ist [die] souveräne Gebietskörperschaft".

Kompliziert ist bei dem modernen Staat der Sachverhalt noch durch eine dritte andersartige Form des menschlichen Zusammenlebens: die Nation.

Die Nation nicht in dem Sinne eines staatlich konstituierten Volkes, einer Staatsbürgerschaft, sondern in dem Sinne, wie ihn die Geschichte aus dem rein räumlichen Beieinandersein über die Zwischenstufe eines dumpfen Zusammenhängigkeitsgefühls zum Bewusstsein der Eigenart in der Geschichte, Sprache und Kultur gebildet und so die Nation zu einem handlungsfähigen Subjekt gemacht hat. Will man bei der Auflösung der Formen des menschlichen Zusammenlebens in ihre Grundprinzipien für die Gesellschaft die frei aus sich herauswachsende Wirtschaft, für den Staat die gewollte Regelung von sozialen Tatbeständen als Kennzeichen annehmen, dann wäre für die Nation die gefühlte Kulturgemeinschaft das besondere Merkmal, wenn auch in jeder dieser Formen alle drei Kräfte zusammenwirkten und die eine nur als die Ausdruck gebende erscheint.

„Aus Schicksalsgemeinschaft erwachsene Charaktergemeinschaft und Abstammungs-, Natur- und Kulturgemeinschaft"

nennt sie Otto Bauer[186] und das Wesen der Nation in seinem innersten Kern noch treffender blosslegend sagt O. Spann:[187]

„Nation ist eine geistige Gemeinschaft, deren Kern und Seele die Kulturgemeinschaften bilden."

184 [Menzel,] Zur Psychologie des Staates. Deutsche Revue, Aprilheft 1916.
185 Bauer, [Die] Nationalitätenfrage und [die] Sozialdemokratie, S. 509. [eigentlich: S. 508]
186 [Bauer,] a. a. O., S. 105.
187 [Spann,] Kurzgefasstes System der Gesellschaftslehre, S. 222.

Legt man die von Tönnies[188] grundlegend eingeführte Unterscheidung von Gesellschaft und Gemeinschaft auch der Absonderung von Staat und Nation zugrunde, so ergibt sich rein begrifflich die besondere Stellung der Nation als einer Gemeinschaft gegenüber dem rein gesellschaftlichen Gebilde des Staates. Von dieser Gemeinschaft wieder führen viele Beziehungen zu Staat und Gesellschaft.

Die Abgrenzung der Nation gegenüber Volk und Staat hat Friedrich Julius Neumann in „Volk und Nation" (Leipzig 1888) erschöpfend vorgenommen. Ihm ist Nation ein Kulturbegriff, der jünger ist als die ältere Bezeichnung Volk und keinerlei „natürliche Einheiten" wie Stamm oder Volksstamm, noch politische Einheiten charakterisieren soll.

„Alle jene einzelnen Momente: Stamm, Sprache, Religion, Interessen, Wohnsitz u.s.w. sind also nicht geeignet die Nation als solche zu charakterisieren, denn wohl bemerkt, keines ist für die Nation derart wesentlich, dass es ihr nicht auch fehlen könnte."

Den Unterschied von Stamm und Nation findet Neumann darin, dass der Stamm die geringere, die Nation die historisch zu verfolgende höhere Kultur besitzt. Die kulturelle Gemeinsamkeit aller Angehörigen einer Nation sieht er nicht im blossen Vorhandensein der Äusserungen dieser Gemeinsamkeit, sondern in ihrem Zusammenwirken. In einer allerdings sehr unbestimmten Aufzählung alles dessen, was notwendig ist, um eine Nation zustande zu bringen, heisst es:

„Nation ist eine grössere Bevölkerung, die infolge hoher eigenartiger Kulturleistungen, insbesondere in Literatur, Kunst und Wissenschaft oder in politischer Beziehung, ein eigenartiges gemeinsames Wesen gewonnen hat, das sich auf weiten Gebieten von Generation zu Generation überträgt und sich vorzugsweise in gemeinsamer Kultursprache, gemeinsamen Charakterzügen, gemeinsamen Anschauungen und gemeinsamem Wissen[189] und Gebräuchen sowie in lebhaft entwickeltem Gefühle der Zusammengehörigkeit zu äussern pflegt."

188 [Tönnies,] Gemeinschaft und Gesellschaft, S. 3.
189 * Im Original bei Neumann, Volk und Nation, S. 74: gemeinsamen Sitten.

Das wäre die Schilderung des Begriffsinhalts, während er den Begriff selbst so zu formulieren sucht:

„Nation [...] ist eine grössere Bevölkerung, die infolge hoher eigenartiger Kulturleistungen ein eigenartiges gemeinsames Wesen gewonnen hat, das sich auf weiten Gebieten von Generation zu Generation überträgt."

So wie die Kultur hier Menschen eint und bindet, so trennt sie diese auch. Am geringsten ist die Trennung bei den unteren Klassen, während die erweiterte Schulbildung und allgemeine Bildung überhaupt, wie sie die neuere Zeit mit sich gebracht hat, den Sonderstempel viel grösser, breiter und nachhaltiger den grossen Massen des Volkes aufdrückt. Hier kann sich ein weitgehender Einfluss des Staates und seiner Einrichtungen geltend machen und der Staat bemächtigt sich der Nation ebenso, wie die Nation sich des Staates bemächtigt. Aus diesen Tatsachen heraus ist der Umstand zu erklären, dass die Nation oft als „politische Einheit" der Gesamtheit der Angehörigen eines Staates gewertet wird. Die Nation will ihre Kräfte in einem realen Faktor verwirklicht sehen, ihre Empfindung drängt nach einem politischen Ausdruck, es entsteht der Nationalstaat.

„Der Weg führt von der reinen Kulturnation zur Staatsnation",[190]

d. h. die Nation drängt zum Staate wie Staat und Gesellschaft zu ihr, eine Staatsnation im Unterschiede zur Kulturnation gibt es nicht.[191] Nun trägt aber der Umstand, dass es sich bei der Nation um eine Gefühlsgemeinschaft handelt, auch die Begrenzung der staatsfördernden Kraft der Nation in sich. Bestehen innerhalb einer Nation sehr grosse Unterschiede kultureller Art, so kommt es vor, dass die Angehörigen einer bestimmten Kulturstufe sich den Angehörigen der entsprechenden Kulturstufe einer anderen Nation mehr verwandt fühlen als den auf anderer Stufe stehenden ihrer eigenen Nationalität. Kulturelle Unterschiede wieder beruhen zum grossen Teile auf wirtschaftlichen und sozialen, auf Unterschieden also, die aufs engste wieder mit Gesellschaft und Staat zusammenhängen. Es ist demnach die Nation kein sicherer Wall gegen Lehren, die sich gegen Staat und Gesellschaft richten. Auf der anderen Seite hat sich die Wirtschaft des nationalen Gedankens

190 Meinecke, Weltbürgertum und Nationalstaat, S. 7.
[Das Zitat ist in dieser Form dort nicht zu finden]
191 Spann, a. a. O., S. 199.

bemächtigt, und der Drang der Nationalstaaten geht auf die Bildung von Nationalitätenstaaten ganz besonderer Art. Es besteht kein gleichberechtigtes zumindest kulturelles Nebeneinander der Nationen, sondern eine von ihnen ist kulturell wie wirtschaftlich und politisch die Herrschende. Diese Tendenz des Nationalstaates zuerst richtig erkannt zu haben, ist das Verdienst Otto Bauers. Die Probe auf das Exempel ist das Verhalten der jungen, nach nationaler Selbständigkeit ringenden Völker in Versailles gewesen, wo unter dem Banner des Nationalstaates eine Reihe ausgesprochener Nationalitätenstaaten mit je einer Herrschaftsnation ins Leben traten.

Daraus ergibt sich, dass man bei Erörterung des „Staatsgedankens" in der deutschen Sozialdemokratie sich hüten muss, diesen Gedanken mit dem Nationalgedanken zu identifizieren. So unendlich reizvoll es auch sein mag, die Entwicklung des nationalen Gedankens in allen seinen Formen in der deutschen Sozialdemokratie zu verfolgen, von den ersten Anfängen der Bewegung, in der sich ihre Vertreter gerade ihren englischen und französischen Genossen gegenüber weder des eigenen noch des Heimatlandes Wertes voll bewusst waren, bis zu dem trotzigen, von nationalem Stolze geschwellten Worten der Lensch, Heine, Haenisch in der Kriegszeit, so ist dies doch nicht unsere Aufgabe, oder doch wenigstens nur insofern, als die Nation in diesem Falle mit dem Staate verwachsen ist. Dies ist in Deutschland, dessen Arbeiter Kämpfe gegen nationale Unterdrückung nicht kannten, weniger als woanders der Fall gewesen. Der Staatsgedanke, wie er im Rahmen unserer Aufgabe zu untersuchen ist, ist ein im Wesentlichen anderer. Es ist praktisch der Gedanke, dass der Staat sozialen Zwecken dienstbar gemacht werden könne, und theoretisch, dass nur der Staat zu den letzten Zielen hinzuführen imstande sei. Der Kampf für das erstere ist der Kampf um die politische Macht, der mit jedem Erfolg den Nutzniesser der Macht an sein Instrument kettet, der Kampf um das zweite hat zu seinem Erfolge die notwendige Voraussetzung einer wahrhaften Staatsgesinnung, die Bereitschaft, Opfer zu bringen für die Existenz des Staates. Wie in Theorie und Praxis der Sozialdemokratie die Auffassungen vom Staate und seinem Werte für Tageskampf und Endziel die Meinungen sich bekämpften, und welche Erfolge diese Kämpfe für die theoretische und tatsächliche Weiterbildung der Partei und damit auch des deutschen Volkes hatten, dies zu untersuchen ist die Aufgabe der folgenden Arbeit. Methodisch soll dabei so vorgegangen werden, dass nach Untersuchung der Ansichten der grundlegenden Theoretiker die Haltung der Praxis und ihre theoretische Spiegelung festgestellt wird unter Berücksichtigung der Einflüsse, die durch die Entwicklung des Deutschen Reichs in derselben Zeit ausgelöst wurden.

II.

In der Geschichte der sozialistischen Utopien spielte der Staat eine überragende Rolle. Von Plato über Campanella und Morus, überall stand im Vordergrunde der Staat. Die Person des einzelnen trat ganz in den Hintergrund, seine Freiheit wurde nur durch die Hingabe an die Allgemeinheit möglich. Der Krieger und der Beamte waren die höchsten Entfaltungen dieses platonischen Staates, ihr Wert und ihre Schätzung ganz besonders, aber eben nur dadurch, dass ihr ganzes Leben auf die Arbeit für die Allgemeinheit eingestellt war. So sehr auch Thomas Morus dem Staatsgedanken huldigte, die sittliche Grösse der platonischen Staatsdienerschaft, die in der bewussten Aufopferung für andere ihre Aufgabe sah, hatte er nicht mehr. Es war doch schon ein anderes Ideal von Freiheit und allgemeiner Glückseligkeit im Anzuge, das auch durch die Spekulationen über den Idealstaat in der deutschen klassischen Philosophie nicht mehr verdrängt werden konnte.

Dies zeigte sich bald in den Utopien der Aufklärungszeit, die eine Auflösungszeit dem konkreten Staate gegenüber wie auch dem Staatsideal war. Und anders konnte es auch nicht sein. Die Gebilde staatlicher und körperschaftlicher Art wurden zertrümmert, weil sie eine Last und Qual geworden waren; was an ihre Stelle Neues getreten war, gab sich nicht mit dem Elende anderer ab, sondern nutzte seine neue Freiheit für sich. Die Utopisten konnten demgemäss aus den überlebten und zertrümmerten alten Formen gar keine, und aus der neuen Freiheit wenig Hoffnung schöpfen, der Gedanke, dass auch diese nur eine geschichtliche Epoche sei, vermochte sich in Köpfen, denen der Begriff der Entwicklung noch völlig fremd war, nicht durchzusetzen. Eine gewisse Grundstimmung dieser Zeit war die: Ob Staat oder Wirtschaft, Philosophie oder Moral, alles dient ja doch den Reichen und Mächtigen und bringt den Armen und Elenden noch mehr Not und Elend (Fourier). Aus diesem Elend flüchtete man sich in das Reich sozialer Spekulationen und erfand Allheilmittel. Wie Fourier dachte auch Owen über den Staat.

Was konnte er auch vom englischen Staate von 1820 anderes denken! Freilich waren beide wieder Sozialpolitiker genug, um die Hilfe des Staates bei Durchführung sozialer Reformen anzurufen, besonders erhoffte Owen vieles von der Einsicht der Regierungen. Ihr stärkster Hebel für die Herbeiführung neuer Zustände war und blieb aber die korporative Assoziation.

Noch stärker als bei den Engländern, die einen ausgesprochenen kommunistischen Anarchismus nur andeutungsweise im 18. Jahrhundert hervorgebracht hatten, war der Mangel einer Staatsideologie bei den Franzosen, die nicht wie die Engländer ihre Revolution schon lange hinter sich hatten, sondern die Emanzipation des Individuums in allen seinen Phasen gerade durchlebten. Mit dem Staate setzten sie sich kaum auseinander, der war abgetan. Eine besondere Stellung nahm allerdings Saint Simon ein, in dessen Theorien die Organisations- und Staatsprobleme der Zukunft schon vorweggenommen waren, der der Ahnherr so vieler verschiedenartiger Störungen[192] geworden war. Marx und Renner, der juristische Solidarismus und der Syndikalismus, alle hängen – selbst Proudhon[193] – aufs Engste mit dem „Verwaltungsstaat" St. Simons zusammen. Aber gerade diese Seite der Theorien St. Simons blieb unbeachtet. Typischer war die Begeisterung für Gebilde wie Fouriers „Phalansterien", eine Utopie von friedlichem staatlosem Zusammenleben in zwanglosem Wettstreit nach freiem Ermessen zum Wohle der Allgemeinheit. Von diesem Geiste des „Garantismus" ist kein allzugrosser Weg mehr zu Proudhon, der da sagte:

„Die Individualität ist für mich das Kriterium der sozialen Ordnung".

Die „föderalistische" Auffassung, die anarcholiberale Gedankenwelt, die mit Genossenschaftsprojekten und Produktionsorganisationsplänen arbeitete, war historisch notwendig bedingt. Die „Unvernunft" der Verhältnisse, wie sie sich aus dem Zusammenstossen der absterbenden Welt beschaulichen handwerksmässigen Schaffens mit dem rücksichtslosen Drängen und Stossen des aufkommenden Kapitalismus ergab, musste die Sehnsucht nach einem Reiche leidloser, sanfter und zwangloser Vernunft mit Naturgewalt erstehen lassen. Da der Staat

192 * Möglicherweise handelt es sich hier um einen Tippfehler und es sind „Strömungen" gemeint.
193 Plechanow, Anarchismus und Sozialismus.

den Leidenden gegenüber nicht gerade die Rolle des Helfers spielte, sondern die Ausbeuter schützte, verstärkte er die ausserordentliche soziale und seelische Belastung. Auf der anderen Seite erwies er sich nicht immer als Träger des kommerziellen und technischen Fortschritts und schien darum keine Zukunftsaufgaben zu haben. Er schuf Bürger 2. Klasse, ohne ihnen die Hoffnung zu geben, nach einer kurzen schweren Leidensperiode menschlich und politisch wieder erste Klasse zu werden. Die vielen Mängel des Kapitalismus sind die Wurzeln der Kraft der sozialistischen Utopien des 19. Jahrhunderts, genauso wie die Schattenseiten früherer Wirtschaftssysteme die sozialen Utopien dieser Epochen hervorgerufen haben. Und die Mängel des damaligen Staates, der in England, vor allem aber in Frankreich und später auch in Deutschland dem Lohnarbeiter keine politischen Rechte zugestehen wollte, ihm durch Koalitionsverbote die Möglichkeit der Selbsthilfe nahm und ihn körperlich, kulturell und seelisch entarten liess, musste den „rationalen Sozialismus", wie ihn Werner Sombart nennt, von tiefster Feindschaft beseelt sein lassen gegen ihn, der die Ideale der Freiheit, Gleichheit und Brüderlichkeit mit Füssen trat, und die natürliche Güte und Reinheit des Menschen nicht aufblühen lassen wollte. Freilich hat die Mehrzahl der sozialen Utopisten grosse Hoffnung auf die Mitwirkung reicher und mächtiger Mitmenschen, auf Könige und Besitzende gesetzt. Aber auch diese Hoffnung war keine Sympathie mit dem Staat, sondern das Vertrauen darauf, die natürliche Vernunft und Güte dieser Menschen zu erwecken.

„Croire que Dieu est bon, croire que l'homme est bon, croire que la forme sociale est vicieuse, croire qu'il faut corriger la société et non pas la nature de l'homme."

Diese von Friedrich Muckle in seiner „Geschichte der sozialistischen Ideen im 10. Jahrhundert"[194] wiedergegebene These eines Schülers Fouriers ist das prägnanteste Glaubensbekenntnis dieser Kreise. Es ist darum auch kein Wunder, wenn sie glaubten, durch Schaffung von Beispielen, soziale Experimente in kleinem und kleinstem Rahmen, die Welt verbessern zu können.

194 [Muckle, Die Geschichte der sozialistischen Ideen im 19. Jahrhundert, Erster Teil, S. 18.]

Allerdings verloren sich nicht alle in solchen Wunderlichkeiten. Die Männer der Politik, die wie Babeuf in der französischen Revolution mitmachten, wie Cabet, der die Wirkungen des französischen Frühkapitalismus vor Augen sah, und wie der deutsche Wilhelm Weitling, waren durchaus nicht so utopistisch, sondern riefen zur Sammlung der Kräfte, zu zentraler Organisation, zur Eroberung der Staatsgewalt und zum Kampf gegen das System der Unterdrückung und Ausbeutung. Cabet, der am wenigsten Radikale in dieser Hinsicht, weiss auch bereits den Wert der Demokratie und des politischen Einflusses zu schätzen. Zu einer positiven Staatsauffassung reichte das freilich alles nicht aus, wenn auch Louis Blanc sehr viel mehr vom Politiker als vom sozialen Propheten und Utopisten in sich hatte. Louis Blanc war sehr wenig utopisch. Er fasste die „Assoziation" nicht als „Harmonie" oder als „Phalanstère". Er löst die wirtschaftliche Welt nicht in eine Reihe sich selbst genügender kleiner Gruppen auf. Er schlägt vielmehr eine „soziale Werkstatt" vor, eine Arbeiterproduktivgenossenschaft mit vollkommenster Wirtschaftsdemokratie. Gegenüber seinen Vorläufern, wie Buchez, sucht er schon die Probleme der grossen Industrie durch seine Organisationsvorschläge zu lösen. Er will zu einer Verwirklichung der Ideale von heute auf morgen kommen. Darum ist es auch falsch, wenn z. B. Lippert[195] davon spricht, dass Blanc „dem sozialdemokratischen Zukunftsstaat die Mission imputiert, als Selbstproduzent jede andere Privatkonkurrenz lahmzulegen". Louis Blanc will im Gegenteil dem Gegenwartsstaat diese Aufgabe zuschieben. Die Regierung soll Kapitalien geben, um die ersten Werkstätten zu schaffen. Sie soll Gesetze für sie machen und deren Anwendung späterhin überwachen. Der Staat ist es, der die Maschine in Gang bringen soll. Er

„hat weiter nichts zu tun, als die Gesellschaft auf eine schiefe Ebene zu bringen, die sie, sobald sie einmal dort steht, allein durch die Kraft der Tatsachen und infolge der natürlichen Gesetze des dann bestehenden Mechanismus hinabgleitet".[196]

195 Lippert, Handwörterbuch der Staatswissenschaften, Bd. 2, S. 940. [das Zitat beginnt im Original so: dem sozialistischen Zukunftsstaat imputierte Mission,]
196 [Blanc,] Organisation du Travail, S. 164. [Schumacher zitiert hier allerdings vermutlich nach: Charles Gide/Charles Rist, Geschichte der volkswirtschaftlichen Lehrmeinungen, Jena 1913, S. 294]

So führt von Louis Blanc ein gerader Weg zu Rodbertus und Lassalle. Darum hat er, soweit er auch in theoretischer Hinsicht hinter manchem seiner Vorläufer zurückstehen mag, doch schon eine andere, im eigentlichen Sinne mehr sozialistische Auffassung von der Freiheit. Er ist nicht mehr Individualist.

„Das grossartig und in allen Einzelheiten in den Verfassungsurkunden niedergelegte Recht hat nur als Maske für die ganze Ungerechtigkeit der Einführung des Individualismus und für die barbarische Nichtachtung gedient, mit der man den Armen seinem Schicksal überlassen hat. Weil man die Freiheit durch das Wort Recht definiert hat, ist man dazu gelangt, die Sklaven des Hungers, die Leibeigenen der Unwissenheit, die Heloten des Zufalls freie Menschen zu nennen. Erklären wir ein für alle Male, dass die Freiheit nicht nur in dem zugesprochenen Recht besteht, sondern in der dem Menschen gegebenen Macht, seine Fähigkeiten auszubilden und zu entwickeln."[197]

Der anarcho-liberale Geist aber überwog nicht nur bei den Theoretikern. Die Massen waren in derselben Stimmungsmischung von Ohnmachtsgefühl und persönlichem Glücksverlangen, das auf Wunder, Gelingen von Experimenten und ähnliches mehr hoffen, aber keine konkrete Einstellung zu politischen Problemen aufkommen lässt. Der Teil der Sozialisten der Vierzigerjahre des vorigen Jahrhunderts in Frankreich, der die Notwendigkeit einer politischen Fühlungnahme mit dem Staat einsah, war viel zu kleinbürgerlich und viel zu sehr von bürgerlichen Vorstellungen vom Staate abhängig, als dass er diesen Zustand hätte ändern können. Dass dieser Geist nicht imstande war, die egalitären Freiheitsideen der französischen Revolution mit wirklich sozialistischem Geiste zu erfüllen, sondern höchstens noch als Endziel einer individualistischen Revolution gelten konnte, das bewiesen bald genug die Ereignisse des Jahres 1848, trotzdem gerade den grossen Utopisten nichts ferner gelegen hatte als ein Weckruf zur Revolution.

197 [Blanc,] Organisation du Travail, S. 19. [vermutlich zitiert nach: Gide/Rist, Geschichte der volkswirtschaftlichen Lehrmeinungen, S. 295]

„Gemeinsam war ihnen die feindselige Handlung[198] gegen die französische Revolution, gegen jede politische Aktion der arbeitenden Klassen überhaupt."[199]

Allerdings, Führer der praktischen Bewegung, wie Louis Blanc und die ganze kleinbürgerliche Richtung überhaupt, waren in dieser Beziehung weiter als ihre sonst so ungleichen grösseren Vorgänger. Die politische Tätigkeit zwang ihnen eben Ansichten auf, die eine zentralistischere Tendenz hatten. Den Spekulanten über die Assoziation der Zukunft war gemeinsam, dass sie nur Gemeinwesen von getrennter Grösse in bezug auf Gebiet und Bevölkerung im Auge hatten, die sich mit den geschichtlich gewordenen Grossstaaten weder deckten, noch ihnen auch nur ähnelten. In dem Augenblicke aber, in dem der Sozialismus, der diese Freiheits- und Assoziationsideale in seinem Banner führte, mit dem Staate zusammenstiess, zeigte sich die ganze Unzulänglichkeit dieser Utopien, die ganz in die Hände des kleinbürgerlichen Sozialismus abdanken mussten, der seinerseits die ganze Hilfe vom Staate erwartete.

Französischer Sozialismus – aber in seiner theoretisch allerradikalsten und durch praktische Auseinandersetzung mit dem Staate nicht veränderten Form – fand seinen Einzug in Deutschland durch den „Handwerksburschen-Kommunismus". Dieser Kommunismus war kein einheitlicher, ein jeder verstand darunter was er eben mochte, und jeder hatte auch etwas anderes unter diesem Namen kennengelernt. Das einigende Band war ein bis zu den letzten Konsequenzen zugespitzter politischer Radikalismus, die absolute Feindschaft gegen alle bestehenden Zustände. Dieser Radikalismus gab sich mit dem Staate nicht viel ab. Schuster und Venedey, zwei ehemalige Privatdozenten, waren – jeder in seiner Art – typisch die Führer einer solchen Bewegung; dem Staat gegenüber hatte man kein Interesse und die politische Betätigung im Staate schien ihnen zwecklos. Wie Schuster einmal im „Geächteten" sagte, war dem Proletariat nicht mit den „jämmerlichen Theaterpossen von Regierungs- und Verfassungswechsel[n]" gedient, sondern „radikal sozial[e] und politische Emanzipation der arbeitenden Klassen" hiess seine Losung.[200]

198 * Im Original bei Mehring: Haltung.
199 Mehring, Geschichte der deutschen Sozialdemokratie, Bd. I, S. 3. [eigentlich: S. 9]
200 Mehring, a. a. O., [Bd. I,] S. 100. [eigentlich: S. 101]

Und wie hätte dies auch anders der Fall sein können bei den politischen Verhältnissen des vormärzlichen Deutschland, der Demagogenriecherei und der Verfolgung und Ausweisung durch die Behörden, und bei den Anfängen der ausgesprochenen kapitalistischen Produktionsweise, die für das deutsche Proletariat so unsagbar schmerzvoll ins Leben trat. Sie hatten den Staat nur als den Polizisten der herrschenden Klasse kennengelernt und auch in der Fremde als den gefälligen Büttel ihrer Feinde empfunden. So war es auch Weitling gegangen. Trotzdem war seine Staatsfeindschaft nicht so radikal im vulgären Sinne. Er wusste schon, dass für verschiedene Zeiten verschiedene Formen der menschlichen Organisation die besten sein können. Für Staatsideale aber und Staatspolitik des Proletariats war nun einmal das vormärzliche Deutschland kein Boden. Auch seine „Garantien" spiegelten mit ihren Räten und Meisterkompagnien, ihrem Trieb der politischen Genies und dem grossen harmonischen Familienbund das Ideal eines Proletariers wider, der ein Schüler des Kleinbürgers Fourier war, wenn auch sein Plan des Weltparlamentes wieder einen anderen Teil des französischen Einflusses deutlich erkennen liess. So sehr auch Weitling als Sozialist sich von den Moses Hess und Karl Grün abheben mochte, auch sein revolutionärer Kommunismus war nur ein Ausschnitt aus der grossen politischen und geistigen Emanzipation des Individualismus in Deutschland, einer Tatsache, der auch der wissenschaftliche Sozialismus von Karl Marx und seiner Schule ihren Tribut entrichten sollte. Was in Deutschland für einen sozialistischen Staatsgedanken geleistet wurde, das schufen nicht die Schüler der Franzosen, sondern die deutsche klassische Philosophie.

III.

„Über den Sozialismus sprechen, heisst fast eine Leichenrede halten",

schrieb der französische Gelehrte Reybaud im Jahre 1852.[201] Doch ist von allen diesen Utopien vieles bis heute in den Köpfen des Proletariats, auch des deutschen, lebendig geblieben, hat sich teilweise mit den Ideen von 1789 fast verschmolzen, und ist teilweise durch die Lehren von Karl Marx weiter entwickelt worden. Freilich, von einem Ikarien oder von Phalansterien redete er ebensowenig wie von einem Zukunftsstaat. Für alles dies hatte er nur Spott. Er selbst hatte ein vollständiges System der Soziologie nicht geschaffen, insbesondere fehlte eine Staats- u. Rechtslehre fast gänzlich. Aus verstreuten Einzelbemerkungen über den Staat lassen sich zwar Rückschlüsse auf seine Auffassung vom Staate ziehen, weil jedoch diese Bemerkungen – zum grossen Teil wenigstens – in den Beginn seiner Kampfzeit fielen, ist man zu einer theoretischen Auswertung seiner allgemeinen Lehren, insbesondere der materialistischen Geschichtsauffassung und der Klassenkampftheorie gezwungen, wenn man ein vollständiges Bild seiner Staatsauffassung erhalten will.

Ursprünglich stand Marx auch hier ganz unter dem Banne Hegels. Nach Hegel sollte die Synthese aus den beiden Grundprinzipien Legalität und Moralität, die er „Sittlichkeit" nannte, und die das „Wesen des objektiven Geistes" ausmachen, alle diejenigen Institutionen umfassen, die in gleichmässiger Ausprägung des rechtlichen und moralischen Charakters die menschliche „Gattungsvernunft" zur Realisierung bringen. Drei Formen nahm dieser Realisierungsprozess an: die Familie, die (schon organisierte) Gesellschaft und den Staat,[202]

201 [Reybaud,] Le socialisme [eigentlich: Socialistes, socialisme, S. 629.]
202 [Hegel,] Enzyklopädie [der philosophischen Wissenschaften im Grundrisse, Bd. 3: Die Philosophie] d[es] Geist[es], § 553.

„welcher die Wirklichkeit ist, worin das Individuum seine Freiheit hat und geniesst, alles[203] *indem es das Wissen, Glauben und Wollen des Allgemeinen ist, doch ist dies nicht so zu nehmen, als ob der objektive*[204] *Wille des Einzelnen zu seiner Ausführung und zu seinem Genusse durch den allgemeinen Willen käme, und dieser ein Mittel für ihn wäre, als ob das Subjekt neben den andern Subjekten seine Freiheit so beschränke, dass diese gemeinsame Beschränkung des Kampfes*[205] *aller gegeneinander jedem einen kleinen Platz liesse, worin er sich ergehen könne; vielmehr sind Recht, Sittlichkeit, Staat, und nur sie, die positive Wirklichkeit und Befriedigung der Freiheit. Die Freiheit, welche beschränkt wird, ist die Willkür, welche*[206] *sich auf das Besondere der Bedürfnisse bezieht".*[207] Der Staat ist ihm *„die Wirklichkeit der sittlichen Idee"* und als *„die Wirklichkeit des substantiellen Willens [...] das an und für sich Vernünftige."*

Ob Marx diesen Standpunkt jemals ganz nachempfunden hatte, ist fraglich. So viel aber ist sicher, dass es für ihn seine Schwierigkeiten haben musste, sich in einen solchen Universalismus hineinzufinden. Freilich glaubte auch er, dass nur der Staat, der demokratische Staat, die Freiheit zu verwirklichen möchte, aber diese Ansicht war mehr die politische Tagesansicht eines radikalen Liberalen.

„Das Selbstgefühl der Menschen, die Freiheit, wäre in der Brust dieser Menschen erst wieder zu erwecken. Nur dies Gefühl [...] kann aus der Gesellschaft wieder eine Gemeinschaft der Menschen für ihre höchsten Zwecke, einen demokratischen Staat machen."[208]

Den Gesellschaftsbegriff hatte er vollständig von Hegel übernommen. In der „bürgerlichen Gesellschaft" Hegels hatte jeder seine eigenen Zwecke, die auf die Befriedigung der persönlichen Bedürfnisse hinausliefen. Naturgemäss hatte auch diese Gesellschaft schon organisatorische Ansätze entwickelt, kannte Rechtspflege (Naturrecht meint Windelband) und Polizei. Auch Marx, dem werdenden Sozialisten, war mit Hegel die Gesellschaft der „Kampfplatz des individuellen Privatinteresses aller gegen alle"[209] gewesen, auch er sah im Staate nicht nur den politischen Ausdruck wirtschaftlicher individueller Wechselbeziehungen (Produktionsverhältnisse), sondern ein selbständiges, von der Gesell-

203 *Im Original bei Hegel: aber.
204 *Im Original bei Hegel: subjektive.
205 *Im Original bei Hegel: Beschränkung, das Genieren.
206 *Im Original bei Hegel: die.
207 [Hegel,] Philosophie der Geschichte, S. 76/77.
208 [Aus dem literarischen] Nachlass [von Karl Marx, Friedrich Engels und Ferdinand Lassalle], Bd. I, S. 366.
209 [Hegel,] Rechtsphilosophie, § 259. [eigentlich: Grundlinien der Philosophie des Rechts, § 289]

schaft beeinflusstes und sie beeinflussendes Gemeinwesen. Er sprach deshalb von dem Doppelleben, das der Mensch führe, einem

„himmlischen und einem irdischen Leben,[210] *das Leben im politischen Gemeinwesen gibt*[211] *und das Leben in der bürgerlichen Gesellschaft, worin er als Privatmensch tätig ist, die andern Gemeinwesen*[212] *als Mittel betrachtet, sich selbst zum Mittel herabwürdigt und zum Spielball fremder Mächte wird".*

Schärfer noch betonte Marx den selben Gedanken bei seiner kritischen Beurteilung der „Menschenrechte", die er in zwei Kategorien, die politischen Staatsbürgerrechte und die natürlichen Menschenrechte schlechthin, einteilte, und die Unterscheidung von Staat und Gesellschaft erklärte.

„Vor allem konstatieren wir die Tatsache, dass die sogenannten Menschenrechte, die droits de l'homme, im Unterschied von den droits du citoyen, nichts anderes sind, als die Rechte des Mitglieds der bürgerlichen Gesellschaft, das heisst des egoistischen Menschen [...] und vom Gemeinwesen getrennten Menschen."[213]

Freilich war ihm die Gesellschaft immer die „Naturbasis"[214] des Staates. Auch in dieser materiellen Konsolidierung des Staates war Marx noch ganz der Schüler Hegels, aber dies sollte auch der Punkt sein, von dem aus sich bei ihm eine andere Auffassung entwickelte. Schon in der „Heiligen Familie" von 1845 kündigte sich die Umwandlung an. Hier wurde die Gesellschaft aus der selbstverständlichen Voraussetzung des Staates zu seiner unbeschränkten Herrscherin.

„Nicht also der Staat hält die Atome der bürgerlichen Gesellschaft zusammen, sondern dies, dass sie Atome nur in der Vorstellung sind, im Himmel ihrer Einbildung – in [der] Wirklichkeit aber gewaltig von den Atomen unterschiedene Wesen, nämlich keine göttlichen Egoisten, sondern egoistische Menschen. Nur der politische Aberwitz bildet sich noch heutzutage ein, dass das bürgerliche Leben vom Staate zusammengehalten werden müsse, während umgekehrt [in der Wirklichkeit] der Staat von dem bürgerlichen Leben zusammengehalten wird."

210 [Aus dem literarischen Nachlass] a. a. O. [, Bd.] I, S. 407. [eigentlich: S. 408]
211 * Im Original bei Marx: ein himmlisches und ein irdisches Leben, das Leben im politischen Gemeinwesen, worin er sich als Gemeinwesen gilt.
212 * Im Original bei Marx: Menschen.
213 [Aus dem literarischen Nachlass] a. a. O., S. 416. [eigentlich: S. 417]
214 [Aus dem literarischen Nachlass] a. a. O., S. 425. [eigentlich: S. 423]

Darin sind zwei für die Marx'sche Soziologie wichtige Gedanken enthalten: die materialistische Geschichtsauffassung und der Mensch als gesellschaftliches Wesen.

Hiermit war Hegels Staatsauffassung unwiderruflich verlassen, der Organisationsgedanke in seiner höchsten Verkörperung und seiner sittlichen Idee endgültig abgelehnt. Die Bahn, die Marx damit eingeschlagen hatte, wurde ihm durch mehr als einen Umstand gewiesen. Marx war Rheinländer und als solcher mehr noch als Angehörige anderer deutscher Stämme unter dem Banne der Idee der grossen französischen Revolution; die Durchdringung mit ihren Gedanken das grosse Erlebnis seiner Jugend, von dem auch der Schüler Hegels sich nie frei gemacht hatte. Dazu kamen all die Verfolgungen und Schikanen, mit denen er den Staat die Anhänger dieser Ideen hatte verfolgen sehen, kam noch, dass der Staat in dem ungeheuerlichsten Elend des aufkommenden Kapitalismus den Herrschenden Bütteldienste tat, kamen die eigenen trüben Erfahrungen und das Exil. Und vor allem – Marx war Jude, Angehöriger eines Volkes, für dessen politische Charakterisierung die gerade auf Marx so passenden Worte gefunden sind:[215]

„Parteinahme gegen den Staat und eine Verherrlichung der Familie und des Patriarchenlebens gegen die staatliche Ordnung".

Und schliesslich empfing Marx entscheidende Eindrücke in Frankreich, dem klassischen Lande des Anarchismus, wie vor allem in England, dem Lande des liberalen Kapitalismus. Bei der Würdigung der „ausserordentlich revolutionären Rolle der Bourgeosie" und der Hoffnung, dass gerade die Entwicklung des Kapitalismus zum Kommunismus führen werde, nahm die Lehre von Marx eine Gestalt an, die von dem englischen kapitalistischen Geiste teils geradewegs beeinflusst wurde, teils als kommunistische Komplementärerscheinung von ihr aufzufassen ist. Zudem weiss man heute, dass neben all den vielen Einflüssen, die auf Marx gewirkt haben, neben den englischen Sozialisten des 18. Jahrhunderts (Menger), neben Saint-Simon und Lorenz Stein (Plenge), gerade die klassische Schule auf Marx den stärksten Eindruck gemacht hatte.

215 Plenge, Über den politischen Wert des Judentums, S. 20.

„In Wirklichkeit steht der Marxismus der sogenannten Manchesterlichen Volkswirtschaft viel näher als dem Sozialismus. Dieser Punkt hat seine grosse Bedeutung".[216]

Gerade diese englischen Einflüsse lassen sich erst für die spätere Zeit bei Marx nachweisen, sie verstärkten dann noch, was die Bekanntschaft mit Feuerbach und deren naturwissenschaftlich gefärbte Betrachtungsweise schon im kommunistischen Manifest klar zum Ausdruck gebracht hatte, die mechanistische Erklärung der Gesellschaft.

„Marx naturalisiert die Gesellschaftswissenschaft im Sinne eines geistlosen, mechanistischen Zusammenhangs".[217]

Wenn man in dem bekannten Satz von Feuerbach das „Sein" mit der Gesellschaft und das „Denken" mit dem Staate identifiziert:

„das Sein ist Subjekt und das Denken Prädikat, das Denken ist aus dem Sein, aber das Sein nicht aus dem Denken",

dann erhält man in den allergröbsten Umrissen die materialistische Geschichtsauffassung und die sich aus ihr mit Notwendigkeit ergebende Auffassung vom Staate. Danach war die

„Anatomie der bürgerlichen Gesellschaft in der politischen Ökonomie zu suchen", und *„die Gesamtheit d[ies]er Produktionsverhältnisse bildete die ökonomische Struktur der Gesellschaft, die reale Basis, worauf sich ein juristischer und politischer Überbau erhebt und welcher bestimmte […] Bewusstseinsformen entsprechen".*[218]

Wenn man dem gegenüberstellt, was Marx über die Selbständigkeit des Staates als besonderer menschlicher Organisationsform gesagt hatte, so lässt sich eine restlose Übereinstimmung nicht erzielen. Bezeichnenderweise hatte Marx immer wieder Ansichten geäussert, welche nicht mit dieser allerschärfsten Formel des historischen Materialismus übereinstimmten, sondern die Wechselseitigkeit in den Beziehungen der beiden Formen des menschlichen Zusammenlebens anerkannten.

216 Georges Sorel, La Décomposition du Marxisme, S. 44.
217 Plenge, Marx und Hegel, S. 88.
218 [Marx,] Vorrede zur Kritik der politischen Ökonomie, S. V.

So warf er in der dritten These zu Engels „Ludwig Feuerbach", die sonderbarerweise in der ganzen Marxliteratur von dieser Seite nie betrachtet worden ist, – auch von Plechanow[219] nicht – der materialistischen Lehre vor, dass sie über der Erkenntnis, dass die Menschen Produkte der Umstände seien, vergessen habe, dass die Umstände von eben diesen Menschen verändert würden. Dies hiess in seiner Anwendung auf das Verhältnis von Staat und Gesellschaft, dass der Staat auch Einfluss auf die Veränderung der Gesellschaftsstruktur haben könne. Ein andermal wieder erkannte er sogar den organisatorischen Wert des Staates an, es „enthält gerade der politische Staat, auch wo er von den sozialistischen Forderungen noch nicht bewussterweise erfüllt ist, in allen seinen modernen Formen die Forderungen der Vernunft". Und selbst Engels, der viel stärkere Ausdrücke einer bewussten Staatsfeindschaft gefunden hatte als Marx, hatte mehr als einmal anerkannt, dass der Staat etwas Selbständiges, aus sich Entwicklungsfähiges sei. So meinte Engels, dass zur Aufrechterhaltung der „Ordnung" zwischen den widerstreitenden ökonomischen Interessen eine Macht nötig sei, „und diese, aus der Gesellschaft hervorgegangene, aber sich über sie stellende, sich [ihr] mehr und mehr entfremdende Macht ist der Staat".[220] Und in seinem „Ludwig Feuerbach", in dem er sich für den allergröbsten Materialismus ins Zeug legte, hatte er schon gesagt, „dass die Staatsgewalt, kaum erstanden, sich schon verselbständige".[221] Als Exekutivorgan der wirtschaftlich herrschenden Klasse hätte Engels aber den Staat gerade als unter das ökonomische Klasseninteresse unterworfen und nicht als verselbständigt bezeichnen müssen. Aus dieser Verselbständigung aber zogen Marx und Engels niemals eine Folgerung, sondern blieben in ihrer Staatsauffassung grundsätzlich auf ihrem materialistischen Standpunkt stehen. Ihr Ideal blieb das von Marx gekennzeichnete:

„Die arbeitende Klasse wird im Laufe der Entwicklung an die Stelle der alten bürgerlichen Gesellschaft eine Assoziation setzen, welche die Klassen und ihren Gegensatz ausschliesst, und es wird keine [...] politische Gewalt mehr geben, weil gerade die politische Gewalt der offizielle Ausdruck des Klassengegensatzes innerhalb der bürgerlichen Gesellschaft ist."[222]

219 [Plechanow, Die] Grundprobleme des Marxismus, S. 27.
220 [Engels,] Der Ursprung der Familie, S. 178.
221 [Engels, Ludwig Feuerbach,] S. 51. [Im Original bei Engels heißt es: Dies Organ ist die Staatsgewalt. Kaum entstanden, verselbständigt sich dies Organ gegenüber der Gesellschaft]
222 [Marx,] Das Elend der Philosophie, S. 182.

Auf der Grundlage dieser Auffassung entstand ein rein ökonomisches Entwicklungsbild, nach dem die Veränderungen der Wirtschaft zum Kommunismus mit naturgesetzlicher Notwendigkeit eintreten mussten. Das Resultat dieser Entwicklung bedurfte einer Organisationsform; Marx konnte darum in seinem Endziel wie in seiner Kampfmethode niemals Singularist sein. Für ihn war der Mensch ein gesellschaftliches Wesen. Aber ebenso fern stand er auch der Grösse eines wirklich überindividuellen, universalistischen Freiheitsideals. Sein Endziel war sozial und individuell zugleich, war eine zwangsfreie Organisationsform, ein Ziel, das zu seiner Abstammung und seiner Entwicklung auch besser passte. In ihm unterschied sich Marx kaum von seinem alten Widersacher Proudhon, der von der höheren Individualität des kollektiven Menschen sprach, und von den Vertretern des modernen kommunistischen Anarchismus, wie Kropotkin, der das Individuum für eine Fiktion erklärte.

Marx hatte zwar die alte falsche Antithese Individuum und Gesellschaft überwunden, für ihn gab es nur gesellschaftlich verbundene Individuen. Aber der alte Traum von der Emanzipation des Individuums blieb auch für sein Endziel bestimmend und gab ihm die lebendige Form, machte es zu einem Endziel der „egalitären Libertät" (Plenge). Trotz aller Wissenschaftlichkeit enthielt gerade dieses Ziel ein gutes Stück von der sonst so schroff abgelehnten Utopie. Marx hatte sich immer geweigert, die Organisation der Zukunftsgesellschaft auszumalen und nun stellte er als Ideal eine sozialistisch organisierte Wirtschaft emanzipierter Individuen dar. Hier wurde der Vorzug unutopischer Realität zum Mangel organisatorischen Unvermögens, die Zukunftsgesellschaft zu einem Mischmasch, in das jeder in gewissen Grenzen hinein interpretieren konnte, was ihm gefiel. Und die Kritik, die neuerdings Kelsen[223] an Engels geübt hat, gilt auch für Marx:

„Es mutet fast wie [eine] Ironie an, dass Engels den von allem Klassengegensatz und aller Ausbeutung erlösten Zustand der kommunistischen, staats- und zwangsfreien, d. h. aber anarchischen Produktion in demselben Atemzuge verkündet, in dem er den ausbeuterischen Klassengegensatz der kapitalistischen Gesellschaft in der Anarchie der Produktion für begründet erklärt."

223 [Kelsen,] Staat und Sozialismus, S. 53. [eigentlich: Sozialismus und Staat]

Und dieses Assoziations-Ideal beruhte auch in seinen Voraussetzungen gänzlich auf der individualistischen Aufklärung des 18. Jahrhunderts, der natürlichen Güte, des Fleisses, der Selbstzucht und des guten Willens der Einzelmenschen. Das Glück des Individuums in der Kollektivität, aber keine selbsttätige souveräne Kollektivperson, die ihrerseits wieder das Individuum zur Freiheit zu bringen vermöchte. So kam Marx, der in der Entdeckung der sozialistischen Organisationsformen der Gesellschaft in der Zukunft seiner Zeit weit voraus geeilt war, in seiner politisch-gesellschaftlichen Ethik nicht über seine Zeit hinaus, blieb im Gegenteil ein Zeitgenosse, der den grossartigen Universalismus der deutschen klassischen Philosophie beiseite schiebend, von oft geahnten und nahen Höhen herabstieg in die Niederungen der politischen Ethik eines Revolutionärs der Aufklärungszeit.

Diesen ganzen, für die deutsche Sozialdemokratie so verhängnisvollen Zwiespalt zeigte schon das kommunistische Manifest, das eine Wertung der bürgerlichen Gesellschaft in allen ihren Erscheinungsformen für den Kampf des Proletariats um die Macht enthielt. Man wird dem Radikalismus recht geben müssen, der dieses grossartige Dokument ganz für sich in Anspruch nimmt. Es war in allen seinen Teilen ein einziger Kampfruf gegen den Staat. In der Lehre von Klassenkampf und der aus ihr entspringenden Diktatur des Proletariats gaben die Verfasser die Kampfregeln für die Zeit bis zum Siege und nach dem Siege. Für sie gab es nur einen Klassenkampf, den zwischen Bourgeoisie und Proletariat, einem Proletariat, das international gerichtet sein musste, da die Interessen der Bourgeoisie ebenso wie die des Proletariates in der ganzen Welt die gleichen seien. Überall sei der Staat nur die Organisation zur Vergewaltigung und Ausbeutung des Proletariates durch die Besitzenden.

„Der Arbeiter hat kein Vaterland": Diese Lehre hatte die unbewiesenen Voraussetzungen von der Solidarität der proletarischen Interessen in der ganzen Welt, folgerte sie scheinbar ganz logisch aus dem proletarischen Elend in der ganzen Welt. Sie kannte auch nur den einen grossen Klassenkampf zwischen Bourgeoisie und Proletariat, folgerte ihn ebenso logisch aus dem Umstande, dass es überall Arme und Reiche, Ausgebeutete und Ausbeuter gab. Und sie hatte zur sicheren Voraussetzung, dass die Konstituierung des Proletariates als Klasse und sein politischer Kampf den Staat nicht verändern könne, ebensowenig wie der Staat seinerseits eigene, den Interessen des Proletariates entgegenkommende Zwecke haben könne.

Der Staat war eben hiernach etwas im letzten Grunde Unveränderliches. „Die Proletarier haben nichts zu verlieren als ihre Ketten".[224] Das bedeutete als Ziel des Klassenkampfes die Zertrümmerung dieser Organisation der Ausbeutung, die restlose Vernichtung des bestehenden Staates. Auf den Trümmern sollte sich dann der neue Staat erheben, das Proletariat in Waffen sollte seinen Kern bilden, treu der alten Auffassung vom Staat als der despotischen Organisation der Beherrschung anderer Klassen sollte „die Erhebung des Proletariats zur herrschenden Klasse" erfolgen.[225] Wenn das Proletariat im Kampfe gegen die Bourgeoisie sich notwendig zur Klasse vereint, durch die Revolution sich zur herrschenden Klasse gemacht, und als herrschende Klasse gewaltsam die alten Produktionsverhältnisse aufgehoben habe, so habe es mit diesen Produktionsverhältnissen die Existenzbedingungen des Klassengegensatzes, die Klassen überhaupt und damit seine eigene Herrschaft als Klasse zerstört. Anstelle der alten bürgerlichen Klassengesellschaft trete eine Assoziation, worin „die freie Entwicklung eines Jeden die Bedingung für die freie Entwicklung Aller ist". Nach den Erfahrungen der Pariser Kommune nahm Marx in einem seiner Briefe an Kugelmann noch einmal zu diesem Problem Stellung.[226] Der Übergang der politischen Macht aus den Händen der Bourgeoisie war ihm nur wirksam in der Form:

„Nicht mehr wie bisher die bürokratisch-militärische Maschinerie aus einer Hand in die andere zu übertragen, sondern sie zu zerbrechen."

Die Zukunftsorganisation schilderte er:

„Die Einheit der Nation soll nicht gebrochen, sondern im Gegenteil organisiert werden durch die Kommunalverfassung",

d. h. die Verfassung der Pariser Kommune, die „schon eigentlich kein Staat mehr war" (Engels).[227] Staatslose Verbände organisieren sich zu staatslosen Nationen! Bernstein[228] nannte eine solche Verfassung föderalistisch, Lenin[229] zentralistisch. Mag man nun das eine oder andere Wort wählen, die föderalistische Verfassung wäre tatsächlich ein Rückfall, der seinen materiellen Ausdruck in der Produktion finden würde, und die zentralistische würde vielleicht der Kulturnation, aber nicht der

224 [Marx/Engels,] Kommunistisches Manifest, S. 56.
225 [Marx/Engels,] Kommunistisches Manifest, S. 45. „Die Erkämpfung der Demokratie" ändert nichts daran. A. M. Kelsen, a. a. O., S. 31.
226 Neue Zeit, 20. Jg., [Bd.] I [(1901–1902), Heft 23], S. 709.
227 Bebel, Aus meinem Leben, Bd. II, S. 322. [im Original bei Bebel heißt es: die schon kein Staat im eigentlichen Sinne mehr war]
228 [Bernstein, Die] Voraussetzungen des Sozialismus [und die Aufgaben der Sozialdemokratie], S. 134.
229 [Lenin,] Staat und Revolution, S. 48/49.

Wirtschaft recht sein, oder aber sie müsste eine so grosse Einschränkung der individuellen Freiheit mit sich bringen, dass sie letzten Endes eine Aufhebung des Assoziationscharakters bedeuten würde. Der freiwillige Zusammenschluss von durch den freien Willen zusammengehaltenen Kommunen[230] zum Zwecke einer freiwilligen Weltorganisation, von allem Zwang und jeder Gewalt erlöst, ein Stück Utopismus, wie ihn keiner der verspotteten Utopisten je grösser gehegt hatte.
Hier hatte „revolutionäre Dialektik" den Staat aus dem Endziel wegphilosophiert, um den Mythus zu Ehren des emanzipierten Individuums an seine Stelle zu setzen.

230 Andere Folgerungen über den Charakter der Kommunen zieht Kelsen, a. a. O., S. 33 ff.

IV.

In mehr als einem Punkte war Ferdinand Lassalle das Gegenteil von Karl Marx, von all den grossen Verschiedenheiten in den persönlichen Anlagen und seinen Lebensschicksalen ganz abgesehen. Schüler Hegels waren sie beide, aber Lassalle war stets Alt-Hegelianer geblieben, vor allem auch niemals mit Feuerbach in Berührung gekommen (Oncken). Wie Marx die Spuren seiner Beschäftigung mit dem englischen Kapitalismus in seiner Soziallehre deutlich zeigte, so wies Lassalle in seiner Begeisterung für Staat und Organisation die des Preussentums auf. Ökonomisch war er immer von Marx stark abhängig, aber auch von Rodbertus, und in seiner Gesellschaftslehre ging er wie Marx vom vergesellschafteten Menschen aus und strebte zum Vergesellschafteten. Nur war sein Ziel konkreter und der Weg dahin ein anderer, dem Staate besser gerecht werdender. Die Staatsauffassung Lassalles war die von Hegel und Fichte, er kannte nur die Freiheit des Individuums im Staat und durch den Staat. Auch die Bekanntschaft und die Begeisterung für die Theorien von Marx, insbesondere den Entwicklungsgedanken und die Geschichtsauffassung, vermochten nicht, seinen Gedanken eine andere Richtung zu geben. In seiner „Fichte-Gedächtnisrede" fand er Worte der Anerkennung und des Lobes für den radikalen Politiker und Staatstheoretiker Fichte u. sein Staatsideal, wie sie begeisterter nicht gesprochen werden können. In seinem Arbeiterprogramm legte er seine endgültige Auffassung vom Staate nieder, der ihm, unbeschadet der Anerkennung des Waltens ökonomischer Kräfte und der notwendigen Existenz des Klassenkampfes, das höchste Menschheitsideal vorstellte.

Allerdings – und hier hing er nicht so sehr mit Hegel als mit Fichte zusammen – hatte er eine ganz besondere Wertung der Staaten nach ihren von den Idealen der herrschenden Klasse bestimmten sittlichen Zwecken. Fichte unterschied zwischen dem Notstaat und dem Vernunftstaat. Der Notstaat war ihm der Zustand, in dem die Eigentümer zur Unterdrückung und Ausbeutung der Nicht-Eigentümer den „Staat halten, wie der Herr einen Bedienten hält",[231] und ihn ganz unter diesem Gesichtspunkte betrachten.

„Der Staat ist ein notwendiges Übel, weil er Geld kostet, man muss aber jedes Übel so klein machen als möglich".[232]

Aber selbst dieser Staat war ihm etwas, hatte er doch die grosse sittliche Bestimmung, etwas zu werden. Er war der „Entwicklungspunkt des[233] Reiches der Freiheit, sein Zweck ist nur das letztere".[234] Mit diesem Reiche breche die neue Ära an, „vorher war nur der Embryo eines Menschengeschlechtes, mit welchem die ewige Zeit schwanger geht".[235]

Ganz parallel verlief die Gegenüberstellung Lassalles vom Staatsideale der Bourgeoise und dem des Proletariats. Ideal der Bourgeoisie war der Staat, der dem Bürger das gesicherte, unbehinderte Recht der freien Betätigung aller Kräfte garantierte. Mit ätzendem Hohne geisselte er diese Auffassung als „Nachtwächteridee", da sie dem Staate nur die Nachtwächterfunktionen der Verhütung von Raub und Diebstahl überlasse und ihn mit dem Fehlen von Räubern und Dieben auch überflüssig mache. Dieser utilitaristischen Auffassung stellte er den Staat in der Idee des Arbeiterstandes entgegen, der auf der Solidarität der Interessen, der Gemeinsamkeit und Gegenseitigkeit in der Entwicklung beruhe, in der Organisation des Staates die Entwicklung des Menschengeschlechts zur Freiheit zu vollbringen habe.

231 * Im Original bei Fichte: sie halten den Staat, wie ein Herr sich einen Bedienten hält.
232 Fichte, Nachgelassene Werke, Bd. IV, S. 404. [Schumacher zitiert hier eigentlich aus: Sämmtliche Werke, Bd. IV.]
233 * Im Original bei Fichte: eines.
234 Fichte, a. a. O., S. 418.
235 Fichte, a. a. O., S. 419.

„Der Staat ist die[se] Einheit der Individuen in einem sittlichen Ganzen, eine Einheit, welche die Kräfte aller Einzelnen, welche in dieser Vereinigung eingeschlossen sind, millionenfach vermehrt, die Kräfte, welche ihnen allen als Einzelnen zu Gebote stehen würden, millionenfach vervielfältigt. Der Zweck des Staates ist also nicht der, dem Einzelnen nur die persönliche Freiheit und das Eigentum zu schützen, mit welchen er nach der Idee der Bourgeoisie angeblich schon in den Staat eintritt, der Zweck des Staates ist vielmehr gerade der, durch diese Vereinigung die Einzelnen in den Stand zu setzen, solche Zwecke, eine solche Stufe des Daseins zu erreichen, wie sie als Einzelne nie[mals] erreichen könnten, sie zu befähigen, eine Summe von Bildung, Macht und Freiheit zu erlangen, die ihnen [sämtlich] als Einzelnen schlechthin unerreichlich wäre."

In dieser Auffassung lebte ebensoviel Einsicht darin, dass die grossen Aufgaben der Kultur und Wirtschaftspolitik nicht anders als durch allergrösste, durchdachteste Organisation gelöst werden könnten, als sittliche Begeisterung für Ideale, die über den Einzelnen und seine Sphäre hinausgingen. Ein Vergleich mit Marx zeigt, dass beide Denker gewissermassen zwei verschiedene Rollen bei der Führung des Kampfes um die Macht zu spielen hatten. Marx der Führer beim Sturm, Lassalle der Organisator beim Aufbau.

Weil aber Marx auch ein Aktionsprogramm für die Stunde nach dem Siege – wenn auch nur andeutungsweise – entworfen hatte, bestimmt durch sein individualistisches Emanzipationsideal, und der andere zu seinem universalistischen Staatsideal durch die sofortige Entwicklung bestehender Ansätze hinführen wollte, mussten sie notwendigerweise aneinander geraten. Wichtiger als diese Kämpfe, die in der Partei schliesslich überbrückt wurden, war eine andere Auswirkung des Gegensatzes geworden. Wenn auch die Lehre von Marx so vollständig über die Lassalles gesiegt hatte, dass selbst heute Führer, die lassalleanisch handeln, marxisch reden und schreiben, so hatte Lassalle dadurch, dass er die Arbeiter zum ersten Mal in den politischen Kampf führte, der Bewegung eine nicht mehr auszulöschende Note gegeben. Letzten Endes sind diese beiden die Erzeuger der Haupttypen sozialdemokratischer Politiker geworden, die in kaum verhüllter Feindschaft auch heute noch im Lager aller sozialistischen Parteien sich gegenüberstehen, wie alle Beispiele der Parteigeschichte zeigen. Dieser Gegensatz lässt sich nicht durch die grobe Gegenüberstellung Akademiker und Arbeiter oder Theoretiker und Praktiker kennzeichnen, sondern in einem anderen, grundsätzlicheren Sinne: Literat und Organisator!

Wie sehr Lassalle von der bedeutenden Rolle des Staates bei der Durchführung sozialistischer Ziele überzeugt war, lässt sich aus seiner Bewertung der Selbsthilfe ersehen. Selbsthilfe war das politische Modewort der sechziger Jahre, von Victor Aimé Huber über Schulze-Delitzsch bis zu den Theorien von Marx über den Wert der Gewerkschaften. Das Prinzip aller dieser Bestrebungen war, den Staat von allen Einmischungen fern zu halten. Demgegenüber trat Lassalle mit dem Gedanken hervor, den Staat durch eine finanzielle Inanspruchnahme zum Verbündeten der Arbeiter zu machen, ein Ruf, der seither niemals wieder in der deutschen Arbeiterbewegung verstummte, wenn er auch andere Formen annahm. Zur Illustration der Fruchtlosigkeit aller Selbsthilfebemühungen diente ihm das „eherne Lohngesetz“:[236]

„das eherne und grausame Gesetz, wonach unter der Herrschaft von Angebot und Nachfrage der durchschnittliche Arbeitslohn immer auf den notwendigen Lebensunterhalt reduziert bleibt, der in einem Volke gewohnheitsmässig zur Fristung der Existenz und der Fortpflanzung erforderlich ist.“[237]

Darum forderte er Staatskredite zur Errichtung von Produktivgenossenschaften, ein Gedanke, der vor ihm schon von Buchez und Louis Blanc propagiert worden war. Ihm wurde der Ruf nach der staatlichen Intervention zum Kern seiner ganzen Agitation, wie er denn auch in seinem Arbeiterlesebuch erklärte:[238]

„Das sage ich Ihnen, ist der prinzipielle Punkt, um den es sich in dieser ganzen Agitation handelt und für die ich mich zu derselben entschlossen habe.[239] *Hier mit dieser Frage steht und fällt die Schlacht, die ich schlage.“*

236 [Lassalle,] Werke I, S. 465. [eigentlich: Reden und Schriften, Bd. 2, S. 465.]
237 * Im Original heißt es bei Lassalle: Das eherne ökonomische Gesetz, welches unter den heutigen Verhältnissen, unter der Herrschaft von Angebot und Nachfrage nach Arbeit, den Arbeitslohn bestimmt, ist dieses: dass der durchschnittliche Arbeitslohn immer auf den notwendigen Lebensunterhalt reduziert bleibt, der in einem Volke gewohnheitsmässig zur Fristung der Existenz und zur Fortpflanzung erforderlich ist. [...] Die Beschränkung des durchschnittlichen Arbeitslohnes auf die in einem Volke gewohnheitsmäßig zur Fristung der Existenz und zur Fortpflanzung erforderliche Lebensnotdurft – das ist also, ich wiederhole es Ihnen, das eherne und grausame Gesetz, welches den Arbeitslohn unter den heutigen Verhältnissen beherrscht.
238 [Lassalle,] a. a. O., S. 501. [Zitat auf S. 546]
239 * Im Original heißt es bei Lassalle: [...] und das, ich sage es Ihnen selbst, das ist der prinzipielle Punkt, um den es sich bei dieser ganzen Agitation handelt, und für den ich mich zu derselben erhoben habe!

Freilich, ganz so schroff, wie es der Agitator Lassalle ausdrückte, war es nicht von dem Staatsphilosophen gemeint. In seinem Briefe an Rodbertus gab er es auch unumwunden zu.[240] Von der Wichtigkeit des Staates für die Arbeiterklasse und als organisatorisches und sittliches Prinzip überhaupt war er darum nicht weniger durchdrungen. Dass Marx eine solche Auffassung nicht billigen konnte, war selbstverständlich und in seinem Briefe an J. B. v. Schweitzer äusserte er sich sehr scharf über dieses sich „durch die unmittelbaren Zeitumstände beeinflussen lassen". Es ist unmöglich, von Lassalle zu sprechen, ohne eines anderen deutschen Sozialisten zu gedenken, der trotz seiner abweichenden politischen Stellung auf das engste mit Lassalle zusammenhängt, dogmatisch sowohl wie noch mehr durch eine überaus enge Fühlungnahme: Karl Rodbertus.

Er war auf anderem Wege zu der Forderung, dass der Staat das gesellschaftliche Leben zu regeln habe, gekommen. Für ihn war der Staat nicht so sehr die Verwirklichung der Freiheit und der Sittlichkeit wie bei Hegel oder Lassalle, er schätzte im Staate hauptsächlich das organisatorische Prinzip. Er wollte schon 1837 ganz bewusst die natürliche Freiheit der sich ungehindert regenden Produktivkräfte durch ein System staatlicher Leitung ersetzen, das sich auf das gesamte wirtschaftliche Leben der Gesellschaft erstrecken sollte. Ausgehend von einer Regelung der Produktion nach dem Gesichtspunkt der Deckung „des Nationalbedürfnisses" unter vollster Ausnützung der vorhandenen Produktionsmittel sollte der Staat die Erzeugnisse nach dem Gesichtspunkte der sozialen Gerechtigkeit, die jedem Arbeiter das Erzeugnis seiner Arbeit gibt, abzüglich des Betrages, der zur Befriedigung des Gemeinbedürfnisses nötig ist, [verteilen].

240 Nachlass, Bd. IV, S. 362. [möglicherweise ist gemeint: Ferdinand Lassalle, Nachgelassene Briefe und Schriften, Sechster Band: Die Schriften des Nachlasses und der Briefwechsel mit Karl Rodbertus]

Rodbertus forderte aber nicht Vergesellschaftung der Produktionsmittel, sondern verlangte vom Staate, dass er eine Vermittlerrolle spielen und mit Hilfe von „Lohnbons" die gerechte Verteilung zustande bringen solle. Und so ergibt sich das Bild, das derselbe Rodbertus, der sich mit Stolz zu den wirtschaftlichen Anschauungen der Sozialdemokratie bekannte, und der jeden Staatssozialismus (in dem in den 1870er Jahren aufgekommenen Sinne) mit überlegenem Spott als „Zuckerwasser-sozialismus"[241] abfertigte, keine andere Hilfe wusste als Beteiligung der Arbeiter am Fortschritt der Produktion[242] und zu einem Staate seine Zuflucht nahm, der alles andere war als eine folgerichtige sozialistische Produktionsregelung. Sein Staat war kein sozialistischer Zukunftsstaat, weder im Guten noch im Bösen, sondern ein zwischen der egoistischen Gesellschaft der Gegenwart und der kollektivistischen Zukunfts-gesellschaft konstruiertes Kompromis.

„Wie die Geschichte von jeher [‚nur] in Kompromissen fortgeschritten ist['], so ist auch nur ein Kompromis zwischen Arbeit und Grund- und Kapitaleigentum die nächste Aufgabe in der Wissenschaft."[243]

241 [Rodbertus,] Brief an Rudolf, 17.10.1872. [in: Briefe und sozialpolitische Aufsätze, S. 245]
242 [Rodbertus,] Briefe und sozialpolitische Aufsätze, S. 552 ff.
243 [Rodbertus,] Das Kapital, S. 228 ([in:] Schriften, Bd. I). [Das Zitat lautet im Original: Daher glaube ich, dass, wie die Geschichte von jeher ‚nur in Kompromissen fortgeschritten ist', auch nur ein Kompromiss zwischen Arbeit und Grund- und Kapitaleigentum die nächste Aufgabe unserer Wissenschaft ist.]

2. Abschnitt

Die aufsteigende Partei

Mit dem Proletariat, auf das die sozialistischen Ideen ihre Wirkungen äussern sollten, sah es nicht so aus, als dass man sich ihre schnelle Durchsetzung hätte versprechen können. Nur dreiviertel Millionen Industrieproletarier standen 3½ Millionen ländlichen gegenüber. Ausser vereinzelt liegenden Grossstädten und kleineren Industriegebieten kamen besonders die fünf Gegenden Deutschlands in Frage, die bis zum heutigen Tage die Hochburgen der Sozialdemokratie geblieben sind: Sachsen, Berlin, Hamburg-Altona, das niederrheinisch westfälische Industriegebiet und der Maingau. Bergbau, Textilindustrie und Maschinenindustrie waren die Hauptrekrutierungsgebiete. Und da sah es schlimm aus! Der Kapitalismus, der sich allmählich mit seinen Maschinen hier durchgesetzt hatte, zeitigte die furchtbarsten Wirkungen.

Dort, wo die Maschine noch nicht restlos Alleinherrscherin war, in der Textilindustrie, hatte doch schon ihre Konkurrenz – besonders bei den Heimarbeitern – die Lebenshaltung auf ein nicht mehr zu unterbietendes Niveau herabgesetzt. Mit dieser ausgehungerten und stumpfen Masse waren keine Siege zu erfechten. Diese Menschen hatten auch für den Staat nur ein Gefühl, aus Scheu und Hass gemischt, da sie in ihm nur den unerbittlichen Polizisten ihrer Ausbeuter sehen konnten. Einzig in der Maschinenindustrie sah es besser aus. Aber die Maschinenbauer fühlten sich als Handwerker und die Bezeichnung „Arbeiter" galt ihnen als Schimpfwort. Entsprechend sah es auf geistigem Gebiete aus.

Die grosse Masse war einfach nicht imstande, sich für irgendetwas zu interessieren. Die wenigen besser gestellten und aufgeweckteren Elemente beschäftigten sich mit Sachen, die alles andere waren als Betrachtungen über Verbesserungen ihrer Lage. Im allgemeinen waren diese Beschäftigungen ganz unpolitischer Natur, allgemeinbildenden, geschichtlichen und besonders naturwissenschaftlichen Inhalts.

Die Entwicklung Bebels und das Milieu, in dem er zum Politiker wurde, geben ein gutes Bild dieser Verhältnisse. Wo politisiert wurde, wie beispielsweise in Berlin, da herrschte unter den Maschinenbauern der platteste und abgedroschenste Manchesterliberalismus. So stark war dessen Einfluss, dass er die Arbeiterschaft gänzlich als seine Domäne ansah und über den Einbruch der sozialistischen Bewegung in sein Lager sehr erstaunt und empört war. Dass bei diesen Arbeitern nur die Staatsauffassung des manchesterlichen Freisinns herrschen konnte, liegt auf der Hand.

Einige Funken aber glommen doch unter der Asche in Hamburg, Berlin und Leipzig. Von Leipzig aus erging auch die entscheidende Anfrage an Lassalle. Mit dem „offenen Antwortschreiben", das die Produktivgenossenschaften mit Staatshilfe und das gleiche und allgemeine Wahlrecht forderte, wurde der Weg zur Parteibildung beschritten, ein Weg, durch dessen Beschreiten die Arbeiter sowohl wirtschaftlich wie politisch auf das Engste an den Staat gekettet wurden. Unter dem Zeichen des offenen Antwortschreibens wurde dann am 23. März 1863 in Leipzig der „Allgemeine Deutsche Arbeiterverein" gegründet. Da der Kampf in erster Linie gegen die Fortschrittspartei geführt wurde, geführt werden musste, weil sie ja die Arbeiter politisch beherrschte, so wurde auch die Betonung des Staatsgedankens im Gegensatz zu der Staatsauffassung des Liberalismus eine um so stärkere. So sehr auch Lassalle, der Revolutionär und Schüler Fichtes, den preussischen Staat, dieses Musterbeispiel eines „Notstaates", bekämpfen musste, so war er sich doch des Wertes der in ihm enthaltenen Kräfte bewusst. Ihm erschien bei aller Vorsicht Preussen als der bessere Bundesgenosse zur Erreichung seiner Ziele, er erwartete es von Bismarck geradezu, dass er in Preussen das allgemeine Wahlrecht einführe. In dem Allgemeinen Deutschen Arbeiterverein aber hatten sich auch manche der alten revolutionären Kämpfer von 1848 zusammengefunden, in denen die Ideale der Revolution und der Menschheitsverbrüderung stärker waren als ihr Verständnis einer sozialistischen Politik im Sinne Lassalles. Darum musste mit dem Tode des Diktators das Durcheinander der Meinungen um so wilder werden.

Doch war der starke Grund der Partei schon gelegt und Lassalle hatte auch in seiner Bewegung schon einen Erben seiner Ideen gross gezogen, den Mann, der in der Geschichte der deutschen Sozialdemokratie am meisten angefeindet worden ist, der aber in den Zeiten, als alles an der Initiative des rechten Führers hing, es gewesen war, der dafür gesorgt hatte, dass der Schritt „von der Sekte zur Partei" auch richtig vollzogen wurde: Jean Baptiste von Schweitzer. Ohne ein origineller theoretischer Kopf zu sein, überragte er doch an theoretischem Verständnis bei weitem die in Deutschland lebenden Sozialisten und die geschichtliche Entwicklung hatte ihm in praktischen Fragen auch gegenüber Marx und Engels, die fern von Deutschland weilten, mehr als einmal recht gegeben. Vor allen Dingen besass er den Blick für die Wichtigkeit des Staates für die Arbeiterbewegung, gerade deswegen, weil er die Rolle Preussens in Deutschland richtig einzuschätzen wusste. Die Ausführungen des „Sozialdemokrat" unter Schweitzers Leitung zeigten eine Einsicht in die historischen Verhältnisse und eine Voraussicht der kommenden Dinge, wie sie in der Geschichte der deutschen sozialistischen Tagespresse wohl zum zweiten Male nicht mehr gefunden werden. In dieser Partei war der Staatsgedanke lebendig, wenn auch der Staat, den sie erstrebten, ein grundsätzlich veränderter war.

Das gleiche konnte man von der aus der sächsischen Volkspartei entwickelten sozialdemokratischen Arbeiterpartei, die sich 1869 in Eisenach konstituiert hatte, nicht behaupten. Erwachsen aus den Arbeiterbildungsvereinen trug sie die deutlichen Spuren ihrer Herkunft. Unverkennbar grossdeutschdemokratisch stand sie gänzlich unter dem Einflusse der Ideen der französischen und deutschen Revolution. Der Sozialismus war ihr nicht so wie den Lassalleanern etwas von vorneherein Selbstverständliches. Der einzige bewusste Kommunist war Wilhelm Liebknecht, der junge Bebel befand sich in allerstärkster geistiger Abhängigkeit von ihm. Entscheidend für die Beurteilung beider Richtungen ist ihr Verhältnis zu dem damals gerade neu entstehenden Norddeutschen Bund.

Die Lassalleaner sahen in ihm die Vorstufe zu deutscher Einheit, die Eisenacher bekämpften ihn als ein Produkt Bismarck'scher Machtpolitik. Hier zeigte sich der grundsätzliche Unterschied: Die Lassalleaner, die straff und autoritär organisierten, hatten einen unverkennbaren preussischen Zug, die Eisenacher waren süddeutscher und liberaler. Die Lassalleaner wollten sofort durch praktische Mitarbeit sich Macht im Staate erringen, die Eisenacher gefielen sich in staatsfeindlicher Opposition. Diese Wesensverschiedenheit drückte sich auch in der praktischen Betätigung der beiden Fraktionen im norddeutschen Reichstage aus, besonders in der Stellungnahme der Hauptwortführer. Liebknecht zeigte mit jedem Wort, dass er sich von den Empfindungen des von seiner Heimat misshandelten Revolutionärs leiten liess, seine Äusserungen waren die eines aufrechten, radikalrevolutionären Demokraten, ohne einen spezifisch-sozialistischen Zug. Schweitzer dagegen verzichtete auf solche Manifestationen, um dafür eine Reformpolitik zu treiben, die tatsächlich sozialistisch, wenn auch äusserlich nicht so revolutionär war. Mit seiner ganz und gar intransigenten Politik stiess Liebknecht auch in seiner eigenen Partei auf Widerstand. Bebel, der einen viel zu guten Blick als Organisator hatte, und bei dem sich das preussische Soldatenblut im Guten wie im Schlechten nie ganz verleugnet hatte, trat ihm bei Beratung der Gewerbeordnung des Norddeutschen Bundes innerhalb der Partei entgegen. Hier handelte es sich um ein Arbeitergesetz, bei dem fachkundige Mitarbeit von Arbeitern bald fühlbare Erleichterungen für das Proletariat hätte bringen können. Voraussetzung war dabei das Vorhandensein eines Staatsgedankens, der stark genug war, das Los der Arbeiterklasse mit dem der gehassten Preussen zu verbinden. Dagegen sträubte sich Liebknecht, der alte Protestler und Revolutionär.

„Die Sozialdemokratie darf unter keinen Umständen und auf keinem Gebiete mit den Gegnern verhandeln. Verhandeln kann man nur, wenn[244] *eine gemeinsame Grundlage besteht. Mit prinzipiellen Gegnern verhandeln, heisst sein Prinzip opfern. Prinzipien sind unteilbar, sie werden entweder ganz bewahrt oder ganz geopfert. Die geringste prinzipielle Konzession ist die Aufhebung des Prinzips. Wer mit Feinden parlamentelt, parlamentiert; wer parlamentiert, paktiert."*[245]

244 * Im Original: wo.
245 [Zitiert nach:] Bernstein, Von der Sekte zur Partei [, S. 17.]

Liebknecht unterlag, der Geist der Organisation war auch in seiner Partei mächtig geworden. In einer solchen gewitterschwülen Atmosphäre konnte nur die bitterste Feindschaft zwischen den Antipoden bestehen, die sich in gegenseitigen Verdächtigungen nicht genug tun konnten. Schweitzers Politik musste allerdings auch auf Anhänger liberaler Freiheitsideen gänzlich verwirrend wirken, so dass es kein Wunder war, wenn er als Kgl. preussischer Hofsozialdemokrat von seinem alten Widersacher bezeichnet wurde. Wie sehr er das Missfallen auch solcher Menschen wie Bebel erregte, zeigt der Abschnitt in Bebels Erinnerungen, der „Die Periode des Herrn von Schweitzer in der Proletarischen Arbeiterbewegung" betitelt ist. Der deutsch-französische Krieg sollte die Probe auf das Exempel bringen. Die Lassalleaner bewilligten anstandslos die Kriegskredite, Bebel und Liebknecht verweigerten sie, aber mit einer Erklärung, die lediglich eine Ablehnung der Politik Bismarcks, nicht eine Ablehnung des Staates bedeutete. Als nach den Wahlen von 1873 die Eisenacher Fraktion wiedererstand, war von der Intransingenz gegenüber dem Staate nichts mehr zu spüren. Julius Motteler fand in einer Reichstagsrede im Jahre 1874 die Formel, welche die grundsätzliche Stellung der Sozialdemokraten zum Reiche für die folgenden 40 Jahre bezeichnete: Wir sind Gegner des Reichs, sofern das Reich bestimmte Einrichtungen repräsentiert, unter denen wir uns gedrückt fühlen, unter denen wir leiden. Wir sind aber nicht Gegner des Reichs als eines solchen, als eines nationalen, als eines staatlichen Ganzen.[246]

Dies zeigte sich auch auf dem im folgenden Jahre stattfindenden Einigungskongress in Gotha. Ohne richtige Fühlungnahme mit der Marx'schen Gesellschaftslehre wandelte man das Gesellschaftsideal in ein richtiges Staatsideal um. Der demokratische Staat sollte der Alleinherrscher über die Produktionsmittel werden und auf diese Weise den Sozialismus herbeiführen. Man war dazu gekommen, nicht mehr die Handhabung des Staats als Machtmittel der herrschenden Klasse als sein innerstes Wesen zu erkennen, sondern einen besonderen Staatsgedanken anzuerkennen. Man sah in ihm den Punkt, von dem aus man die kapitalistische Gesellschaft in die sozialistische umwandeln konnte. Mehring[247] sagte von dieser Gothaer Tagung:

246 [Bernstein,] Zur Vorgeschichte des Gothaer Programms.
247 [Mehring,] Geschichte der deutschen Sozialdemokratie, [Bd.] IV [, S. 92.]

„Der Lassalleanismus erlosch in diesen [Gothaer] Tagen für immer, und doch waren sie die leuchtendsten Ruhmestage Lassalles."

Bernstein[248] weist darauf hin, dass beide Richtungen in Lassalleischem Fahrwasser schwammen. Man kann wohl sagen, dass der Lassalleanismus von der Bildfläche verschwinden konnte, weil er den Sozialisten beider Richtungen in den 1870er Jahren so in Fleisch und Blut übergegangen war, dass er selbstverständlich geworden war. Die Arbeiterklasse war durch die Gewährung des allgemeinen Wahlrechts auf das stärkste mit Preussen-Deutschland verbunden. Wie wenig aber das Gothaer Programm dem Geiste des fern von Deutschland weilenden Marx entsprach, zeigte sein Schreiben an Bracke[249] vom 5. Mai 1875, in dem er den Staat ganz als Machtinstrument in den Händen der Bourgeoisie charakterisierte und ihm für die Zukunft dieselbe Rolle in den Händen des Proletariats prophezeite – aber nur so lange, bis die Reife der sozialistischen Gesellschaft erreicht sei. Welche Funktionen bleiben dort übrig, die jetzigen Staatsfunktionen analog sind? Diese Frage ist nur wissenschaftlich zu beantworten, und man kommt dem Problem durch tausendfache Zusammensetzung des Wortes „Volk" mit dem Worte „Staat" auch nicht um einen Flohsprung näher. Kennzeichnender noch war der Rat von Engels an Bebel, das Wort „Staat" durch das Wort „Gemeinwesen"[250] zu ersetzen. Diese Kritiken machten aber die parlamentarische Praxis der Sozialdemokratie durchaus nicht irre.

Der Verstaatlichung der Eisenbahnen stand man noch zweifelnd gegenüber, als auch schon der Gedanke von Rittinghausen, die Feuerversicherungen zu verstaatlichen, hinzukam, das Elend in den Fabriken besonderen Arbeiterschutz erforderte, und die Fraktion gezwungen war, einen Arbeiterschutzgesetzentwurf einzubringen und die Schaffung eines Reichsgesundheitsamtes zu verlangen. Man hatte sich an den Gedanken gewöhnt, vom Staate zu fordern, hätte sich aber als marxistischer Klassenkämpfer noch besser damit begnügen können, das Proletariat in die Klassenkampffront zu bringen und im übrigen alles wirtschaftliche Geschehen bis zum Tage des Sieges der freien Konkurrenz zu überlassen. Wo es freilich hiess, dem Staate etwas zu geben, da wichen sie doch zurück. Typisch war das einerseits – andererseits bei Erörterungen der Verstaatlichung der Eisenbahnen.

248 [Bernstein,] Zur Vorgeschichte des Gothaer Programms.
249 Neue Zeit, 9. Jahrgang, Bd. I [(1890–91), Heft 18, S. 562.]
250 [Friedrich Engels,] Brief an [August] Bebel vom 18.2.1875. [eigentlich: 18./28.3.1875]

Schramm[251], der offizielle Theoretiker der Eisenacher, konnte sich bei der Kritik des Rittinghausen'schen Entwurfes nicht genug tun mit Warnungen vor „den geradezu freiheitsmörderischen Konsequenzen" und spottete,

„der bergeversetzende Glaube, dass der Staat, d. h. die Reichsregierung, das besser und billiger einzurichten verstehen werde, scheint mehr einem frommkonservativen oder nationalliberalen Gemüte zu entstammen als der schwarzen Seele eines Sozialisten."

Und als im Frühjahr 1882 das Tabakmonopol den Reichstag beschäftigte, da griff Liebknecht im „Züricher Sozialdemokrat" mit den gleichen Argumenten die Vorlage an. Neben dem spezifisch Liebknecht'schen Tollpunkt, der in der Zeit des Sozialistengesetzes aber nur zu gut zu verstehen war, der Despotismusriecherei, machte er noch einen zweiten prinzipiellen – allerdings nicht sehr gut begründeten – Angriff.

„Für den Arbeiter steht die Prinzipienfrage oben an. Das Tabakmonopol des Fürsten Bismarck ist eine Waffe des Absolutismus, es verletzt jedes demokratische Prinzip ... ein Projekt [...], dessen Verwirklichung zur tiefsten Erniedrigung der Arbeiter führen würde und das Grab der Freiheit wäre. Jeder deutsche Arbeiter, der einen Funken von Freiheitsbewusstsein[252] und Ehrgefühl in der Brust hat, wird mit uns ausrufen: Fort mit dem Monopol!"

Warum meinte Liebknecht, dass das Monopol das demokratische Prinzip verletze? Weil der Hass gegen die jeweiligen Machthaber diesen weniger soziales Empfinden der Arbeiterklasse gegenüber zutraute als irgendeinem beliebigen Manchestermann. Zum Standpunkt der Schramm und Liebknecht ist allerdings zu sagen, dass ihr so überschroff formulierter Standpunkt nicht derselbe war wie bei den anderen, auch denjenigen nicht, die dieser Ablehnung sonst zustimmten. Denn dann hätten sie ja nicht mit positiven Gesetzesvorschlägen vor den Staat treten und den Schutz der Arbeiter vor den Auswirkungen des Kapitalismus verlangen können. Trotz aller Schroffheiten hatten die Praktiker der Partei den toten Punkt der Intransigenz gegenüber dem Staate schon überwunden. Die allgemeine Grundstimmung dürfte am besten durch die von Bebel späterhin[253] formulierte ausgedrückt sein:

251 Die Wage, [Wochenblatt für Politik und Literatur], Jg. 1877, No. 5 [, S. 596].
252 * Im Original: Freiheitssinn. [Der Sozialdemokrat, 9.3.1882, S. 1.]
253 [Bebel,] Unsere Ziele, S. 14.

„Der Staat muss aus einem auf der Klassenherrschaft begründeten Staat in einen Volksstaat verwandelt werden."[254]

Man würde diesem Ideal Unrecht tun, wenn man es mit dem liberalen Staatsideal eines freien Volksstaates schlechthin verwechseln würde. In dem Ideal der Bebel und Auer steckte etwas spezifisch Sozialistisches.

Die Zeit nach dem Gothaer Einigungskongress war viel zu sehr mit dem praktischen Aufbau der Organisation beschäftigt, als dass theoretische Kämpfe in ihr hätten Platz finden können. Teils durch Lassalles und v. Schweitzers geistigen Einfluss, teils durch die Notwendigkeit der praktischen Arbeit veranlasst, machte sich nicht nur in Parlamentsreden und in der Tagespresse, sondern auch in den literarischen Erzeugnissen ein starker Zug zur Staatsfreundlichkeit bemerkbar. Es waren eigentlich nur Hasselmann und Most, die anders dachten, aber beide stellten sich bald ausserhalb der Partei und bekämpften vom Auslande her die Partei vom anarchistischen Standpunkte. Aber selbst der sonst so radikale Most hatte noch kurz vor seinem Abschwenken ins anarchistische Lager in einem Vortrage[255] warme Worte für den Staat gefunden und hatte die Organisation der Zukunftsgesellschaft als eine staatliche dargestellt. Hermann Greulich, der von den schweizerischen sozialistischen Führern in Deutschland den grössten Einfluss gehabt hatte, führte einen scharfen Kampf gegen den Anarchismus zugunsten der „im Staate organisierten Volksgemeinschaft". Er hatte schon eine besondere Formulierung des sozialistischen Freiheitsbegriffes gefunden:[256]

„Die ganze Idee ... von der absoluten Freiheit des Menschen kann gar nicht einmal als ein sozialistisches Prinzip betrachtet werden – sie ist das gerade Gegenteil davon."

Georg v. Vollmar sandte am Vorabend des Sozialistengesetzes aus dem Gefängnis heraus ein Schriftchen,[257] das ein Bild sozialistischer Staatsorganisation in einigen Strichen zu zeichnen versuchte. Freilich derselbe Bebel, der sich für den Volksstaat begeistert hatte, entwarf an anderer Stelle[258] ein Zukunftsbild, das wieder ganz Assoziation war. Hier machte sich der neuerwachende Einfluss von Marx und Engels bemerkbar.

254 * Im Original bei Bebel: Der Staat soll also aus einem auf Klassenherrschaft beruhenden Staat in einem Volksstaat verwandelt werden.
255 [Most,] Die Lösung der sozialen Frage.
256 [Greulich,] Der Staat [vom sozialdemokratischen Standpunkte aus], S. 9 [eigentlich: S. 13.]
257 [Vollmar,] Der isolierte sozialistische Staat.
258 [Bebel,] Die Frau und der Sozialismus.

Der Staatsgedanke hatte eben noch nicht eine wahrhaft wissenschaftliche Fundierung bekommen. Die Haltung der Praktiker, insbesondere der Parlamentarier, war reiner Opportunismus, dessen klassischer Ausdruck das Gothaer Programm geworden war. Die Theorie aber, die diese Praxis hätte rechtfertigen und ihr neue Bahnen weisen sollen, lag gänzlich danieder. Nur daraus lässt sich der grosse Einfluss von Eugen Dühring bei seinem Auftreten erklären, das dem Staatsgedanken in der Sozialdemokratie einen harten Stoss versetzte. Es war die Zeit, über die Bernstein sagte:[259]

„Wir waren so ziemlich allesamt sozialistische Eklektiker, und wer sich vergegenwärtigt, welches Anfang der 70er Jahre die sozialistische Entwicklung in Deutschland[260] und der Stand der sozialistischen Presse und Propaganda war, kann sich nicht darüber wundern."

Das Auftreten Dührings bedeutete nach Bernsteins Worten einen Angriff von links. Er griff die Staatsknechtschaft der Marxisten auf das entschiedenste an, und stellte ihr sein Ideal der „freien Gesellschaft", eines „neuen sozialitären Gebildes" entgegen. Der Unterschied gegenüber dem Marxismus lag in der Auffassung des Individuums. Notgedrungen musste er Marx noch heftiger angreifen als Lassalle, gerade deswegen, weil Marx ihm ungleich näher stand. Marx kannte nur den vergesellschafteten Menschen, das Individuum, das durch die Kollektivität glücklich wird. Für Dühring war die „Souveränität des Individuums die selbstverständliche Voraussetzung". Trotzdem konnte er in seinen Konstruktionen die Gesellschaft nicht entbehren.

„Wenn man in allen Richtungen übereinstimmende Verträge[261] eines jeden mit jedem andern voraussetzt, und wenn diese Verträge die gegenseitige Hilfeleistung gegen ungerechte Verletzung[en] zum Gegenstande haben – alsdann wird nur die Macht zur Aufrechterhaltung des Rechts verstärkt und aus einer[262] blossen Übergewalt der Menge über den Einzelnen oder der Mehrheit über die Minderheit ein Recht abgeleitet."

259 [Bernstein, Zur dritten Auflage von Fr. Engels' „Herrn Eugen Dühring's Umwälzung der Wissenschaft", in:] Neue Zeit, 13. Jahrgang, Bd. I [(1895), Heft 4], S. 101[–111, hier S. 103.]

260 * Im Original bei Bernstein: Anfang der siebziger Jahre die soziale Entwicklung Deutschlands.

261 * Im „Anti-Dühring" bei Engels: Übereinkünfte.

262 * Im „Anti-Dühring" bei Engels: keiner.

Wie wenig aber all diese theoretischen Unterschiede seinen sozialdemokratischen Anhängern zum Bewusstsein gekommen waren, zeigte das Beispiel von Johann Most, der in seinem oben erwähnten Vortrage die Dühring'sche freie Gesellschaft einen Staat nannte. Dabei war doch gerade der Dühring'sche Standpunkt der des unverfälschten Anarchismus, der den Staat von heute auf morgen am liebsten hätte verschwinden sehen, ohne ihm auch nur eine noch so kleine Rolle bei der Einführung der neuen Gesellschaft zuzuweisen. Gegen diese negative Auffassung trat Engels mit allergrösster Schärfe auf. Über die „neuen sozialitären Gebilde" mit ihren „souveränen Individuen" ergoss er seinen Spott, da er in sehr berechtigter Sorge um die theoretische Fundierung der deutschen Sozialdemokratie lebte. Er tadelte, dass der deutsche Sozialismus, „namentlich seit dem guten Beispiel des Herrn Dühring, recht erklecklich in höherem Blech" machte, und diesen und jenen produziert, der sich mit Wissenschaft brüstet, von der er wirklich auch nichts gelernt hat.[263] Gegen diese theoretische Verwilderung suchte Engels durch eine genaue Darlegung der marxistischen Gesellschaftslehre anzukämpfen. Er verwies das kämpfende Proletariat ausdrücklich auf die Form der Verstaatlichung für die Vergesellschaftung der Produktionsmittel. Wenn dann das Proletariat in einem solchen Staate die öffentliche Gewalt in Händen habe, hebe es alle Klassengegensätze und damit den Staat als Staat auf.[264]

„Anstelle der Regierung von Personen tritt die Verwaltung von Sachen und die Leitung von Produktionsprozessen. Der Staat wird nicht abgeschafft, er stirbt ab."

Dieser Standpunkt wurde in der Partei allgemein so verstanden, dass es sich um den bestehenden Staat schlechthin handle.[265] Mit dem Aufkommen einer besonderen „proletarischen Wissenschaft" und deren Entwicklung zur „Marx-Philologie" seit den 1890er Jahren, die bald der alleinige Tummelplatz des Radikalismus wurde, musste diese Ansicht einer anderen weichen. Darnach wurde alles wieder auf den Standpunkt des kommunistischen Manifests eingestellt, der bürgerliche Staat musste in Trümmer geschlagen werden und das „Absterben" bezieht sich auf den proletarischen Notstand.[266]

263 [Engels,] Vorrede, [S.] IX, zum Anti-Dühring. [Herrn Eugen Dührings Umwälzung der Wissenschaft]
264 [Engels, Anti-Dühring,] a. a. O., [S.] 301 ff.
265 Lenin, Staat und Revolution, S. 16/17.
266 So auch der ganze Vulgärmarxismus, besonders Kautsky in allen seinen Schriften.

Damit war die aufkeimende Staatsfreundlichkeit der Partei und besonders ihrer Wortführer im Reichstage einer doppelten Kritik unterzogen. Einmal wurde die Bedeutung des Staates überhaupt anerkannt und mit der anarchistischen Staatsfeindschaft gründlich aufgeräumt. Auf der anderen Seite aber war der Staat in den Augen von Engels noch immer der politische Ausdruck der dem Proletariat ungünstigen Produktionsverhältnisse und seine Veränderung nach dem Sozialismus hin durch den Einfluss der Sozialdemokratie sowohl wie der ihm selbst innewohnenden Kräfte etwas gänzlich Unbekanntes. Der Utopismus von 1848 war auch hier noch nicht überwunden. Tatsächlich stand das, was Engels als den Volksstaat der Praktiker etwas sehr von oben herab ansah, auf einer gar nicht so niedrigen Stufe. Einmal war er sehr stark im deutschen Empfinden, besonders dem der Arbeiterklasse, und den deutschen Verhältnissen verwurzelt. Zum anderen Mal war er viel mehr marxistisch, als Engels annahm, da er ein unausweichliches Produkt der von Marx vorausgesagten Entwicklung zu sein schien, und zum dritten war er ein richtiges Wirklichkeitsideal, besser mit der Natur des Menschen rechnend und besser auf eine sozialistische Gestaltung der Wirtschaft hinwirkend als die etwas sentimental-liberale Utopie von der entstaatlichten Ökonomie. In einer Beziehung aber war das Buch in der Beurteilung des Staates ein Fortschritt. Es räumte mit dieser radikalen Staatsfeindlichkeit a priori auf, oder gab doch wenigstens Anhaltspunkte zum Kampfe gegen diese Ansichten. Es ist darum zu verstehen, wenn das Buch von Engels für den „Vulgärmarxismus“ etwas Ähnliches wurde wie das kommunistische Manifest für die allerextremsten „Nichts-als-Klassenkämpfer“.

Die Ansichten von Engels setzten sich nicht so schnell durch, da die Partei durch ihre praktischen Aufgaben ihre Kräfte aufs höchste in Anspruch genommen sah und sich mit Theorien nicht befassen konnte. Die herrschende Ansicht blieb die alte. Das war um so bedeutungsvoller, als der Staat, mit denen sie zu tun hatten, sich ihnen gegenüber alles andere als freundlich zeigte. Trotzdem blieb es in der Partei bei Äusserungen des Hasses gegen die herrschenden Gewalten und kam nicht zu einer prinzipiellen Staatsfeindschaft, wenigstens nicht von seiten der führenden Politiker. Selbst die lange Kette von Verurteilungen, von Lassalle und Schweitzer angefangen, über die widerrechtliche Gefangennahme des Parteivorsitzenden im Jahre 1870 und die Verurteilung von Bebel und Liebknecht, vermochte das Bild nicht zu ändern. Selbst der Beginn der „Ära Pessendorf" zeitigte in dieser Hinsicht nicht so tiefgehende Wirkungen. Die Regierung überspannte den Bogen! Die Einschränkung der Parteiorganisation durch die Novelle von 1876 zum Strafgesetzbuch, der Beschluss des Berliner Stadtgerichtes, nach dem die sozialdemokratischen Organisationen wegen unerlaubter Zweigvereinsbildung in Preussen aufgelöst wurden, erregten die Massen der Parteimitglieder auf das Äusserste. Nun ging es Schlag auf Schlag, die stärkste Unterdrückung erfolgte nach den Attentaten auf den greisen Kaiser Wilhelm I. Ein Rattenkönig von Majestätsbeleidigungsprozessen – nach Mehring[267] zählte ein liberales Blatt in einem Monat über 500 Jahre Gefängnis zusammen – folgte.

Die Reihe der Drangsalierungen wurde gekrönt durch das eigentliche Sozialistengesetz und den kleinen Belagerungszustand. In rascher Folge wurde nun ein Blatt nach dem anderen verboten, von den 47 Parteiblättern konnten nur zwei ihr Leben fristen. Schon nach acht Monaten waren 217 Vereine, 5 Kassen und 127 periodische und 278 nichtperiodische Druckschriften verboten. Ausweisungen erfolgten in Massen aus den Zentren der sozialistischen Bewegung. Die Partei verlor eine Reihe ihrer besten Kämpfer. Bald konnte Liebknecht von der „unüberbrückbaren Kluft" sprechen. Den Weg der Gesetzlichkeit aber verliess die Partei trotzdem nicht, trotz der Aussenseiter Hirsch, Most und Hasselmann. Bismarcks sozialreformatorische Gesetzesvorschläge fanden allerdings keine Zustimmung, es wurde jetzt schärfere Kritik an allem geübt, was vom Staate kam. Trotzdem brach der Volksstaatgedanke nicht zusammen, im Gegenteil arbeiteten die sozialdemokratischen Reichstagsabgeordneten an der Arbeiterschutzgesetzgebung auf das eifrigste mit. Nach 10 Jahren Ausnahmezustand konnte Auer[268] konstatieren, dass 1300 periodische und nichtperiodische Druckschriften verboten, 392 Organisationen aufgelöst, gegen 900 Ausweisungen erfolgten und etwa 1000 Jahre Freiheitsstrafen verhängt worden waren. Bis heute ist darum der Hass gegen den Polizeistaat nicht verschwunden.
Das Sozialistengesetz, das die Sozialdemokratie vernichten sollte, hatte in Wirklichkeit nur den Staatsgedanken gelockert, und so den Boden für das Eindringen des Marxismus in die praktische Politik vorbereitet.

267 [Mehring,] Geschichte der deutschen Sozialdemokratie, [Bd.] IV.
268 [Auer,] Nach 10 Jahren, S. 370.

Unter den Opfern des Sozialistengesetzes befanden sich auch die gewerkschaftlichen Organisationen. Sie waren allerdings gegenüber der politischen Entwicklung weit zurückgeblieben, doch hatten sie beim Fall des Gesetzes immerhin schon wieder über 121 000 Mitglieder. Die Gewerkschaften waren so recht das Kind des Kapitalismus und der durch staatliche Intervention nicht behinderten Vertragsfreiheit. Sie waren die natürlichste Organisation der Arbeiterklasse, sie halfen dem Arbeiter beim Verkauf der Ware Arbeitskraft auf dem Arbeitsmarkte. Dementsprechend standen die Theoretiker des Sozialismus, deren Auffassung eine rein ökonomische, mechanistische war, ganz auf Seiten der Gewerkschaften, schätzten sie höher als die Partei. Für Marx war die Gewerkschaft die gegebene Klassenkampforganisation der Arbeiter auf internationaler Grundlage. Allerdings Gewerkschaften mit politischem Charakter, schon deswegen, weil er die politische Bewegung allein nicht für lebensfähig hielt.

Eine grosse Tradition hatten die Gewerkschaften in Deutschland nicht vorgefunden. Die „Arbeiterverbrüderung" des Jahres 1848 unter der Leitung des Kommunisten Born war ein Intermezzo geblieben. Die Grundlagen, die Marx der Gewerkschaftspolitik gab,[269] waren rein ökonomische. Weil aber die politische Agitation unter Lassalle eine so viel wirksamere war, und dieser für die Gewerkschaften wenig übrig hatte, fanden sie in der Arbeiterbewegung der 1870er Jahre wenig Anklang, zumal sie zu dem Staatsproblem nichts zu sagen wussten. Die „Eisenacher", die sich der Gewerkschaftsbewegung annahmen und sie von vorneherein auf internationale Grundlage stellen wollten, besassen nicht genug Organisationstalent, und bei seinen Anhängern hatte Lassalle die Selbsthilfe gründlich in Misskredit gebracht. In seiner Ronsdorfer Rede sagte er ganz deutlich, dass er zwar für das Koalitionsrecht eintreten wolle, weil „diese Forderung [einmal] eine juristisch ganz berechtigte, und 2. eine ganz vortreffliche im Sinne der Agitation" sei. Aber im Bastiat-Schultze[270] nannte er die gewerkschaftlichen Kämpfe die „vergeblichen Anstrengungen der Sache, sich als Mensch geberden zu wollen". Die Antithese Staatshilfe oder Selbsthilfe sollte sich als grundsätzlich falsch durch die Entwicklung erweisen. Gerade die Gewerkschaften haben die beiden stärksten Pfeiler der Arbeiterbewegung, das Solidaritätsgefühl und die Verpflichtung zum Gehorsam gegenüber dem allgemeinen Willen – ganz im Gegensatz

269 In „Elend der Philosophie" und „Lohn, Preis und Profit".
270 [Lassalle,] Werke III [gemeint ist vermutlich: Reden und Schriften, Bd. 3], S. [202.]

zu den syndikalistischen Methoden – herausgebildet, die der deutschen Arbeiterbewegung ihr deutliches Gepräge gaben und für ihre tatsächliche Stellung zum Staate so unendlich viel bedeuteten. Es war das Organisationsprinzip an sich, verstärkt durch seine spezifisch deutsche Ausprägung in der deutschen Entwicklung, das sich als staatsfreundlich erweisen sollte.

Wenn Hermann Müller[271] von den Lassalleanern meinte, „nur als Agitationsmittel kamen sie für sie in Betracht, sonst sprachen sie ihnen jeden Wert ab", so stand dem gegenüber, dass gerade aus der Lassalleanischen Bewegung eine Reihe der tüchtigsten und klardenkendsten Gewerkschaftsführer hervorgingen. Auf die Dauer konnten Leute, die eine solche Stellung zum Staate hatten, den Wert der Organisation – und die Gewerkschaft ist viel mehr Organisation als die Partei – nicht verkennen. Wenn man auch zugeben muss, dass recht viele der Argumente, die bis zum heutigen Tage zum Rüstzeuge sozialistischer Gewerkschaftsgegner gehören, aus Lassalles Reden und Schriften stammen, so ist doch die Gegnerschaft moderner Sozialisten gegen die Gewerkschaften in Deutschland nicht ein Überbleibsel aus der Zeit der Lassalleaner, nicht der Staatsgedanke, sondern der individualistische Freiheitsbegriff führte gegen die feste Organisation der Gewerkschaften zentralistischer Art. Wieder war es v. Schweitzer,[272] der im richtigen Augenblick mit den richtigen Argumenten die Partei zu den neuen Grundsätzen hinführte. Die Gewerkschaften sollten zu einem der stärksten Bindemittel zwischen Staat und Arbeitern werden. Waren die Sozialisten als politische Partei durch Gewährung des allgemeinen und gleichen Wahlrechts an den Staat gefesselt worden, so die Gewerkschaften durch Gewährung des Koalitionsrechts, das wirtschaftlich einen Eingriff zugunsten der Arbeiter darstellte, weil es dem Unternehmer den Einfluss auf den Einzelarbeiter erschwerte und ihm die koalierte Klasse als Vertragsgegner entgegensetzte. In dieser Richtung ging dann der Weg weiter. Bebel und Liebknecht forderten Einigungsämter, was nicht weniger bedeutete, als dass der Staat in die Vertragsfreiheit eingreifen sollte, ein Eingriff, dessen Nutzen vom Vorhandensein starker Gewerkschaften abhängig war. Sie lebten stärker in den staatlichen Einrichtungen als die Partei, fühlten ihre Vorzüge und Schwächen mehr.

271 [Müller,] Die Organisation der Lithographen [, Steindrucker und verwandten Berufe, Bd.] 1, S. 50.
272 Neuer Sozialdemokrat, 1874, No. 41.

Bald wurden sie sich der ungleich schlechteren Stellung der Arbeitnehmer auf dem Arbeitsmarkte bewusst und riefen den Staat um Hilfe an. Sie entwickelten sich zum stärksten Antreiber in der Sozialpolitik und gerade das Deutsche Reich war nicht so sehr Klassenstaat, als dass Sozialpolitik nicht in seinem eigenen Interesse gelegen hätte. Der reine Politiker mochte ohne Hilfe des Staates auskommen, der Gewerkschaftler vermochte es nicht. Ganz utilitarisch betrachtet: je mehr Sozialpolitik, desto stärker die Staatsgesinnung! Die Klassenkampfbewegung in ihrer reinsten Form veränderte sich in der Richtung in eine Klassenorganisation innerhalb des Staatsganzen, und nahm damit Formen an, wie sie den Lehren von Marx keineswegs entsprachen. Ihre Abhängigkeit von den ökonomischen Besonderheiten des Staates liess die Gewerkschaften manches von ihrer Internationalität verlieren und manches internationale Ziel nicht durch Klassenkampf, sondern durch zwischenstaatliche Regelung erstreben. Inwieweit die Voraussetzungen zu solcher Entwicklung in Deutschland vorlagen, lässt sich nur durch Untersuchung der Wirtschafts- und Sozialpolitik feststellen.

Die wirtschaftliche Entwicklung Deutschlands sollte die Sozialdemokratie vor ein ganz besonderes Problem, das des Schutzzolles, stellen. Hier fehlte eine wissenschaftliche Unterlage gänzlich! Wohl hatte Marx von den besonderen Vorzügen des Freihandels gesprochen, aber diese als immerhin nur relative gekennzeichnet, als gerade für Ort und Zeit seines Ausspruchs passende. Jedenfalls hatte er damit kein absolut gültiges Prinzip aufstellen wollen. Die Sozialdemokratie war durch den Gang der Entwicklung in ihren Entstehungsjahren auf diese Frage auch keineswegs gestossen worden. Der deutsche Zollverein hatte immer nur eine recht gemässigte Schutzzollpolitik getrieben. Mit der notgedrungen stärkeren Hinneigung der preussischen Regierung zu den Liberalen, die bis über die Gründung des Deutschen Reichs hinaus dauerte, wurde auch der wissenschaftliche Einfluss der Prince Smith, Braun, Max Wirth stärker. Der Grossgrundbesitz war an der ungehinderten Getreideausfuhr nach dem englischen Markte sehr stark interessiert. Dem französisch-preussischen Zollverein von 1862 folgten im Jahre 1865 Abschlüsse mit Belgien, England und Italien. Die Tarifvorlagen von 1868 und 1870 liessen dann auch deutlich die Absicht erkennen, jeden Schutzzoll fallen zu lassen, das Neue Reich trat unter dem Zeichen des Freihandels ins Leben, der trotz Widerspruchs eines grossen Teiles der beteiligten Kreise im Jahre 1873 u. 1877 starke Herabsetzungen der Eisenzölle unter dem Beifall des Grossgrundbesitzes brachte. Der Freihandel schien Alleinherrschender zu sein, doch sein Ende stand nahe bevor.

Die grosse Krise von 1873 und die folgenden schweren Jahre sowie die Bedrohung des inländischen Industriemarktes durch englisches Eisen und Manufakturen und die Erschütterung des Getreidemarktes durch die plötzlich auftauchenden Riesenmengen amerikanischen Getreides machten einen grossen Teil der Industrie und das ganze ostdeutsche Grossagrariertum zu Schutzzöllnern. Delbrück ging, und im Jahre 1879 kam der erste, allerdings mit niedrigen Sätzen arbeitende und von der allgemeinen Zollpflicht beträchtliche Ausnahmen machende Zolltarif zustande, der aber durch die Tarifreformen von 1882 und 1887 bald bedeutend erhöht wurde. Das schnell fühlbare Resultat waren die Erhaltung des deutschen Marktes für die deutsche Produktion, der anders wohl schon im Begriff war, verloren zu gehen, und eine Abschwächung der Wirtschaftskrise.

Wenn die Sozialdemokraten gegen diese Schutzzollpolitik auftraten, so wollten sie wohl damit weniger dem Marx'schen Worte von dem „revolutionären Prinzip des Freihandels" Gefolgschaft leisten, als vielmehr das ganze reale wirtschaftliche Interesse der Konsumenten vertreten. Zur agitatorischen Verbrämung dieser Politik mochte der Gedanke der Internationalität das Seine beigetragen haben. Von diesem Konsumentenstandpunkte aus musste es natürlich verhindert werden, dass die deutschen Grenzen sich vor dem billigen amerikanischen Getreide verschlossen, und die Sozialisten hatten sehr recht, wenn sie meinten, dass der Schutzzoll zwar der heimischen Industrie die Möglichkeit der Ausbreitung im Auslande gebe, dass dies aber auf Kosten des heimischen Marktes geschehe.

„Der Schutzzoll gibt dem Fabrikanten die Möglichkeit, sich auf dem inneren Markte von dem äusseren zu erholen", meinte Engels. Wie sehr auch die Sozialdemokratie mit dieser Kritik recht gehabt haben mochte, und wie oft sich die deutsche Industrie beeilte, diesen durch nichts beschränkten Willen zum „Verdienen um jeden Preis" Wirklichkeit werden zu lassen, so war doch in dieser Stellungnahme nicht das Wesen des Schutzzolles, besonders in seinen guten Auswirkungen, berücksichtigt.

Ein Schutzzoll überhaupt war nötig im Interesse der Produzenten, ein Standpunkt, der sich erst bedeutend später in der Partei regte. Insbesondere waren es einzelne Gewerkschaftsführer, von den Theoretikern Schippel und Renner, die späterhin darauf aufmerksam machen sollten. Besonders Renner wies darauf hin, dass die scheinbare Gleichheit der Nationen beim Freihandel in Wirklichkeit die Freiheit der Ausbeutung bedeutete. Aber auch ohne im Besitz dieser späteren Erkenntnisse zu sein, hätte die Partei schon vom streng marxistischen Standpunkte aus den Schutzzoll begünstigen können. War es doch der Schutzzoll, der zu den Wirtschaftsformen führte, die Marx als im Interesse der Vergesellschaftung der Produktionsmittel wünschenswert bezeichnet hatte, der Konzentration und Akkumulation. In dieser Hinsicht hatte der Schutzzoll wahrhaft revolutionär gewirkt (Lensch,[273] Moellendorf[274]); wenn er in den meisten Fällen auch nur vorhandene Ansätze entwickelte und keineswegs, wie seine Enthusiasten späterhin behaupteten, der Schöpfer der deutschen Wirtschaft gewesen ist (Carnow[275]). Den Sozialdemokraten aber waren alle diese Massnahmen nur Begünstigungen der herrschenden Klassen auf Kosten der Allgemeinheit, und in ihrem Hass gegen die ganze Zollgesetzgebung wurden sie noch dadurch bestärkt, dass sie unter ihrem Einfluss eine geschlossene Front der einflussreichsten und stärksten Gruppen des Kapitalismus gegen sich entstehen sahen.

273 [Lensch,] Der Schutzzoll als Revolutionär [, in: Drei Jahre Weltrevolution, S. 17.]
274 [Moellendorf,] Deutsche Gemeinwirtschaft.
275 Neue Zeit, 36. Jahrgang. [Gemeint ist mit „Carnow" wohl Heinrich Cunow; unklar ist allerdings, auf welchen seiner zahlreichen Artikel aus der „Neuen Zeit" von 1917/18 Schumacher verweist.]

Agrar- und Industriekapital hatten sich verbündet, das Bankkapital trat als drittes dem Bunde bei, weil die Industrie die bei weitem beste Angelegenheit bedeutete. Das Kapital wurde so an einem starken Staate interessiert, aber das Proletariat wurde es auch, wenn auch zuerst, ohne sich dessen recht bewusst zu werden. Der Gegner war um so viel stärker und der einzige in Frage kommende Bundesgenosse war eben der Staat. Mochte er auch dem wilden Drängen zum Verdienen gegenüber etwas sehr schwach zum Schaden der Konsumenten sich gezeigt haben, so legte er doch der Grenzenlosigkeit und Rücksichtslosigkeit des jungen Grosskapitals Zügel an. Wohl hatten die Sozialdemokraten recht, wenn sie die Wirtschaftsautarkie für unmöglich erklärten, aber auf der anderen Seite war es gerade dieses Streben nach Autarkie gewesen, das den Staat so grossen Einfluss auf die Wirtschaft gewinnen liess. Und je stärker der Einfluss des Staates, desto stärker auch der Einfluss der Sozialdemokratie auf die Wirtschaft, denn einen Einfluss auf den Staat hatte die Partei sich schon errungen, wenn in erster Linie auch nur nach der Seite hin, das Manches unterlassen und Manches getan wurde aus Furcht vor ihrer Kritik. Im allgemeinen waren Organisations- und Staatsprinzip durch den Schutzzoll mächtig gefördert, ohne dass man sich dessen in der Sozialdemokratie voll bewusst wurde.

VI.

All diese grossen tatsächlichen Veränderungen wie die Bedrängung durch das Sozialistengesetz mussten bei der theoretischen Unsicherheit die bedenklichsten Wirkungen zeitigen, zumal das Gothaer Programm, nicht nur von dem Standpunkte von Marx aus gesehen, manchen Dilettantismus enthielt. Im Jahre 1891 gab sich darum die deutsche Sozialdemokratie, entsprechend den veränderten Verhältnissen, ein neues Programm, das zum ersten Male einen ausgesprochen marxistischen Zug in die Parteigrundsätze hinein brachte. Allerdings hatte die Praxis ihre Rechte bereits so stark zur Geltung gebracht, dass das Programm notgedrungen in zwei Teile zerfallen musste, einen theoretischen, etwa dem kommunistischen Manifest vergleichbar, und einen praktischen, adäquat dem Lassalle'schen Arbeiterprogramm: Der theoretische Teil gebrauchte in allen seinen 10 Abschnitten nicht einmal das Wort: „Staat"; ohne sichere Anhaltspunkte zu geben, redete er nur von der zukünftigen sozialistischen Zukunftsorganisation der „Gesellschaft". Allerdings war dem Staate doch eine besondere Rolle zugewiesen, was in der parteioffiziellen Kommentierung von Kautsky zum Ausdruck kam.[276]

„Von den heute bestehenden gesellschaftlichen Organisationen ist[277] es nur eine, die den nötigen Umfang besitzt, dass man sie als Rahmen benutzen könnte, um innerhalb derselben die sozialistische Genossenschaft zu entwickeln, das ist der moderne Staat."

Kautsky ging sogar so weit, ihn als „die einzige natürliche Grundlage"[278] zu bezeichnen. Auch bei Kautsky kam die spezifisch liberale Betrachtungsweise zum Ausdruck. Anknüpfend an den Engels'schen Vorwurf gegen diejenigen, die in jedem Eingreifen des Staates „Sozialismus"

276 [Kautsky, Das] Erfurter Programm, S. 119.
277 * Im Original bei Kautsky: gibt.
278 [Kautsky,] a. a. O., S. 123.

sahen, behauptete er, dass der Staat nur der „grösste Unternehmer der Kapitalistenklasse" ist, Unternehmer nicht nur in der Art der Betriebsführung, sondern ein Unternehmer auch in seiner sozialen Funktion innerhalb der Gesellschaft. Der Wille, „die kapitalistische Produktionsweise auszubauen und zu befestigen" oder – selbst an dieser Ausbeutung teilzunehmen, war ihm Grund genug, alle Motive des Staates damit hinreichend zu erklären. Den Prozess der Verstaatlichung erkannte er als natürlichen Entwicklungsprozess an, zog aber irgendwelche Folgerungen nicht daraus, sondern prophezeite, dass der Staat auch in Zukunft nur insoweit verstaatlichen werde, als es im Interesse der Herrschenden – und dies war ihm unverändert die Bourgeoisie – läge. Dass die Struktur des Staates durch die Verstaatlichung verändert werden, insbesondere auch die Sozialdemokratie Einfluss auf ihn und seine Veränderung bekommen könnte, lag für ihn wie für Marx und Engels ausserhalb jeder Möglichkeit. Das Ziel der ganzen Bewegung aber, deren erste Phase mit der Eroberung der politischen Macht durch das Proletariat endigen sollte, war die Verwandlung des Staates in eine grosse, im wesentlichen sich selbst genügende Wirtschaftsgenossenschaft. Dieser Standpunkt entsprach dem von Engels im Anti-Dühring fixierten, wie er damals allgemein in der Partei verstanden worden war, und nicht wie ihn die modernen Ultra-Radikalen verstanden wissen wollten. Von einer Zertrümmerung oder Abschaffung des Staates war nicht die Rede.

Der vorhandene kapitalistische Staat sollte durch Eroberung der politischen Macht in den sozialistischen umgewandelt werden, wodurch er seines Staatscharakters gänzlich entkleidet werden würde, um die freie Wirtschaftsgenossenschaft der Zukunft zu bilden. Mit dem Kautsky'schen Kommentar, der Verwässerung des Engels'schen Anti-Dühring, der seinerseits wieder eine materialistische Vulgarisierung von Marx darstellte, war ein Standpunkt in der Partei offiziell herrschend geworden, der allen Strömungen gerecht zu werden versuchte, und an Hand dessen die allerversöhnlichste Reformpolitik im allerradikalsten Gewande getrieben werden konnte. Sein Geist entsprach genau dem Geiste des ersten Teils des Erfurter Programms, hier wie dort wusste man nichts mit dem Staate anzufangen, sondern hatte auch Angst vor dem Worte „Staat". In dem Programmentwurf hatte ein Passus gegen den Staatssozialismus gestanden. Auch dieser Passus war gefallen, man ging der Schwierigkeit am liebsten ganz aus dem Wege.

Notgedrungen bildete der zweite Teil des Erfurter Programms, der sich mit der praktischen Politik der Partei zu befassen hatte, einen starken Ausdruck der Staatsbejahung; allerdings nicht einer theoretisch fundierten, sondern einer opportunistischen, wie sie etwa dem Gothaer Programm entsprach. Dieser zweite Teil war dem Kampf um den sozialdemokratischen Volksstaat gewidmet, es gab da auch nicht einen Punkt, in dem nicht der Staat der ausschlaggebende Faktor gewesen wäre. Es waren Richtlinien für den Kampf um den Staat und in dem Staat, aber nicht gegen den Staat. Auch dieser Teil sollte im Jahre 1895 in Friedrich Engels seinen theoretischen Rechtfertiger bekommen, nachdem die politischen Erfolge auf Grund des zweiten Teils der Sozialdemokratie den Weg gewiesen hatten, den sie nicht mehr verlassen konnte. Jedenfalls hatte der Kampf um die Forderungen des zweiten Teils den Erfolg, dass das Proletariat durch den Kampf sowohl wie durch jeden Erfolg an den Staat fester gekettet wurde.

Lediglich innerhalb des Staates aber sollte sich für die Sozialdemokratie auch nach dem neuen Programm der Kampf nicht abspielen. Die Sozialdemokratie war seit ihren ersten Regungen im kommunistischen Manifest eine von vorneherein international gerichtete Partei. Die Internationale bedeutete für sie nicht nur das Problem der Nation, sondern auch – und zwar in erster Linie – das des Staates. Die einzige theoretische Fundierung für die äussere Politik in der Arbeiterbewegung war das kommunistische Manifest, das sehr bald für die Lösung praktischer Aufgaben der Internationale nicht mehr ausreichte, auf Grund dessen vor allen Dingen sich auch keine Politik in den Parlamenten treiben liess. Man lebte theoretisch einfach in den Tag hinein, in Deutschland sowohl wie in der Arbeiterbewegung aller anderen Länder. Durch die Gründung des Deutschen Reiches war der bei weitem grösste Teil der deutschen Nation in einen Grossstaat vereinigt worden; die Nationen des Ostens und Südostens waren erwacht, die Wirtschaft hatte sich des nationalen Gedankens bemächtigt, und was vorher nur Sache der politischen Intelligenz gewesen war, wurde nun Lebensfrage für das ganze Volk.

Diese Veränderungen drückten der Arbeiterbewegung aller Länder ihren Stempel auf. Die erste Internationale hatte ihr Schwergewicht in der Zentralinstanz gehabt. Sie hatte ihre Anhänger noch sozusagen absolut beherrscht. Das Schwergewicht der zweiten Internationale aber lag in der Arbeiterbewegung der einzelnen Länder, ihre Zentralinstanz war gewissermassen nur eine Abwicklungsstelle für gemeinsame Geschäfte, konnte nicht mehr auf den Einzelnen direkt einwirken, sondern bedurfte dazu der Mitwirkung der betreffenden Landespartei. Damit unterwarf sie sich auch deren Kontrolle und Oberaufsicht. Nationalbewusstsein und die aus den Verschiedenheiten der Wirtschaft, der Politik und der Sozialpolitik resultierenden Anschauungen hatten die tatsächlichen Grundlagen des internationalen Klassenkampfes, wie ihn die erste Internationale geführt wissen wollte, zerstört. Den Niederschlag der Entwicklung enthielt schon der zweite Teil des Erfurter Programms und in demselben Geiste kämpften auch die sozialistischen Parteien aller west- und nordeuropäischen Länder. Die Frage der Landesverteidigung fand gerade die deutsche Sozialdemokratie als Hüterin des Staatsgedankens. Ihrer Haltung war es zuzuschreiben, wenn die Resolutionen Nieuwenhuis und Vaillant[279] ein Ideal, und nicht einmal ein unwidersprochenes, blieben. Franzosen und Engländer, bei denen Staat und Nation ein so selbstverständliches Ganzes bildeten, fanden nicht die Haltung gegenüber dem Staate wie die Führer der deutschen Bewegung, die einem so ungleich anderen und feindseligeren Staate gegenüberstanden.

In dem Parteileben Deutschlands war diese Haltung nicht so ausgeprägt. Die Wortführer und besonders die Referate schwärmten von einer Internationale schlechthin und auch nur eine solche war wirklich volkstümlich. Die literarischen Wortführer gingen sogar noch weiter. Ihr Ziel war „die Abschaffung des Antagonismus der Nationen durch die Überwindung des Gegensatzes der Klassen".[280] Diese Formulierung eines deutschen Radikalen war ein sehr gelungener Ausdruck der Empfindungen, welche die Männer der Internationale bewegten, zugleich aber auch eine sehr gelungene Zusammenfassung aller Denkfehler und falschen Voraussetzungen, welche zur Bildung eben dieser Ansicht führten. Die Abschaffung des „Antagonismus" der Nationen war sozialis-

279 Protokolle der Internationalen Kongresse.
280 Jaeckh. Die Internationale, S. 220.

tisch doch lediglich das Ziel der Abschaffung der sich gegenseitig bekämpfenden Klassenstaaten. Wenn hier die Nation mit allen ihren Kulturwerten mit der wirtschaftlichen und politischen Organisationsform des Staates unterschiedslos zusammengeworfen und dem Ganzen der Kampf angesagt wurde, so war dies ein Rückfall in die bürgerlich-kosmopolitische Anschauungsweise des 18. Jahrhunderts und liess an allen Leistungen der Wissenschaft, auch der sozialistischen, achtlos vorübergehen. Gefühlsmässig wurde alles konkrete Besondere weggeworfen zugunsten eines fernen Allgemeinen unter Verzicht auf jegliche begriffliche Unterscheidung. Gerade diese Auffassung war in der deutschen Sozialdemokratie gang und gäbe. Die zugrundeliegende Tendenz war keineswegs so antinational, wie sie sich gebärdete, meist hatten Massen und Führer nur die staatliche Seite bei ihrer Feindschaft im Auge. Das Nicht-Unterscheiden der begrifflich zugrundeliegenden Momente führte aber oft genug zu nicht gewollten Konsequenzen, und eine Unsicherheit griff bei der Behandlung dieser Probleme um sich, die dazu führte, von den Proletariern der anderen Länder als von „Genossen anderer Zungen" zu reden.

In der praktischen Kulturpolitik waren die Sozialdemokraten wieder national, wollten zwar innerhalb des Staatsgebietes jeder Nation zur Entwicklung ihrer Eigenart verhelfen, legten aber das Schwergewicht auf die eigene nationale Kulturpolitik. Dabei waren sie einerseits bestrebt, die Arbeiter aus „kulturellen Hintersassen" (Otto Bauer) zu Nutzniessern aller Güter der Kultur zu machen, andererseits bemühten sie sich, die Kultur auf diese Weise auf eine breitere Grundlage zu stellen, auf der sie fremden verderblichen Einflüssen nicht so leicht preisgegeben war, wie wenn sie Alleingut einer dünnen, wenig widerstandsfähigen Oberschicht gewesen wäre. Otto Bauer gab dies mit ausgeprägtem Nationalbewusstsein wieder:[281]

„Steigende geistige Differenzierung der Nationen, das bedeutet der Sozialismus."

281 [Bauer,] Nationalitätenprinzip und Sozialdemokratie, S. 108. [eigentlich: Die Nationalitätenfrage und die Sozialdemokratie, S. 94.]

Gerade solche fördernden Untersuchungen wie die von Otto Bauer und Karl Renner aber blieben den deutschen Arbeitern, z. T. aber auch ihren Führern, unbekannt. „Ihre Grundstimmung ist die des naiven Kosmopolitismus."[282] Ein anderer Österreicher, Friedrich Schulze, charakterisierte später einmal diese Geistesverfassung treffend:

„Die deutschen Arbeiter ..., selbst nirgends national unterdrückt, haben sie für nationale Kämpfe wenig Verständnis."

Die Feindschaft gegen den Klassenstaat war hier oft genug der Antrieb zu einem Kampfe, in dem so manches Mal die Nation schwere Wunden davontrug. Die Partei hatte zu wählen zwischen den Standpunkten der Bauer und Renner und dem der gewöhnlichen Tagesagitation. Der erstere entsprach dem Standpunkte der deutschen klassischen Philosophie, etwa wie ihn Fichte in seinen „Patriotischen Dialogen" formuliert hat.[283]

„Und so wird denn jeglicher Kosmopolit ganz notwendig, vermittelst seiner Beschränkungen durch die Nation, Patriot, und jeder, der in seiner Nation der kräftigste und regsamste Patriot wäre, ist eben darum der regsamste Weltbürger, indem der letzte Zweck aller Nationalbildung doch immer der ist, dass diese Bildung sich verbreite über das Geschlecht."

Der Agitationsstandpunkt entsprach der liberalistisch-kosmopolitischen Aufklärungsepoche, wie ihn intellektuelle Mitläufer der Partei[284] in den achtziger und neunziger Jahren auch literarisch vertreten hatten:

„Die drei grossen Internationalen, die man gegenwärtig so oft nennt, die goldene, die schwarze und die rote, stehen als die gewaltigste Macht[285] *in unserer Zeitgeschichte. Für sie, auch wenn sie es nicht zugeben wollten, ist das Vaterland nur noch ein leeres Wort, und der Aufbau von Nationalstaaten einem Anachronismus gleich."*

282 [Bauer,] a. a. O. S. 304. [eigentlich: S. 454. Hier heißt es: „So entsteht bei ihnen die Grundstimmung des naiven Kosmopolitismus."]
283 [Fichte,] Nachgelassene Werke, [Bd.] III, S. 329 [eigentlich: S. 229.]
284 Johannes Huber, Die Philosophie [in] der Sozialdemokratie, [S. 13.]
285 * Im Original bei Huber: gewaltigsten Mächte.

Dieser Standpunkt aber war der in der Agitation herrschende und zwang auch die Partei-Ideologie unter seinen Bann. Bei festlichen Gelegenheiten, Versammlungen und Kongressen wurde er vom Rednerpult herab begeistert verkündet und begeistert aufgenommen, in Deutschland sowohl wie in anderen Ländern und bei internationalen Gelegenheiten. Immer war er aber nur Manifest und niemals Praxis. Man berauschte sich an Ausmalungen der tatsächlichen Macht, die man schon besitze, und liess dann alles beim Alten, nahm in allen innerpolitischen Fragen einen streng-nationalen und den Staatsbürgerpflichten gerecht werdenden Standpunkt ein. Die wirtschaftliche Solidarität war durch die verschiedene Entwicklung der einzelnen Länder eben nicht zustande gekommen, wo aber Ansätze sich zeigten, da regte sich auch sofort die praktische Tätigkeit. Darum kam auch eine gewerkschaftliche Internationale zustande, bei der die Internationalität mehr als Form war, wenn sie auch – man denke an die Trade-Unions! – mit den grössten Schwierigkeiten schon in ihren Voraussetzungen zu kämpfen hatte.

Die Führer der deutschen Bewegung, soweit sie nicht Literaten, sondern Organisatoren waren, standen der politischen Internationale dementsprechend oft sehr skeptisch gegenüber. Die Generalstreikdebatte auf den verschiedensten deutschen Parteitagen zeigte dies mit der grössten Deutlichkeit. Dazu kam, dass die organisatorische Riesenleistung der deutschen Bewegung, mit der gerade in Bezug auf die politische Partei alle anderen Länder zusammen nicht konkurrieren konnten, eben dort nicht genügend gewürdigt wurde. Typisch für das Verhalten westeuropäischer Literaten gegenüber den deutschen Organisatoren war das Wort von der „Beitragszahlungsmaschine" (Gustav Hervé). Dieses Wort stellte die in den tiefsten Gründen wurzelnde Verschiedenheit der Auffassung von Freiheit, Staat und Sozialismus in das grellste Licht, zeigte nicht nur den Unterschied Deutschlands gegenüber Westeuropa, sondern zeigte auch den Unterschied zwischen grundsätzlich verschiedenen Menschentypen.

Zu einer grundsätzlichen Klärung dieser Fragen konnte es um so weniger kommen, als wirtschaftliche und sozialpolitische Fragen und die Neukonsolidierung der Partei nach der Aufhebung des Sozialistengesetzes alle Kräfte in Anspruch nahmen. Gleich nachdem die Partei sich das neue Programm gegeben hatte, trat nach einer kurzen Krise im deutschen Wirtschaftsleben ein neuer Aufschwung ein. Der Schutzzoll machte sich später bemerkbar und zeigte seine organisationsfördernde Kraft. Das Jahrzehnt zwischen dem Erfurter Parteitag und der Jahrhundertwende war das der Organisation des Kapitals, durch die die Machtstellung des Unternehmertums mächtig gestärkt wurde, den in ihren Auswirkungen aber das individualistische Unternehmerwesen untergrub und zur Bildung neuer, dem Sozialismus näher liegender Wirtschaftsformen führte. Veränderung des Eigentumsbegriffes und Bildung von Monopolen waren zwei Erscheinungen, welche die Sozialdemokratie, ob sie wollte oder nicht, am Staate interessierte und sie, wohl oder übel, des öfteren in seine Gefolgschaft einreihte.

War auch der Staat noch allzusehr der Staat der Unternehmer, so musste sie ihm doch manches Mal das Rückgrat gegen das Unternehmertum steifen. Vor allem war hier Gelegenheit, regelnd auf die Anarchie der Produktion einzuwirken. Im Reiche und den Bundesstaaten zusammen betrugen die Roheinnahmen[286] aus den staatlichen Betrieben vor dem Kriege 52,55% aller Staatseinnahmen überhaupt. Für die Prosperität der Staatsbetriebe sprach, dass in den 7 Jahren zwischen 1906 und 1913 die entsprechenden Einnahmen von 3799,2 Millionen im Jahre [1913] auf 5511,9 Millionen gestiegen waren. Gewiss hatte der Staat noch manche Unternehmerallüren im schlechten Sinne an sich, zum grossen Teil waren seine Löhne nicht besonders hohe, und er suchte durch Verbote seine Arbeiter politisch und wirtschaftlich zu bevormunden; auf der anderen Seite aber brachte er seinen Arbeitern ein weit grösseres soziales Empfinden entgegen und liess sich auch – beispielsweise in der Marineverwaltung – auf dem Gebiete der Arbeitsorganisation auf Neuerungen ein, die im Interesse der Arbeiter lagen. Auch war der Staat als Unternehmer viel stärker der Kontrolle der Partei, besonders in den Parlamenten, ausgesetzt als der private Unternehmer. Jede Stärkung der Parteiposition im Parlament brachte auf die eine oder andere

286 Edmund Fischer, Das sozialistische Werden, S. 97 f.

Weise eine Verbesserung der Arbeiterlage in den Staatsbetrieben. So war beispielsweise die ungleich bessere Stellung der Arbeiter in den Reichswerkstätten gegenüber den preussischen Staatsbetrieben auf die Stärke der Sozialdemokratie im Reichstage und ihre Schwäche im preussischen Landtage zum guten Teile zurückzuführen. Die soziale Lage war im Grossen und Ganzen bei den Staatsarbeitern erträglich, was von einem recht grossen Teile der bei Privatunternehmern Beschäftigten nicht behauptet werden konnte; die Behinderung der Arbeiter war politischer und gewerkschaftspolitischer Art allein. Der Staat fasste eben die Tätigkeit der Arbeiter auch „als Dienst" auf, und nutzte so seine stärkere Stellung, indem er den Arbeitern die Pflichten der Beamten auflud, ohne ihnen deren politische Rechte zu geben. Das Recht der freien Organisation war aber für die Arbeiter unverzichtbar.[287]

Die Herausbildung privater Monopole liess zwar dem Arbeiter zuerst seine politischen Rechte, drückte aber seine wirtschaftliche Lage in den meisten Fällen auf eine recht niedrige Stufe herab. Auch mit dem Arbeiterschutz war es im allgemeinen nicht so gut bestellt. Die riesige wirtschaftliche Stärkung der Unternehmermacht sollte bald ihre politischen Auswirkungen zeigen. Wenn auch eine so starke Kontrolle wie in den Staatsbetrieben nicht ausgeübt werden konnte, so brachte man doch den Arbeitnehmerorganisationen in den Kreisen der grossen Syndikate stärkste Abneigung entgegen. Es bildete sich in dieser Hinsicht ein Zustand aus, der generell mit der Formel „je stärker das Syndikat, desto geringer die Koalitionsfreiheit" ausgedrückt werden konnte. Damit verlor aber das Privatmonopol auch den letzten Vorzug für die Arbeiter, den es bisher gegenüber dem Staatsmonopol gehabt hatte. Dies war um so mehr der Fall, als die gewerkschaftlichen Hilfsmittel in den meisten Fällen weder angewendet werden, oder doch, um ein Versagen zu verhüten, nur mit äusserster Vorsicht gebraucht werden konnten. Der lokale Streik, der in so vielen Fällen die Forderungen der Arbeiter zum Siege geführt hatte, war jetzt ausgeschlossen, denn die organisierte Unternehmerkraft beantwortete ihn sofort mit Aussperrung im ganzen Monopolbereich.

287 Vgl. Wilhelm Jansson, in: Monopolfrage und Arbeiterklasse, S. 234 ff.

Selbst wenn es einen Riesenstreik für eine Existenzbedingung galt, so war er nur in ganz besonders abgepassten und vorbereiteten Augenblicken möglich, aber auch dann blieb er in Anbetracht der ungeheuren Hilfsmittel der Gegenpartei ein grosses Wagnis. Mit den Veränderungen des Eigentums ging auch eine Verschiebung seines moralischen und juristischen Ausdrucks Hand in Hand. Der Staat verwandelte sich aus dem Garanten des privatkapitalistischen rein individuellen Eigentums in das Sprachrohr derjenigen, die Ansprüche gegenüber diesem Eigentum geltend machten. Eigentum war nicht lediglich mehr ein Recht, sondern bedeutete auch eine Verpflichtung. Gerade die juristische Seite des Problems wurde ausschliesslich in der „bürgerlichen" Wissenschaft erörtert, der Marxismus, der allmählich ganz die offizielle Parteiwissenschaft geworden war, ging achtlos daran vorüber. Die Gewerkschaften aber profitierten von dieser Entwicklung, besonders im Arbeiterrecht, konnten aber mit Hinweisen darauf in der Partei keinen Widerhall finden.

Einen stärkeren Anklang fand der andere Hauptgedanke sozialistischer Politik in seiner Verbindung mit dem Staate: den Staat zum Träger der gemeinsamen Haftung zu machen. Dieser Gedanke hatte sich in der deutschen Arbeiterbewegung bald Platz genug erobert. Zwar stand er im Gegensatz zu dem alles überragenden Klassenkampfgedanken, dem in seiner primitiven eindringlichen Form verständlichsten und darum auch wirksamsten Bestandteil der Marx'schen Lehre. Auch in den Entwicklungsgedanken mochte er nicht ganz hineinpassen, ebensowenig einer schrankenlosen Internationalität angemessen sein, da ja der starke Staat die Voraussetzung jeder Sozialpolitik war. Forderte man aber mit Begründungen auch moralischer Art vom Staate sozialpolitische Leistungen, so erkannte man damit tatsächlich an, dass der Klassencharakter sein Wesen nicht mehr allein bestimmte.

Tatsächlich waren es auch von seiten des Staates neben den realpolitischen Erwägungen zum guten Teil höhere Auffassungen, die ihn zur Sozialpolitik führten. Nicht der Wille zu bevormunden, sondern die Fichte-Hegel'sche Staatsidee lebte in der Überzeugung einer Reihe einflussreicher, höherer Beamter fort, und hatte ihren Ausdruck auch in den 1870er Jahren in einem Teil der nationalökonomischen Wissenschaft, der politisch sehr einflussreich war, seinen Ausdruck gefunden.

Man verkannte in diesen Kreisen nicht, dass es Pflicht der Gemeinschaft war, für ihre durch die aus ihr erwachsenen Zustände bedrängten Mitglieder zu sorgen, und das Ganze dafür verantwortlich zu machen, was in seinem Rahmen an Übelständen in einzelnen Gruppen existierte. Die Grundlagen der deutschen Sozialpolitik beruhten zu einem recht beträchtlichen Teile auf einem Gemeinschaftsgefühl, das auf dem Boden der deutschen klassischen Philosophie gewachsen war.[288]

Dieser Standpunkt hatte sich nicht von Anfang an mit aller Klarheit zum Ausdruck bringen können. Eingeleitet wurde das Werk der Arbeiterschutzgesetzgebung durch Verbote allzugrosser Übelstände. Allmählich wurde die Rolle des Staates immer positiver, aus Verboten wurden Gebote, der Staat wurde zum Aufsichtsorgan über den ganzen Produktionsprozess, soweit er den Arbeiter betraf.[289]

Auf dem einmal beschrittenen Wege gab es kein Zurück. Der Arbeiter konnte sich für die Fälle der Krankheit, Invalidität und des Alters einen Notpfennig nur in den wenigsten Fällen zurücklegen, und dies um so weniger, als er in Grossbetrieben und beim Anwachsen einer „industriellen Reservearmee" jederzeit leicht ersetzt werden konnte. Die Selbsthilfe-Assoziationen der Arbeiter hatten allerdings schon ein ziemlich weit verzweigtes Unterstützungswesen ausgebildet, das aber keineswegs ausreichte. Hier zeigte sich die Unzulänglichkeit der genossenschaftlichen Selbsthilfe am stärksten. Ganz abgesehen davon, dass auch die wirtschaftlich stärkste Arbeiter-Assoziation nicht in der Lage war, allen ihren gealterten Mitgliedern nennenswerte Beträge zur Fristung ihres Lebensabends bereitzustellen, so wäre selbst im Falle, dass dies möglich wäre, die Koalition doch nicht das geeignete Instrument zur Linderung der Not gewesen, weil sie immer nur einen Teil der Arbeiterschaft umfasste. Mochten die Beträge der Reichsversicherung auch noch so gering gewesen sein, und mochte der Bürokratismus oft genug gesündigt haben, tatsächlich war die Hilfe, die der Arbeiter dadurch erfuhr, keine geringe. Es wurde damit im Prinzip anerkannt, dass der Staat als Organisation der Gesamtheit für das aufzukommen habe, was die Gesamtheit an den Arbeitern gesündigt hatte. Zudem erfuhr die Partei durch die Verwaltung der Ortskrankenkassenvereine beträchtlichen Machtzuwachs.

288 V. Philippowich, [Die] Entwicklung der wirtschaftspolitischen Ideen [im 19. Jahrhundert], [Kap.] 4 und 6.
289 Handbuch der Politik, Bd. III, [Berlin 1914,] S. 17. [Die Seitenzahl bezieht sich auf den Beitrag von Hans Köppe, Arbeiterschutzrecht, S. 8–18]

Die Gewerkschaften versuchten bald, die ganze Organisation des Arbeitsmarktes mit allen daraus entspringenden Konsequenzen dem Staate aufzuerlegen. Die staatliche Regelung des Arbeitsnachweises war für sie eine Lebensfrage geworden, weil die Errichtung von Arbeitsnachweisen durch die Arbeitnehmerorganisationen eine geradezu vernichtende Abwehr des Unternehmertums ausgelöst hatten. So wurden die Gewerkschaften Fürsprecher des öffentlichen (kommunalen) Arbeitsnachweises, und dass dieser nicht gerade zugunsten des Unternehmertums funktionierte, war bald aus den überaus heftigen Angriffen der Arbeitgeber und ihrer Presse zu ersehen. Die Gewerkschaften forderten, um überall vertreten zu sein, die paritätische Mitwirkung von Arbeitgebern und Arbeitnehmern, eine Forderung, die im Jahre 1912 erst bei 441 Arbeitsnachweisen von 2224 überhaupt vorhandenen verwirklicht war.[290]

Mit diesem Problem auf das innigste verknüpft war die Frage der Arbeitslosenunterstützung. Die fast allgemein als einzige Lösung in Frage kommende Versicherung wurde gänzlich als Sache von Staat und Kommune betrachtet. Ursprünglich waren die Gewerkschaften selbst es gewesen, die der praktischen Lösung der Frage erfolgreich näher getreten waren. Bei ihnen war die Arbeitslosenunterstützung die notwendige Konsequenz der Streikunterstützung gewesen und hatte noch den Vorteil dabei gezeigt, das allzudrängende Angebot von Arbeitskräften, die den Streik gefährdeten, abzuschwächen und die Mitglieder an die Organisation zu fesseln. Aber auch hier beeinträchtigte der Umstand, dass nur ein Teil der Arbeiter organisiert war, den Erfolg. Hier wie überall stellte sich heraus, dass Sozialpolitik ohne Staatshilfe sowohl über die Leistungskraft der Organisationen ging, als auch eine Verbesserung der Klassenlage nur sehr unvollkommen bringen konnte.

Der Ruf nach Staatshilfe bei Arbeitslosigkeit wurde einer der lautesten und drängendsten, seine Erfüllung musste das Interesse an Staat und Kommune mächtig heben. Schliesslich wurde vom Staate gefordert, auch Massnahmen zur Verhütung und Unterdrückung der Arbeitslosigkeit zu ergreifen, die, im wesentlichen wirtschaftlicher Natur, sich um den Angelpunkt der Verminderung und Abschwächung der Krisen hätte drehen müssen. So führte die konsequente Sozialpolitik notgedrungen

290 V. Schanz, Organisation des Arbeitsmarktes, [in:] Handbuch der Politik, Bd. III, S. 82.

zu der Forderung einer sozialistischen Wirtschaftspolitik, eine Klärung dieser Fragen war allerdings in der Partei noch nicht restlos erfolgt. Dass der in dem Jahrzehnt vor dem Kriege mächtig erwachende Widerstand der Unternehmer so grosse Früchte trug, sollte seine schlimmen Konsequenzen in der Haltung der Arbeiterschaft zeitigen.

Die Rolle des Staates bei der Durchführung der Sozialpolitik wurde nach dem Fall des Sozialistengesetzes sehr verschieden in der Partei kritisiert. Im allgemeinen aber brachte doch die Ankündigung des „neuen Kurses" eine gewisse Erleichterung. Es war besonders v. Vollmar, der sich dafür ins Zeug legte, dem Staate ehrlich entgegenzukommen und mit ihm zusammen positive Sozialreform zu machen. So lauten und erregten Widerspruch[291] diese Vorschläge auch fanden, in der Praxis wurde doch zum grossen Teil nach dieser Richtung hin verfahren. Selbst Liebknecht, der schärfste Gegner des Staatsgedankens, konnte sich dieser allgemeinen hoffnungsfrohen Auffassung nicht entziehen, fand sogar die lobendsten Worte für den Staatsgedanken, und betonte, dass die Sozialdemokratie die Staatspartei par excellence sei, dass sie ihn zuerst zu dem machen wolle, was er sein müsse, um seinen sittlichen Zweck zu erfüllen. Dass diese Entwicklung auch in derselben Richtung weiterging, war zum grossen Teile auf den Einfluss der Gewerkschaften zurückzuführen. So sehr diese auch bis heute in der Sozialdemokratie ihre politische Vertretung sahen und sehen mussten, so machten sich doch mit dem Fortschreiten der Sozialreform bedeutende Unterschiede nicht nur in einzelnen Handlungen, sondern auch in der entscheidenden Grundstimmung geltend.

Die Partei zog ihre stärkste agitatorische Kraft aus den Massnahmen des Polizeistaates. Vom lediglich agitatorischen Standpunkte aus konnte es ihr nur recht sein, wenn der Staat sich zum Polizisten der Unternehmerschaft hergab, der Pessimismus gegenüber dem Gegenwartsstaate lockte alle Unzufriedenen an. Darum „je schlimmer, je besser". Die Gewerkschaften waren aber darauf angewiesen, praktische Erfolge zu haben, sie mussten den Staat auch als Helfer in sozialen Nöten ansehen und ihm darum auch optimistischer gegenüberstehen. Die Voraussetzung für den erfolgreichen Gewerkschaftsführer war

291 Kampffmeyer, [v. Vollmar und die Sozialdemokratie.] Gegen das Vollmartum in der Partei.

Anerkennung des gegenwärtigen Staates, die Voraussetzung für den erfolgreichen Agitator die radikale Bekämpfung dieses Staates, die sich bewusst an Äusserlichkeiten hielt und auf Grund des individualistischen Freiheitsprinzips mit radikal-liberalen Argumenten geführt wurde. Suchte die Partei die Gewerkschaften auch zu politisieren, so hatten die Gewerkschaften darum doch das grösste Interesse an der parteipolitischen Neutralität und der Kongress von Halberstadt im Jahre 1892 bedeutete sowohl den Geburtstag für ihre Entwicklung zur wirtschaftlichen Grossmacht wie zu einer Organisation, für die Wechselbeziehung mit dem Staate Lebensvoraussetzung war. Natürlich musste die Klassenkampflehre unter solchen Umständen leiden, und viele Gewerkschaftsführer machten in aller Öffentlichkeit, auf Kongressen[292] wie literarisch,[293] aus ihrer sehr relativen Wertschätzung der radikalen Formel kein Hehl. Dazu trat noch, dass die Gegenorganisationen der Arbeitgeber so stark geworden waren, dass auch die in der Gesetzgebung erzielten Erfolge in ihrer Durchführung bedroht waren, zumal die Unternehmerverbände, von keiner Ideologie und keinem Dogma belastet, ihren Kampf auf das rücksichtsloseste führten. Dies stiess die Gewerkschaften auf den Weg der Tarifverträge, von da ging der Weg über das Einigungsamt zur Arbeitsgemeinschaft. Sie waren klug genug zu erkennen, dass ihre paritätische Beteiligung an öffentlichen Institutionen ihnen als den Vertretern der angreifenden und aufsteigenden Klasse den Sieg sicherte. Sie wurden darum nicht nur die Träger des Organisationsgedankens in der kapitalistischen Gesellschaft, sondern auch am Staate interessiert, der durch seine Stärke die Erfolge ihrer Politik gegenüber den Unternehmern garantierte. Mit der Entwicklung ihrer Taktik vom Überrumpelungsstreik zum Einigungsamt ging analog eine Tendenz in ihrer Ideologie vom Klassenkampf zur Arbeitsgemeinschaft.

Freilich wurde den Gewerkschaften ebensowenig wie der Partei das Erstarken des Staatsgedankens leicht gemacht. Mit allen Mitteln ging die bestehende Staatsgewalt gegen sie vor. Zwar wurden Umsturzvorlage, Verschärfung des Vereinsgesetzes, Zuchthausgesetz nicht Wirklichkeit, aber den Geist, in dem der Kampf von seiten der Regierung geführt wurde, bezeichneten die Worte, die der Reichskanzler Fürst Hohenlohe im Jahre 1894 bei Begründung der Umsturzvorlage im Reichstage sprach:

292 Protokoll des Gewerkschaftskongresses zu Köln. [Gemeint ist vermutlich: Protokoll der Verhandlungen des Fünften Kongresses der Gewerkschaften Deutschlands, abgehalten in Köln a. R. vom 22. bis 27. Mai 1905, Berlin o. J.]

293 Sozialistische Monatshefte, [IX. Jahrgang] 1905: [Theodor] Leipart [, Die Gewerkschaften und die Maifeier, 5. Heft/Mai 1905, S. 407–412]; [Emil] Döblin [, Die Tarifgemeinschaft im Buchdruckgewerbe, 8. Heft/August 1905, S. 686–691.]

„Ob das Ausnahmegesetz gute oder geringe Wirkungen gehabt hat, lasse ich dahingestellt. Man hat es wieder fallen lassen und die gegen die Monarchie, die Religion und gegen alle Grundlagen unserer Staats- und Gesellschaftsordnung gerichteten Bestrebungen konnten ungehindert ihren Fortgang nehmen, dem kann der Staat nicht untätig zusehen. Wir suchen die Abhilfe nicht in einem Ausnahmegesetz, aber in einer Verschärfung und Ergänzung der Bestimmungen des gemeinen Rechts."

Die Befolgung dieses Standpunktes musste ebensosehr die Behörden korrumpieren wie die Betroffenen erbittern. Die Mittel der Verwaltung und Rechtsprechung wurden ohne jede Hemmung gegen die Sozialdemokratie ausgenutzt, was ihnen verschlossen werden konnte, wurde ihnen verschlossen, sie waren „innere Feinde". Der Kampf wurde nicht nur gegen die Partei, sondern auch gegen den Einzelmenschen sozialistischer Gesinnung geführt. Und alles dies durch den Staat und im Namen des Staates! Die Sozialdemokraten nahmen die Ächtung auf sich mit dem ganzen Trotz der sich zu Unrecht verfolgt Fühlenden und fanden sich bald in diese Rolle, die für sie das Geheimnis ihrer unerhörten agitatorischen Erfolge wurde.

In dieser Atmosphäre konnte der Staatsgedanke nur schwer vorwärts kommen. In der Sozialpolitik musste er zwar bis zu einem gewissen Grade Geltung gewinnen. In der soviel wichtigeren Wirtschaftspolitik, der Voraussetzung der ganzen Sozialpolitik, war dies nicht, oder doch wenigstens nur sehr unvollkommen, der Fall. Zwar war die Partei auch mit Verstaatlichungsforderungen hervorgetreten, aber nicht im Sinne, den Staat zum Hort einer neuen Gemeinwirtschaft zu machen, sondern lediglich um einige lebenswichtige Betriebszweige der privaten Ausbeutung zu entziehen. In diesem Sinne war die Forderung der Verstaatlichung des Heilmittelwesens in den Jahren 1892, 1898 und 1899 zu beurteilen.

Mit dem Rufe nach Verstaatlichung der Kohlenbergwerke und Kommunalisierung des Kohlenhandels tat sie die ersten zögernden Schritte von mehr grundsätzlicher Bedeutung. Gerade das gewiss nicht reformistisch gesonnene Berlin legte sich am stärksten für diese Forderung ins Zeug und der lauteste Rufer im Streit war – August Bebel,[294] der mit Befriedigung in der „Neuen Zeit" konstatierte:

„Der Gedanke der Verstaatlichung[295] hat grosse Fortschritte gemacht."

Als mit Unterstützung der Sozialdemokratie die Kaligewinnung ein Reichsmonopol wurde, tat die Partei ihr Möglichstes, um die Interessen der Arbeiter an diesem Monopol zu fördern, was ihr auch mit gewissen Einschränkungen gelang. Gewiss war damit schon ein grosser Schritt zu einer positiven Wertung des Staates im Wirtschaftsleben getan, aber gerade hier machten sich die theoretischen Mängel geltend. Alles, was die Sozialdemokratie in dieser Beziehung Staatsförderndes getan hatte oder noch tat, war nur geschehen, um besonders eklatante Fälle der Ausbeutung der Allgemeinheit bei ganz unentbehrlichen Bedarfsartikeln zu hindern.

Die Furcht, dem Polizeistaat weitere Machtmittel zu ihrer Bekämpfung und zur Ausbreitung imperialistischer Bestrebungen zu gewähren, hielt sie davon ab, den Staat zum Bannerhalter wirklicher Gemeinschaft zu machen. Man begnügte sich, triumphierend weitere Fortschritte des Konzentrationsprozesses zu konstatieren und nur die ärgsten Auswüchse, die das tägliche Leben des Proletariats ernsthaft bedrohten, mit der Kritik der „jede Verantwortung Ablehnenden" zu begleiten. Wenn man positiver wurde, war dies der reine Opportunismus. Noch 1912 schickte die Reichstagsfraktion bei Beratung des Kaligesetzes einen Redner vor,[296] der – nur seine private Ansicht vortragen durfte.
In der Sozialpolitik hatte die Volksstimmung die Partei zur positiven Tätigkeit gedrängt, selbst wenn sie anders hätte handeln wollen, hätte sie nicht anders gekonnt.

294 [Bebel, Der Kohlenwucher, in: Neue Zeit, 19.] Jahrgang, [Bd. I, Heft 8,] 1900/01, S. 228[–233, hier S. 231.]
295 * Im Original bei Bebel: Der Verstaatlichungsgedanke.
296 Monopolfrage und Arbeiterklasse, S. 214. [Schumacher bezieht sich auf den Aufsatz von Max Schippel, Parteigeschichtliche Rückblicke, S. 170–216.]

In der Wirtschaftspolitik aber fehlte der Zwang einer solchen Stimmung gänzlich. Man war hier eben „revolutionär", vertraute mehr oder minder stark der von Marx vorausgesagten „Entwicklung" und legte im Grossen und Ganzen die Hände tatenlos in den Schoss. Es war dies die richtige und konsequente Ergänzung des „Laisser aller" durch das Prinzip der „Entwicklung". Den Gedanken, den wenn auch widerstrebenden Staat in die Rolle des Trägers oder wenigstens Führers und Aufsehers seiner Gemeinwirtschaft zu drängen, und so der je länger, je stärker hervortretenden Tendenz der Abkehr vom reinen Klassencharakter die ökonomische Basis zu geben, fasste man nicht. Dem Agitator war er zu wenig revolutionär und dem Theoretiker zu „unmarxistisch". So war es nicht lediglich der Klassencharakter des Staates, sondern auch die Haltung der Sozialdemokratie, die dazu führten, dass der Staat als Wirtschaftsfaktor in vieler Hinsicht ein nach den Gesichtspunkten individuellen Nutzens wirtschaftender Privatunternehmer blieb. So ergab sich in der Haltung der Sozialdemokratie eine schlimme Folgen zeitigende Dissonanz. Das Prinzip der gemeinsamen Haftung suchte sie bis zur äussersten Haltbarkeit anzuspannen, und das Prinzip der gemeinsamen Wirtschaft vernachlässigte sie und ging nur zögernd an seine theoretische Klärung heran. Und doch war gerade diese der Angelpunkt jeder erfolgreichen Sozialpolitik.

Eine Gemeinwirtschaft hätte die Sozialdemokratie wohl nicht erreichen können, hätte aber bei einer anderen, auf Grund theoretischer Klärung beruhenden Stellung zum Staat trotz Klassen- und Polizeistaat „die Staatspartei schlechthin" werden können. Dieser Platz war im Laufe der wirtschaftlichen Entwicklung vakant geworden. Mehr als einmal sah die Regierung gerade in diesen die Allgemeinheit mehr als alles andere berührenden Fragen sich von den Kreisen, deren „Kommis" sie nach dem bekannten Worte Bebels sein sollte, heftig befehdet. In den 1890er Jahren war eine Stimmung in agrarischen Kreisen aufgekommen, die alles andere als regierungs- und staatsfreundlich war. Bezeichnenderweise lehnte das Programm des „Bundes der Landwirte" auch jeden „Gouvernementalismus" ab.

Zwar konnte die Regierung nach dem Grundsatz des divide et impera noch verschiedene Male Landwirtschaft und Industrie gegeneinander ausspielen. Bei der engen Verbindung, die auf Grund des Schutzzolles zwischen diesen beiden Kapitalsgruppen erwachsen war, konnte es aber 1911 geschehen, dass die Konservativen ihren alten, von ihnen einst mit so grossem Stolz betonten Staatsgedanken einfach als hinderlich über Bord warfen, die privaten Interessen der Unternehmer über die der Allgemeinheit und des Staates stellten und sogar die eventuelle Angliederung der Staatsgruben an das private Kohlensyndikat forderten. Trotz ihres Eintretens für Verstaatlichung des Kohlenbergbaues sprang die Sozialdemokratie nicht in dieser Lücke ein, konnte es auch nicht – weniger, weil die Regierung sich dem entgegengestemmt hätte – deren Widerstand wohl in zähem, wenn vielleicht auch jahrelangem Ringen Schritt für Schritt hätte zurückgedrängt werden können –, als vielmehr, weil sie nicht mehr aus ihrer Haut konnte. Die Partei Lassalles, vielleicht noch sogar die Partei des Gothaer Programms, hätte es noch gekonnt. Jetzt ging es nicht mehr. War dies aus der Entwicklung der letzten Jahrzehnte heraus zu entschuldigen, so war doch der Sozialdemokratie der Vorwurf nicht zu ersparen, dass sie das gemeinwirtschaftliche Prinzip nicht als gleichberechtigt neben das Prinzip der gemeinsamen Haftung auf ihre Fahnen geschrieben hatte und so das Prinzip der Solidarität nicht zu seiner Vervollkommnung gedeihen liess.

Daran hinderte sie dieselbe Ansicht vom Staate, die, beim radikalen Flügel herrschend, den grössten Teil der Partei in ihren Bann zwang und wegen des Umstandes, dass auf ihr zu einem beträchtlichen Teil die Agitation aufgebaut war, auch nicht so leicht verändert werden konnte. Nach dieser Ansicht war der Staat Klassenstaat gewesen, war es immer noch und würde es auch bleiben, bis das Proletariat die Zügel der Herrschaft ergriffen hätte. Auf einem deutschen Parteitag[297] erklärte man auch rundheraus, das Deutsche Reich bestehe aus

„Klassenstaaten, die auf der Klassenherrschaft beruhen und die Aufgabe haben, die bestehende Eigentumsordnung an den Produktionsmitteln und die Ausbeutung der Arbeiter durch die Kapitalisten[298] mit allen Mitteln aufrechtzuerhalten."

297 Nürnberg 1910. [eigentlich: Protokoll über die Verhandlungen des Parteitages der Sozialdemokratischen Partei Deutschlands, abgehalten in Magdeburg vom 18. bis 24. September 1910, Berlin 1910, S. 487.]

298 * Im Original: Ausbeutung des Arbeiters durch den Kapitalisten.

Daher machte man ganz unberechtigterweise aus der Bewilligung des Budgets eine Prinzipienfrage. Bernstein[299] meinte demgegenüber mit Recht, dass „solche Zweckmässigkeitsfragen zu Prinzipienfragen zu erheben, stets ein Fehler sei".[300] Im allgemeinen hatte aber die Sozialdemokratie durch den scharfen Gegensatz zur Regierung und der bestehenden Staatsform das Unglück, dass ihre eigenen Anhänger sie aus dem Gebiete praktischer Erörterungen des öfteren in das prinzipielle Gebiet hinüberdrängten. In fast allen Teilen der Politik ging es ihr so.

In der Zollpolitik musste sie gegen eine starke Erhöhung der Zollsätze kämpfen, wenn sie dem Arbeiter billiges Brot verschaffen und nicht viele gewerkschaftliche Erfolge illusorisch machen sollte. Daraus machte dann der internationalistische und scheinbar auch marxistische Überschwang radikaler Heisssporne eine Konstruktion von der sozialistischen Natur des Freihandels, der immer und überall die Sache der Arbeiterklasse[301] wäre, so wie der Schutzzoll die der Kapitalisten. Aus der scharfen kritischen Haltung in Heeres- und Marinefragen machte man trotz des im zweiten Teile des Erfurter Programms ausgesprochenen Gegensatzes einen ganz unbegründeten Antimilitarismus. Aus der Gegnerschaft gegen Kolonialbestrebungen, die zum Zusammenstoss mit anderen Mächten führen mussten, und gegen die Art der Verwaltung in den Kolonien wurde eine Gegnerschaft gegen die Kolonialpolitik überhaupt.[302] So versperrte man sich jede Betätigungsmöglichkeit in den Lebensfragen des Staates.

Es war nicht die Partei, die das tat, diese präzisierte ihren Standpunkt auf den Parteitagen oft genug anders. Es waren auch nicht die verantwortlichen Führer, sie erkannten trotz ihres teilweisen Radikalismus die Wichtigkeit dieser Angelegenheiten für die Gesamtheit viel zu gut, um sich auf so einseitige Formulierungen festzulegen. Es war nicht einmal der kleine Kreis derjenigen, von denen diese Argumente stammten, dazu reichte ihre Macht nicht aus, sondern es war die Atmosphäre des gesamten politischen Lebens, die in diesen Schlagworten zum Ausdruck kam. Es war dies die Atmosphäre, aus der heraus auch von den anderen Parteien und der Regierung taktische Erwägungen mit Prinzipien belastet wurden, die oft genug in keiner Weise zur Lösung der neuen

299 [Bernstein,] Von der Sekte zur Partei, S. 63.
300 * Im Original bei Bernstein: Solche Zweckmäßigkeitsfragen zu Prinzipienfragen erheben, ist stets ein Fehler.
301 Jaeckh, a. a. O., S. 218 f.
302 Auch Kautsky, Sozialdemokratie und Kolonialpolitik. [eigentlich: Sozialismus und Kolonialpolitik]

schwierigen Fragen ausreichten. So konnte es geschehen, dass selbst ein Bebel kurz vor seinem Lebensende mit Stolz erklärte, niemals mit einem Regierungsvertreter verhandelt zu haben und dass nach dem Berichte des „Berliner Tageblatts" bei Konstituierung des Reichstagsbüros nach den Wahlen von 1912 ein nationalliberaler Abgeordneter die Flucht ergriff, als er sah, dass er sich neben einen Sozialdemokraten gesetzt hatte.

Partei und Gewerkschaften aber wuchsen dabei ins Ungemessene. Sie waren das grosse Reservoir aller Unzufriedenen geworden. Ihre theoretischen Grundlagen blieben dabei nicht immer gewahrt, aber die Sammlungspolitik trug ihren Lohn in den Quantitäten. So war die Partei die grösste politische Organisation der ganzen Welt geworden. Ihre Mitgliederzahl betrug 1914 nach dem Berichte des Parteivorstandes etwa eine Million, die der Gewerkschaften nach Angaben der Generalkommission mehr als 2½ Millionen. Sie standen im Kampfe gegen eine ganze Welt, vor allem gegen den sichtbaren und am unangenehmsten fühlbaren Machtausdruck dieser Welt, den Staat. Aber im Kampfe erfuhren sie auch, was ihnen durch theoretische Mängel verschlossen war. Sie lernten den Staat auch teils als ihren Staat kennen und teils, wo er Gegner war, verstehen und teils seine Schwächen für ihre Zwecke benutzen. So stellte sich die Durchdringung der deutschen Sozialdemokratie mit dem Staatsgedanken – unvollkommen und stückweise, wie sie noch war –, als ein Erfolg des praktischen Kampfes und des Organisationsgedankens dar. Dies erheischte aber auch theoretische Grundlagen. Es war kein Zufall, wenn Eduard Bernstein[303] bei Erörterungen des Gedankens, dass Rückgriffe auf ältere Schriftsteller für die Sozialdemokratie nötig seien, gerade einem grosse Hoffnungen für die Zukunft eröffnete: dem Neu-Lassalleanismus.

„Natürlich handelt es sich nicht um Lassalle, den Ökonomen, wohl aber um Lassalle den Rechtstheoretiker und Geschichtsphilosophen."

Die Stellung zum Staate konnte keine einheitliche sein, weil die Geistesstruktur der Partei keine einheitliche mehr war. Alle Gefühle vom Hass des Anarchisten bis zur Liebe des Nationalisten kreuzten sich in diesen Anschauungen vom Staate, es fehle nur eins: der Gedanke.

303 Vorrede, [S.] XII zu Koigen, Die Kulturanschauung des Sozialismus.

VII.

Es wäre zu viel gesagt, wenn man behaupten wollte, dass theoretische Grundlegungen für die Ansichten vom Staate überhaupt gefehlt hätten. Nur waren es keine eigentlichen Staatslehren, sondern Ableitungen aus verschiedenen Weltanschauungen. Gerade die Gewerkschaften waren bei den Meinungsverschiedenheiten innerhalb des Radikalismus der Prüfstein, an dem die Geister sich schieden. Bei der Bewegung der sogenannten „Jungen" war es bezeichnenderweise eine gewerkschaftliche Angelegenheit, die Feier des 1. Mai, um die der Kampf entbrannte. Was die „Jungen" den „Alten" zum Vorwurf machten, war eben ihr Possibilismus und ihr grundsätzlich zu freundliches Verhalten zum Staate einerseits, andererseits ihr Aufgehen in den Zwang der Organisationen und ihre praktische Ablehnung des individualistischen Freiheitsbegriffes. Leute dieser Art hatte Kautsky[304] im Sinne, wenn er von „radikalen Kleinbürgern" sprach, denen er vorwarf, nicht zu erkennen, dass im modernen Staate Politik, Parlamentarismus und Demokratie untrennbar miteinander verbunden seien. Überhaupt war es gerade Kautsky, der der politisch parlamentarischen Tätigkeit im Gegenwartsstaate das Wort redete.[305]

Engels nannte die ganze Bewegung eine „Literatur- und Studentenrevolte" und hatte insofern Recht, als junge Akademiker voller Begeisterung für Ideale, die mit Sozialismus kaum etwas zu tun hatten, sich zu Führern einer Bewegung aufwarfen, deren Gründe doch tiefer lagen. Ein Teil der Arbeiter war durch das Sozialistengesetz übermässig radikalisiert und hatte zu einer Mitarbeit in einem Staate, der ihnen das Schwerste zugefügt hatte, keine Lust. Ihr Ziel war nicht die Hilfe, sondern die Beseitigung des Staates. Zu diesen Arbeitern, grossenteils Veteranen der Bewegung, fand sich Lumpenproletariat, ein nie

304 [Kautsky,] Das Erfurter Programm, S. 223.
305 [Kautsky,] Parlamentarismus und Demokratie.

versiegender Quell solcher Bewegungen in der modernen Gesellschaft, der darum diese Bewegungen zu unabänderlichen, nicht fortzubringenden Erscheinungen des entwickelten Kapitalismus macht. Als dritte, die sich bald die Führerrolle aneignen konnten, traten „Intellektuelle" hinzu, die z. T. ehrlich begeistert waren, teilweise auch nur aus Sensationslust mitmachten. Diese Abkömmlinge eines radikalen, extrem liberalen Kleinbürgertums mussten für ihre anarcholiberalen Ansichten den Sozialismus als Vorspann benutzen, denn Sozialismus war damals die Mode in der Intelligenz. Gegen die Führer der eigenen Partei und gegen die straffzentralistisch geleiteten Verbände richtete sich der Angriff nicht weniger als gegen den Staat. Es war das Organisationsprinzip an sich, das hier angegriffen wurde.

„Die offizielle Sozialdemokratie bekränzt das baufällige Gebäude des heutigen Staates, sie versieht es mit Dekorationsgemälden, statt das Proletariat vor dem Beziehen des unsicheren Hauses zu warnen und die Arbeiterklasse zu seiner Abtragung zu ermuntern und zu kräftigen. Trotz Liebknecht wird der heutige Staat nicht in die sozialistische Gesellschaft hineinwachsen, aber Sie, meine Herren, Sie gewöhnen das heutige Proletariat an den Staat."

So weit hätte ein radikaler Klassenkämpfer trotz des heftigsten Widerspruchs der Radikalen Engels, Kautsky, Bebel auch auf dem Boden der damaligen Sozialdemokratie gehen können. Der ausgesprochen individualistische Zug lag in der positiven Seite des Programms:

„In die Furchen der Not, der Erbitterung, des Elends, welche die dem Untergang entgegeneilende bürgerliche Gesellschaft zieht, Blutspuren gleich, die das zu Tode getroffene Wild hinterlässt, wollen wir die Saat der Zukunft streuen, einer Zukunft, die es ermöglichen wird, dass der Mensch nach dem Höchsten, der wahren Freiheit des Individuums, wird streben können."[306]

Diese wahre Freiheit verwirklichte sich nach der Ansicht der „Jungen" in der anarchokommunistischen Assoziation, die man nach dem Übergange der Macht in die Hände des Proletariats errichten würde. Auf wie schwachen Füssen diese Bewegung stand, geht aus den Berichten über die Parteitage 1890 und 1891 in Halle und Erfurt hervor.

306 Auerbach, a. a. O., S. 29.

Ohne besonderen Widerspruch zu finden, vollzogen Auer, Bebel und Fischer die praktische und theoretische Hinrichtung. Die Opposition musste die Partei verlassen, die Kampffmeyer, Werner, Wille, Wildberger zerstreuten sich in alle Winde. Die proletarischen Führer der Bewegung wurden durch diesen Ausschluss weniger getroffen als die Literaten, hatten sie doch Möglichkeiten zu gewerkschaftlicher Betätigung auch ausserhalb der Partei und der freien Gewerkschaften. Dies war für sie ja das Wichtigste, wollten sie doch im gewerkschaftlichen Klassenkampf das Proletariat zusammenschweissen, nachdem die Gewerkschaften sich 1892 der Politisierung im Sinne der „Jungen" verschlossen hatten.

Nach dem kurzen Intermezzo der „unabhängigen Sozialisten" versuchten die proletarischen Mitglieder, wenn auch nur mit geringem Erfolg, die Gründung lokaler syndikalistischer Gewerkschaften. Die Theorie für diese Gewerkschaften vermochte die deutsche Bewegung nicht hervorzubringen, sie war immer von dem lateinischen Neomarxismus abhängig, etwa wie ihn George Sorel und Labriola in Frankreich und Italien vertraten. Hiernach kam alles auf die Freiheit des Individuums heraus, über die Organisationsform der Zukunft brauchte man sich nicht zu sorgen, da die Entwicklung des Kapitalismus schon das Ihrige dazu täte, und die Aufgabe des revolutionären Politikers sei nur die „revolutionäre Schulung" der Massen. Mit dem reinlichen Trennungsstrich blieb es aber auch innerhalb der Partei nicht getan. Hier hätte die Partei soviel Ausschlüsse vornehmen können, wie sie nur wollte, in der politischen Atmosphäre Deutschlands mussten sofort Nachwüchse auftreten.

Ganz hätte sich die deutsche Arbeiterbewegung ohnehin nicht von den Einflüssen des mächtig erwachenden marxistischen Syndikalismus freihalten können. Zum grossen Teil trugen auch Ton und Haltung des linksradikalen Teils der sozialistischen Presse dazu bei, dass in dem Augenblick, in dem ein extremer Sozialrevolutionär auftrat, auch ein Kreis überradikaler Parteisozialdemokraten zu seiner Unterstützung bereit war. Für die nötige Ausbreitung der Bewegung sorgte dann das Lumpenproletariat. Die Probe auf das Exempel bildete das Auftreten des Sozialdemokraten Dr. Friedeberg im Jahre 1905.[307] Das starke Echo, das er fand, zeigte deutlich die Kräfte dieser extremen Richtung, die wohl weitere Lücken in die deutsche Partei gerissen hätten, wenn nicht auch der damalige Parteivorstand wieder mit äusserster Energie aufge-

307 Brunhuber, Die heutige Sozialdemokratie, S. 182/84.

treten wäre. In Friedebergs Programm wurde Klassenkampf, nichts als Klassenkampf gefordert, der Marxismus in seiner vulgären Form als überaltert und erstarrt zum alten Eisen geworfen, der Sozialismus überhaupt als überwundene Form im proletarischen Emanzipationskampf abgetan. Sein Erbe sei „der Anarchosozialismus", der „gesetzlose, vaterlandslose, glaubenslose".

Den politischen Streik schätzten die Vertreter dieser extremen Richtung, diese „deutsche Ausstrahlung des Syndikalismus", als stärkstes aller Kampfmittel. In seiner Wertschätzung berührten sie sich mit dem extremen Flügel der Sozialdemokratie, der den Boden der Partei nicht verlassen hatte. Es war nicht eine hohe Wertung des politischen Streiks überhaupt – die fand sich bis ins Lager des Revisionismus hinein – sondern des „Generalstreiks", des Kampfmittels zur Eroberung der Staatsgewalt. Wie die „Leipziger Volkszeitung" denn auch vor dem Parteitag in Jena schrieb:

„Ein Proletariat, das diesen Schlag riskiert, muss bereit sein, im Falle des Sieges das Staatsruder zu übernehmen und die Massen, die ihn wagen, müssen damit einverstanden sein, dass sie für den Sturz der Klassenherrschaft und um die Diktatur des Proletariats kämpfen."

Es war klar, dass diejenigen, die einen solchen Schlag riskierten, kein Interesse an dem Gegenwartsstaate hatten, und sich über seine Ausgestaltung zu einem wirklichen Organ der Allgemeinheit nicht den Kopf zerbrachen. Sie standen auf dem Standpunkt des kommunistischen Manifests, „der Arbeiter hat nichts zu verlieren als seine Ketten". Daraus ergab sich, dass ihr positives Programm gänzlich jenseits des errungenen Endziels liegen musste. Der Gedanke, den Staat etwa zum Träger der Gemeinwirtschaft zu machen, oder ihn überhaupt mit irgendwelchen wirtschaftlichen Machtmitteln zu versehen, lag für den radikalen Marxismus gänzlich ausserhalb jeder Erwägungsmöglichkeit. Aber auch den sozialen Reformen brachte man wenig Vertrauen entgegen, man sah in ihnen nur die Versuche, dem einstürzenden Gebäude des Kapitalismus neue Stützen zu geben. Wenn man auch von einzelnen überschroffen Äusserungen Mehrings notgedrungen bald abrückte, so sah man doch in der Sozialpolitik weniger wirkliche Besserung, als vielmehr den Weg zur Erhöhung der Bereitschaft des Proletariats für den Moment der politischen Revolution.

„Für die Sozialdemokratie bildet der alltägliche praktische Kampf um soziale Reformen, um die Besserung der Lage des arbeitenden Volkes noch auf dem Boden des Bestehenden, um die demokratischen Einrichtungen vielmehr den einzigen Weg, den proletarischen Klassenkampf zu leiten und auf das Endziel, auf die Ergreifung der politischen Macht und die Aufhebung des Lohnsystems hinzuarbeiten. Für die Sozialdemokratie besteht zwischen der Sozialreform und der sozialen Revolution ein unzertrennlicher Zusammenhang, indem ihr der Kampf um die Sozialreform das Mittel, die soziale Umwälzung aber der Zweck ist."

Diese Auffassung der Rosa Luxemburg[308] war, so sehr sie dem „Nichts-als-Klassenkampfstandpunkt" gerecht zu werden schien und so kühl sie allen Erfolgen in Parlament und Praxis gegenüberstand, doch schon ein Zurückweichen von dem reinen Klassenkampfstandpunkt. An sich wäre die politische bezw. politisch-gewerkschaftliche Förderung des Klassenkampfes sehr wohl möglich gewesen als eine Klassenkampfpolitik, die jeden Kontakt mit dem Staat vermied, die sich auf sozialreformatorische Massnahmen nicht einliess. Ein solcher Standpunkt wäre dem allerdoktrinärsten Klassenkampfgedanken auch wohl gerechter geworden. Von anarchosozialistischer Seite war der Versuch in dem Unternehmen Dr. Friedebergs ja gemacht worden, es hätte sich dieser Standpunkt wohl auch ohne jeden anarchistischen Einschlag unter scharfer Zentralisation und höchster Anspannung des Organisationsprinzips zur Geltung bringen lassen können, zumal ja die Grundstimmung des Extrem-Radikalismus tatsächlich die Frage „Sozialreform oder Revolution" aufwarf und sie mit Revolution beantwortete.

Jeder andere Standpunkt, auch die Verbindung als Zweck und Mittel, wie sie Rosa Luxemburg vornahm, war bereits der Beginn eines Kompromisses. Vor den Konsequenzen dieses Kompromisses schreckte man aber zurück, suchte im Gegenteil eine einheitliche und geschlossene Anschauungsweise auf revolutionärer Grundlage zu erzielen. Pannekoek,[309] der die für den Radikalismus bezeichnendste Auseinandersetzung mit dem Staatsgedanken lieferte, formulierte kurz und knapp die Stellung des Radikalismus so: „die vollständige Zertrümmerung[310] der staatlichen Organisation". Niemals wurde innerhalb des Radikalismus der Gedanke erörtert, dass es etwas Entwicklungsunfähiges in der

308 [Luxemburg,] Sozialreform oder Revolution [?], S. 1/2.

309 [Pannekoek, Massenaktion und Revolution, in:] Neue Zeit, 30 Jahrgang, [Bd.] II [(1912), Heft 41], S. 541 [–550, hier S. 548.]

310 * Im Original bei Pannekoek: völlige Zerstörung.

menschlichen Gesellschaft kaum geben könnte, dass der unveränderliche Klassenstaat eine undialektische und unmarxistische Fiktion wäre. Dass dies nicht der Fall war, lag an der durch keine anderen Erwägungen bis zu den letzten Konsequenzen gesteigerten Klassenkampftheorie. Nach der radikalen Ansicht war der Kampf um den Staat ja doch vergeblich, es konnte nur der Kampf gegen den Staat ein wirklich sozialistischer sein. Der sozialistische Volksstaat etwa in dem Sinne des Gothaer Programms war für sie nur die „kleinbürgerlich-schwülstige Umschreibung des Wesens der Demokratie".[311]

Überhaupt war es der Organisationsgedanke im allgemeinen, gegen den sich starke Abneigung innerhalb der Radikalen regte. Das lag zum guten Teil daran, dass der Radikalismus viel stärker als alle anderen geistigen Hauptströmungen der Sozialdemokratie von Literaten beeinflusst war. Bei dem Ansehen, das die „reine Lehre" bei den Massen ihres messianischen Charakters wegen trug, war dies ein Umstand von höchster Bedeutung. Er war es, der den freiesten Blick für die Gefahren der Zukunft bewahrte und mit dem Kampf gegen Bürokratismus, Halbheit und Spiessertum innerhalb der Organisationen der Partei wertvolle Dienste leistete. Er war es auch, der in erster Linie die Begeisterungsfähigkeit der Massen erhielt. Weil er aber bei seinem Mangel an Verständnis für Staat und Organisation nur wenige der bedeutenderen Köpfe anzuziehen vermochte, blieb er zum Unglück für sich und die Partei eine Domäne derjenigen, die nach dem Worte von Renner[312] als „Commis voyageurs" des Klassenkampfes herumreisten.

Ein so gearteter Radikalismus musste auch den Klassenkampf als eine gänzlich internationale Angelegenheit betrachten. Stärker als die anderen Richtungen wachte er darüber, dass dem Staate in keiner Weise eine Verstärkung durch das Proletariat zuteil werde. Darum war ihm die Praxis des politischen und gewerkschaftlichen Kampfes ein Greuel. Er brauchte den Glauben an die Entwicklung und an die Wunderkraft der Diktatur des Proletariates, und die Praxis führte zum „Volksstaat". Diese Grundfrage der Taktik gab bei ihrer Erörterung innerhalb der Partei dem Radikalismus ein gewisses seelisches, oft auch geistiges Übergewicht. Wo alle Argumente fehlten, da konnte er noch mit dem Hinweis auf die Prinzipienlosigkeit mancher Gewerkschaftler [auf] die Überschätzung

311 Lenin, Staat und Revolution, S. 18.
312 [Renner,] Krieg, Marxismus und Internationale, S. 60 ff. [eigentlich: Marxismus, Krieg und Internationale, Zitat S. 107]

des Parlamentarismus auch im vulgärmarxistischen Lager und die trotzdem vorhandene (scheinbare) Machtlosigkeit der Sozialdemokratie hinweisen. Die Forderung des radikalen Marxismus formulierte darum Otto Bauer[313] in der richtigen Weise, wenn er sagte:

„Wir müssen die Massen zurückführen zu der alten Lehre des Sozialismus; zu der Lehre, die uns sagt, dass positive Erfolge in der kapitalistischen Gesellschaft nur schwer, nur selten, nur in unzulänglichem Masse errungen werden können, dass die Arbeiterklasse sich nicht in allmählich friedlichem Aufstieg emporarbeiten [...] kann .... Wie wir die Masse von dem Aberglauben an die Allmacht des Parlamentes befreien; wie wir sie aus dem engstirnigen Nichts des Reformismus[314] loslösen; wie wir sie wieder an die geschichtliche Entwicklung, an die Revolution, mit einem Worte: an den Sozialismus glauben lehren, das ist die Grundfrage unserer Taktik."

Dieser Grundgedanke, dass auch stärkste politische Betätigung innerhalb des Staates dem Proletariat doch kein rechtes Interesse am Staate zu geben vermöchte, konnte sich wohl mit dem ersten Teil des Erfurter Programms abfinden, musste aber im zweiten Teile eine Verfälschung der reinen Lehre sehen. Weil aber das Erfurter Programm die Partei beherrschte, konnten sie die offizielle Parteipolitik nicht mitmachen und wurden aus dem ursprünglich konservativen Element, das über das kommunistische Manifest nicht hinauszukommen vermochte, zu „Revisionisten von Links".

„Fortgesetzte Überwindung des konservativen Elementes in den eigenen Reihen ist eine Grundvoraussetzung ihres Inneren und damit auch ihres politischen Fortschrittes."[315]

Dass diese „Überwindung des konservativen Elementes" nur eine stärker werdende Radikalisierung des linken Parteiflügels in der Richtung auf den Syndikalismus hin bedeutete, zeigte sich in der Duldsamkeit, den dieser Kreis gegenüber allen Angriffen und Vorwürfen von links bezeigte.

313 [Bauer, Die Grundfrage unserer Taktik, in:] Der Kampf, [Bd.] VII, S. [49–63, hier S. 61 und 63.]
314 * Im Original bei Bauer: Nichts-als-Reformismus.
315 Laufenberg, Der Generalstreik, S. 2. [eigentlich: Der politische Streik]

Als das eigentlich konservative Element zeigte sich bald der „Vulgärmarxismus", der rein äusserlich dem Linksradikalismus in nichts an Schärfe des Tones nachstehen wollte, in der Tat aber unvergleichlich viel weiter rechts stand. Trotz gelegentlicher Verkündung der Revolution wusste er sich sehr gut mit der parlamentarischen Praxis abzufinden. Die Arbeit auf dem Boden der Gesetzmässigkeit verband ihn viel enger mit dem bestehenden Staate, als er selbst glauben mochte. Die Gesetzlichkeit des Kampfes war deswegen von so entscheidender Bedeutung für den Staatsgedanken, weil die politische Revolution die Zertrümmerung des alten Staatsgebäudes beabsichtigte und deswegen ein Interesse an dem bestehenden Staate nicht aufkommen lassen wollte. Der Kampf auf dem Boden von Recht und Gesetz dagegen interessierte das Proletariat auf das höchste am Staate, selbst wenn es als letztes Ziel eine „staatlose Wirtschaftsgenossenschaft" erstrebte.

Das Erfurter Programm war in dieser Beziehung so recht das Produkt des Vulgärmarxismus, es sprach nicht von der Abschaffung oder Zertrümmerung bestehender Organisationsformen, nicht einmal eine „planmässige Umgestaltung" wagte es zu fordern, sondern bewegte sich ganz allgemein in Ausdrücken von einer „Umwälzung", unter der jede Richtung sich vorstellen konnte, was ihr gefiel. Der parteioffizielle Vulgärmarxismus gab in seiner jeweiligen Formulierung den wechselnden Ausdruck der sich langsam ändernden Grundstimmung innerhalb der Partei getreu wieder. Zuerst war ihm der Zusammenbruch der Gesellschafts- und damit auch der Staatsordnung unvermeidlich,[316]

„weil wir wissen, dass die ökonomische Entwicklung mit Naturnotwendigkeit Zustände erzeugt, welche die Ausgebeuteten zwingt, gegen dieses Privateigentum anzukämpfen[;] ... dass sie endlich zu unerträglichen Zuständen für die Massen der Bevölkerung führt, welche dieser nur die Wahl lassen zwischen tatlosem Verkommen oder tatkräftigem Umstoss[317] der bestehenden Eigentumsordnung".

Dies käme eben daher, weil soziale Reformen unwirksam seien,

„insofern sie die Aufgabe habe[n], den im Laufe der ökonomischen Entwicklung stets wachsenden Widerspruch zwischen den Produktivkräften und der bestehenden Eigentumsordnung zu beseitigen und gleichzeitig die letztere zu erhalten und zu stärken".

316 Kautsky, Das Erfurter Programm, S. 105 [f].
317 * Im Original bei Kautsky: Umsturz.

Hier war Voraussetzung eine geradezu revolutionäre Entwicklung des Wirtschaftslebens, mit der Sozialreformen nicht Schritt zu halten vermochten. Die Entwicklung hatte alles ergriffen, nur zweierlei nicht: die Eigentumsordnung und den Staat. Diese Auffassung vermied zwar die überschroffe Klassenkampfformel des Linksradikalismus, hatte aber, trotzdem sie die Arbeiter so lange wie möglich auf dem Boden der Gesetzlichkeit zu halten versuchte, doch eine sehr pessimistische Auffassung von dem Wert des Gegenwartkampfes. Weil aber der Vulgärmarxismus offizielle Parteidoktrin war und auch sehr viele Praktiker in ihm den wissenschaftlichen Ausdruck ihrer Überzeugung wie ihrer Taten sahen, konnte er diesen Standpunkt nicht restlos zur Geltung bringen. Bebel, einer der Radikalsten unter den Praktikern, der auch kein Enthusiast der Sozialreform war, brachte den Begriff der „sozialen", d. h. nach seinem Sprachgebrauch radikalen, aber doch gewaltlosen Umwälzung auf. Damit war einer zukunftsfroheren Betätigung innerhalb des Staates auch theoretisch das Feld freigemacht. Man gab zwar von dem ersten Teil des Erfurter Programms nicht das geringste preis, aber man versuchte doch auch den praktischen Teil theoretisch zu basieren. Dazu gebrauchte man die Anerkennung der Gesetzlichkeit als des einzig möglichen Kampfbodens für die Partei auch in der Theorie. Wieder war es Engels, der hier entscheidenden Einfluss auf die Partei gewann. Im Jahre 1895 schrieb er in der Einleitung[318] zu den „Klassenkämpfen in Frankreich", unter Eingeständnis früherer Irrtümer:

„Die Geschichte aber hat auch uns Unrecht gegeben, hat unsere damalige Ansicht als eine Illusion enthüllt. Sie ist noch weiter gegangen [:] Sie hat nicht nur unseren damaligen Irrtum zerstört, sie hat auch die Bedingungen total umgewälzt, unter denen das Proletariat zu kämpfen hat. Die Kampfesweise[319] von 1848 ist heute in jeder Beziehung veraltet, und das ist ein Punkt, der bei dieser Gelegenheit mehr untersucht zu werden verdient[320] ... Die Ironie der Weltgeschichte stellt alles auf den Kopf. Wir, die ‚Revolutionäre', die ‚Umstürzler', wir gedeihen weit besser bei den gesetzlichen Mitteln als bei den ungesetzlichen und dem Umsturz. Die Ordnungsparteien, wie sie sich nennen, gehen zu Grunde an dem von ihnen selbst geschaffenen gesetzlichen Zustand, sie rufen verzweifelt mit Odilon Barret:[321] La légalité nous tue, die Gesetzlichkeit ist

318 [Engels, Einleitung, in: Marx, Die Klassenkämpfe in Frankreich,] S. 11. In ebenderselben Einleitung fand sich eine Ablehnung des Staates als Gesellschaftsideal.

319 * Im Original bei Engels: Kampfweise.

320 [Engels, a. a. O.,] S. 21.

321 * Im Original bei Engels: Barrot.

unser Tod, während wir bei dieser Gelegenheit straffe Muskeln[322] und rote Backen bekommen und aussehen wie das ewige Leben. Und wenn wir nicht so wahnsinnig sind, ihnen zu Gefallen uns in den Strassenkampf treiben zu lassen, dann bleibt ihnen zuletzt nicht anderes, als selbst diese ihnen so fatale Gesetzlichkeit zu durchbrechen."

Diese Stellungnahme rang sich als Theorie der Taktik nur sehr allmählich durch. Der extreme Radikalismus machte aus seiner Verachtung für diesen Standpunkt gar kein Hehl. Nichts ist bezeichnender als die masslosen Ausfälle, mit denen Lenin späterhin den revidierten Standpunkt von Kautsky überschüttete. Der Marxismus von Kautsky etc. versuchte noch des längeren – beispielsweise auf dem Dresdener Parteitag – den alten revolutionären Standpunkt zu wahren. Wie sehr Kautsky an dem eigentlichen Wesen des Staates vorbeiging, geht daraus hervor, dass er meinte, die Klassenunterschiede fänden „praktisch gar keine Grenze", und je stärker darum der Klassenkampf entbrenne, desto mehr

„verlieren die sozialen Triebe gegenüber der Gesamtgesellschaft an Kraft, werden sie aber um so kräftiger innerhalb der Klasse, deren Wohl für die Masse der Individuen nun immer identischer wird mit dem Gesamtwohl."

Kautsky sah so sehr alles Heil in der Klasse und nichts im Staate, dass er die Vorzüge des Staates in denen der emanzipierten Klasse aufgehen lassen wollte. Es war dies das Unvermögen, über den von Engels im „Anti-Dühring" präzisierten Standpunkt hinauszukommen. Es geht darum zu weit, wenn neuerdings Kelsen[323] aus der Haltung Kautskys eine Bejahung des Staates im Prinzip herauslesen will, es war weiter nichts als die Rechnung mit einer gegebenen Grösse, von der man nichts erwartete, die aber da war. Insofern bedeutete der Vulgärmarxismus einen Fortschrift gegenüber dem Radikalismus, als er nicht wie dieser den Staat am liebsten ganz fortleugnete, sondern praktisch sehr wohl mit ihm zu rechnen wusste.[324]

322 * Im Original bei Engels: bei dieser Gesetzlichkeit pralle Muskeln.
323 [Kelsen,] Der Staat im Sozialismus. [eigentlich: Sozialismus und Staat]
324 [Kautsky, Die neue Taktik, in:] Neue Zeit. 30. Jahrgang, Bd. II, [Heft 46 (1912), S. 723–733, hier] S. 727 ff.

Die Unfruchtbarkeit des Vulgärmarxismus zeigte sich bald bei Gelegenheit der praktischen Anwendung seines Standpunktes. Hier ersetzte er das Fehlen einer marxistischen Staatslehre durch moralische Lamentationen. So kam man beispielsweise bei der Kolonialfrage zu der ganz unmöglichen, ebenso unmarxistischen wie alle realen Interessen der Gesamtheit hintansetzenden Unterscheidung von Arbeitungs- und Ausbeutungskolonien, einer Unterscheidungsweise, wie sie in das Zeitalter der Aufklärung hineingepasst hätte. Da hatte der Radikalismus doch andere Gründe vorzubringen vermocht! Neben der gänzlich unzulänglichen Behandlung des Staates lag die Schuld an solchem Unvermögen auch in der mangelhaften begrifflichen Klärung, die selbst an dem bei Marx schon Vorhandenen einfach vorüberging. Die scharfe Kritik von Cunow[325] bestand demnach zu Recht, der Kautsky vorwarf, dass von ihm

„jede beliebige Vereinigung, die kapitalistische Gesellschaft wie die Tier- und Menschenhorte, wie[326] Geschlechtsgenossenschaft wie der Staat, einfach als [‚]Gesellschaft['] bezeichnet wird,[327] eine Verquickung der Begriffe, die zur Folge hat, dass er auch zwischen Gesellschaft und Staatsordnung nicht zu unterscheiden vermag".

Das Hin und Her des Vulgärmarxismus, der, im Herzen mehr zu Radikalismus neigend, bald als reine Theorie den Klassenkampfgedanken zu dem alleinherrschenden machen wollte, bald als parteioffizielle Rechtfertigung der parlamentarischen Praxis auftrat,[328] wurde von den radikalen Praktikern unter Bebels Führung zwar nicht gelöst – auch der Standpunkt von Engels war ein zu sehr taktischer und unprinzipieller –, aber doch so stark beiseite gestossen, dass die Praxis alleinherrschend wurde und die vulgärmarxistische Theorie ihr folgen musste. Die Theorie hatte eben nicht mehr mitgekonnt, jetzt konstituierte sich als offizieller und auch als „radikal" geltender Parteistandpunkt, auf Grund der von Engels geforderten Gesetzmässigkeit und dem von Bebel aufgestellten Begriff der sozialen Revolution, der Standpunkt, der radikal in den Zielen, aber gesetzlich in den Mitteln war, ohne seine Taktik ein- für allemal festzulegen. Bebel[329] drückte dies so aus:

325 [Cunow, Gesellschafts- und Staatsordnung, in:] Neue Zeit, 36. Jahrgang, [Bd.] II [(1918), Heft 21, S. 489–496, hier] S. 496.
326 * Im Original bei Cunow: Menschenhorde, die.
327 * „bezeichnet wird" an dieser Stelle nicht im Original bei Cunow.
328 Kautsky, Parlamentarismus und Demokratie.
329 [Bebel,] Einleitung zu Marx: Klassenkämpfe in Frankreich, S. 7. [eigentlich: Vorwort]

„Für die Sozialdemokratie ist die Richtschnur gegeben, sie wird sich nicht, komme was wolle, von ihrem bestehenden[330] Boden abdrängen oder verleiten lassen, ihr bedenklich scheinende Wege zu betreten; sie hat keinen Grund, ihren Feinden gegenüber sich zu Unbesonnenheiten und gewünschten Gewaltstreichen verleiten zu lassen. Stark in dem Bewusststein, dass die ganze geschichtliche Entwicklung ihr in die Hände arbeitet, und sie durch die Macht der Gründe und die Gerechtigkeit und Selbstverständlichkeit ihrer Forderungen der Kristallisationskern für alle wird, die an einer neuen gesellschaftlichen Ordnung auf sozialistischer Grundlage interessiert sind, und das ist schliesslich die sehr grosse Mehrheit, kann sie festen Fusses und heiteren Auges das Kommende erwarten."

Aber auch der Vulgärmarxismus in seiner Entwicklungsunfähigkeit hatte seine historische Mission innerhalb der Sozialdemokratie und damit auch dem Staatsgedanken gegenüber zu erfüllen. Er war Bewahrer des Erfurter Programms, und damit auch der Kitt, der die Partei zusammenhielt. Mit den Radikalen, die für den zweiten Teil des Erfurter Programms nur Spott hatten, war er durch den theoretischen Teil verbunden, mit den Revisionisten, die im allgemeinen nur den zweiten Teil für wertvoll und den ersten Teil im besten Falle noch revisibel hielten, war er durch die Hochhaltung des zweiten Teils verknüpft. So blieb er das Bindeglied zwischen Radikalen und Revisionisten, die sonst keinerlei Berührungspunkte miteinander gehabt hätten. Darum musste das Programm unrevidiert bleiben, seine Zwiespältigkeit garantierte die Einigkeit der Partei. Revisionisten rechts, Revisionisten links, der Vulgärmarxismus und seine Entwicklungsfähigkeit verbindend in der Mitte. Es bestand also tatsächlich ein tieferer Zusammenhalt als bürgerliche Kritiker wie Brunhuber annahmen, die für die Einigkeit der Sozialdemokratie keine andere Charakterisierung fanden, als kurzerhand zu sagen:[331]

„In dieser Hinsicht bietet die heutige Sozialdemokratie ein Bild ethischer Korruption."

330 * Im Original bei Bebel: bisherigen.
331 Brunhuber, Die heutige Sozialdemokratie, S. 180.

Die praktische Verbindung zwischen Vulgärmarxismus und Revisionismus bildete der Führertyp, der mit „Organisator" bezeichnet werden kann. Hatte doch selbst ein so radikaler Marxist wie Bebel sich mit der, soweit überhaupt vorhandenen, Staatslehre des wissenschaftlichen Marxismus nicht zufriedengeben können und darum kraft seiner anderen Erfahrung und überragenden Persönlichkeit diesen Kreisen ein anderes Verhalten gegenüber dem Staate aufoktroyiert. Mit der lediglich passiven Rolle, die konsequente Marxisten dem Staate gegenüber einnahmen, konnte sich die Praxis nicht begnügen. Dies war nicht zum wenigsten der Grund, warum die Führer im politischen Tageskampf sich immer mehr zu einer positiven Staatsgesinnung hin entwickelten, eine Tendenz, die sich auch in den Kreisen der Radikalen geltend machte. Der Bebel von 1910 war ein anderer als der der achtziger Jahre. Aber auch schon damals hatte an Bebels Seite ein Mann wie Ignaz Auer gestanden, ein Politiker der positiven Tätigkeit im Staate und des lebendigsten Interesses an seinem Wohlergehen. Sinnfälliger noch war diese Entwicklung bei den jüngeren Führern, den Ebert, Noske, Scheidemann, die als Radikale begonnen hatten und ganz allmählich durch die Verantwortung ihrer Führerstellung in das Lager der Revisionisten hinübergeführt wurden.

Es ging die Entwicklung des Staatsgedankens in der Zeit von Erfurt bis zum Kriege in mancher Hinsicht parallel den Vorgängen der siebziger Jahre. Nur war der Kampf um den Volksstaat jetzt mehr ein Kampf um politische Tagesfragen. Er wurde viel intensiver geführt, das war der Fortschritt gegenüber den 1870er Jahren, aber ohne die ideale Begeisterung für das sozialistische Wirklichkeitsideal des „Volksstaats". Wenn jetzt die Massen, denen das Lassalleanische „Das gleiche Wahlrecht ist das Zeichen" weit näher stand als die unverständlichen marxistischen Konstruktionen in ihrem Drang nach tatsächlichen Erfolgen vorwärts gehen wollten, dann fuhr ihnen immer der marxistische Schulmeister dazwischen und machte darauf aufmerksam, dass alles dies mit dem Endziel sehr wenig zu tun habe. Der Revisionismus war in erster Linie eine Empörung gegen die Tyrannei des Endzieles und eine Rechtfertigung der Bewegung und als solche nötig. In diesem Sinne ist auch das bekannte Wort von Bernstein zu verstehen, aber vergeblich würde man suchen, wenn man in ihr auch eine Empörung gegen den liberalen Charakter des Marxismus finden wollte. Davon war nie und nimmer die Rede.

Auch bei Bernstein nicht, trotzdem gerade er für den Gegenwartsstaat so anerkennende Worte gefunden hatte, dass diese vom marxistischen Standpunkt geradezu als unerlaubt angesehen werden müssten. Er sprach mit klaren Worten aus, dass das Verhältnis der Arbeiter zum Staate allmählich anders geworden war, dass die Arbeiter sich seines Nutzens bewusst geworden seien.

„Sie wissen, dass sie an einer ganzen Reihe von Staatsgesetzen interessiert sind, sie nehmen in steigendem Grade Anteil an der Fortbildung der Gesetzgebung, sie wollen alte Gesetze abschaffen, aber sie wollen nicht das Gesetz überhaupt beseitigen, sondern bestimmte Gesetze reformieren und neue hinzufügen. Wo aber diese Stellung zum Gesetz ist, da ist auch staatsbürgerliches Bewusstsein. Ihre Oppositionsstellung gegen die regierenden Gewalten hindert die Arbeiterbewegung nicht, einer der stärksten Faktoren zu sein, welche die Arbeiter zu Staatsbürgern macht[332]*."*[333]

So wurde die Arbeiterbewegung eine „Kraft des Staates". Dieser Standpunkt Bernsteins war lediglich utilitarisch und betrachtete den Staat keineswegs unter dem Gesichtspunkte des grossen Verbündeten für die Erlangung der Zukunftsideale, noch als Embryo dieses Zukunftsideals selbst. Er war alles in allem die Rechtfertigung praktischer politischer Handlungen durch eine aus der Erfahrung des politischen Kampfes gezogene Lehre, die nicht einmal die ausgesprochenen Merkmale des Sozialismus an sich trug. Es war der sich demokratisch entwickelnde Staat, der Sozialpolitik trieb, an dem Bernstein das Interesse des Arbeiters konstatierte. So war es auch erklärlich, dass dieser Verehrer Lassalles in der Vorrede zu dessen von ihm herausgegebenen Werken die Lassalle'sche Staatsauffassung „die schwächste Stelle" seiner Lehre nannte.

332 * Im Original bei Bernstein: machen.
333 [Bernstein,] Die Arbeiterbewegung, S. 170.

Überhaupt war der Staat in der ganzen revisionistischen Bewegung nichts als der Träger arbeiterfreundlicher Massnahmen, „radikaler Sozialpolitik", wie es Georg v. Vollmar nannte. Eine positive Staatslehre aus den schwachen Ansätzen der marxistischen Lehre zu entwickeln oder gar die Staatsauffassung Lassalles und der deutschen klassischen Philosophie weiter zu bilden, war nirgends auch nur versucht worden. Ebenso ging der Revisionismus an dem Problem der Gemeinwirtschaft und der Rolle des Staates in ihr achtlos vorüber. Er fand weder ein Ideal, noch erkannte er die Tendenz der Entwicklung. Und er konnte notwendigerweise auch nicht anders, war er doch letzten Endes nur eine „Kritik" der Kritik. Den Liberalismus in der marxistischen Lehre hatte er weder bekämpft noch zu bekämpfen versucht. Im Gegenteil hatte er dem Geiste des Individualismus in der Partei noch so manches Mal den Rücken gesteift. Und wie hätte er dies auch gekonnt, wo bei ihm jede Einheitlichkeit der Weltanschauung fehlte, er beinahe so viele Richtungen zählte, als er Anhänger hatte und so schon seiner ganzen Struktur nach individualistisch war. Nichts mochte mehr die innerliche Zerrissenheit der ganzen Bewegung bezeichnen als die Förderung positiver Staatsgesinnung auf der einen und das liberale Ideal der emanzipierten Persönlichkeit auf der anderen Seite. Kampffmeyer[334] konnte auf der einen Seite seine Broschüre, die den Entwicklungsprozess der Gesellschaft analysierte, mit den Worten schliessen:

„Diesem sich völlig erneuernden, sich an Haupt und Gliedern umgestaltenden Staate können wir getrost die Lösung der grossen sozialpolitischen Aufgaben des Erfurter Programms anvertrauen",

und auf der anderen Seite malte er, liberal wie ein Jünger der französischen Aufklärung, die Organisationsform der Zukunft so aus:[335]

„Eine höhere Form des Individualismus reift so in der Gesellschaft der Zukunft[336] heran, ein Individualismus auf breiter, fester Grundlage der Gesellschaft, genossenschaftlicher[337] Arbeit auf allen Lebensgebieten."

334 [Kampffmeyer,] Wohin steuert die politische und ökonomische Entwicklung? [eigentlich: Wohin steuert die ökonomische und staatliche Entwicklung?, S. 54.]
335 [Kampffmeyer,] Geschichte der Gesellschaftsklassen [, S. 230.]
336 * Im Original bei Kampffmeyer: zukünftigen Gesellschaft.
337 * Im Original bei Kampffmeyer: gesellschaftlichen, genossenschaftlichen.

Wo der Revisionismus wirtschaftspolitische Fragen behandelte, wie bei Calwer und Schippel, hatte er grössere wissenschaftliche Bedeutung und kam auch zu einer richtigeren Würdigung der Staatsmacht und ihrer Bedeutung für die Arbeiterklasse, wusste aber von dem sozialistischen Wesen des Staates in der Wirtschaft nichts zu sagen. Teilweise überspannten sie die berechtigte Reaktion gegen die internationale Klassenkampfpose zu einer übermässigen Betonung des Mitinteresses der Arbeiterschaft am Imperialismus so sehr, dass sich ihnen der Blick für andere tätige Kräfte trübte und sie sich obendrein noch das Vertrauen der Arbeiterschaft gänzlich verscherzten. Wenn die Kritik der Radikalen am Revisionismus auch stark übertrieben war, so lag doch ein gut Teil Wahrheit in seiner Kennzeichnung durch den französischen Syndikalismus:[338]

„Eine einfache demokratische und reformistische Entwicklung, die die bürgerlichen liberalen Einrichtungen nachahmen, und die sich einbildet, die Emanzipation der Arbeiter zu erreichen, indem sie den bürgerlichen Liberalismus unter der doppelten Form einer vollständigen politischen Demokratie zu einer vollständigen wirtschaftlichen Demokratie auf die Spitze treibt."

Der Revisionismus sollte zwar in vielen Punkten recht behalten, aber immer nur als Rechtfertigung der Praxis. Diese, und nicht er, hatte das Verhältnis des Arbeiters zum Staate geändert. Als Weltanschauung hatte der entschlossene und geschlossene Radikalismus ein leichtes Spiel mit diesem Konglomerat von kritischen Individualitäten ohne inneren Zusammenhang. Höchstens ein nationales Gefühl und die Gemeinsamkeit der Kritik vermochten ein schwaches Band um den Revisionismus zu schlingen. Trotzdem drang er unaufhaltsam vorwärts, ein Zeichen nicht seiner Stärke, sondern des Umstandes, dass eine rein marxistische Politik sich in Deutschland nicht treiben liess. So verschwand der Radikalismus aus dem Führerkreise mehr und mehr und sah sich auf die Gefolgschaft der Massen angewiesen. Hier konnte ihm der Revisionismus den Rang auch nicht ablaufen. Wo der Arbeiter in Partei und Gewerkschaft nicht lediglich Organisationsmensch war und die Politik seiner Organisation und ihrer Führer gänzlich zu der seinen machte, da blieb er in seiner Grundstimmung gänzlich unter der Suggestion des internationalen Klassenkampfes ohne Einschränkung, und damit auch dem Einfluss des Radikalismus unterworfen.

338 Bertz [gemeint ist Édouard Berth], in: Mouvement socialiste, Mai 1908, S. 393.

Gerade dass die Revisionisten eine eigene geschlossene Weltanschauung nicht geschaffen und zudem in ihren Idealen beeinflusst waren, näherte sie dem radikalen Liberalismus sehr. Trotzdem irrten die bürgerlichen Kritiker, wenn sie einen geringen, lediglich graduellen Unterschied annahmen. Bei einzelnen mochte dies seine Richtigkeit haben, so wenn z. B. Rudolf Lebius[339] sagte:

„Ich war Revisionist und als solcher kann man entweder, wie schon einmal Pfarrer Naumann in Dresden gesagt hatte, innerhalb der Sozialdemokratie bernsteinisch mittun, man kann aber auch nationalsozial innerhalb des Bürgertums wirken. Das sieht äusserlich wohl so aus wie ein politischer Glaubenswechsel, ist es aber nicht. In seinem Inneren bleibt man derselbe.[340] Ob ein sozialdemokratischer Revisionist naumannisch in Bürgertum oder ob ein Nationalsozialer bernsteinisch in der Sozialdemokratie mittut, ist nur eine Frage der Taktik."

Damit aber war der Unterschied keineswegs ausgeschöpft. Auch die reformistische Richtung hatte die Klassenkampftheorie nie aufgegeben, sondern sich nur gegen die Alleinherrschaft ihrer primitiven Formel gewandt, um die Hände für praktische Tätigkeit frei zu bekommen. Der Klassenkampf war und blieb die trennende Schranke.

Dies war nicht der einzige Punkt, in dem sozialdemokratischer Reformismus und sozialer Liberalismus sich berührten. Der Liberalismus hatte seit Gründung des Reiches und besonders seit dem Eingreifen des Staates in die Wirtschaft (Schutzzoll) sich zu einer positiveren Haltung gegenüber dem Staate durchgerungen. So hatte er sich auch allmählich mit dem Gedanken der Sozialpolitik befreundet und war in dieser Frage zu einer ausgesprochenen Hilfstruppe der Sozialdemokratie geworden. Er betonte weniger seinen liberalen als seinen demokratischen Charakter. Er selbst fasste diesen Unterschied nur graduell auf und auch die Sozialdemokratie machte sich über diese theoretischen Unterschiede nur wenig Gedanken, wenn man bei ihr auch – durch die eigene Existenz belehrt – viele Arten von Demokratie für möglich erkannt hatte. Unter den anderen Einflüssen, die sich von rechts her in der Partei bemerkbar machten, waren nur zwei von einiger Bedeutung, weniger für die Partei als für die intellektuellen Mitläufer.

339 [Zitiert nach] Brunhuber, a. a. O., S. 179 f.
340 * Im Original bei Brunhuber: dasselbe.

Einmal war es Oppenheimer,[341] der, ein echter Sozialliberaler – gerade in seinem Staatsideal ein guter Marxist –, das politische Mittel des Staates verwarf und von der freien Entfaltung des wirtschaftlichen Mittels die Gesellschaftsform der Zukunft erhoffte. Von Österreich her fand dann noch der solidaristische Gedanke seinen Eingang in Deutschland, der in seiner Art sehr viel staatsfreundlicher war.

Die geistigen Hauptströmungen der Partei hatten also das Staatsproblem des Sozialismus auch nicht lösen können. Die Aufgeklärten in der Partei nahmen noch immer den Standpunkt ein, wie ihn 20 Jahre vor dem Kriege ein Schriftsteller,[342] Engels grob und unklar popularisierend, zum Ausdruck gebracht hatte:

„Die Gesellschaftsform[ation] der Barbarei war die naturwüchsig-kommunistische [‚]Gens['], die der Zivilisation ‚der Staat', der Klassenstaat, die der Kultur wird die [‚]sozialistische Gesellschaftsform['][343] *sein".*

Die Erkenntnis des grössten Teils der Führer hob sich in keiner Weise über diese hinaus.

341 [Oppenheimer,] Der Staat.
342 Stern, Der „historische Materialismus", S. 13.
343 * Im Original bei Stern: „sozialistische Gesellschaft".

3. Abschnitt

Die zerfallenden Parteien

VIII.

Beim Kampfe um die Macht war der extreme Radikalismus mehr und mehr aus der Rolle des Kämpfers in die des Antreibers gedrängt worden. Der eigentliche Kampf spielte sich zwischen dem gemässigt-radikalen Vulgärmarxismus und dem Revisionismus ab. Trotzdem die Radikalen zusammen mit dem marxistischen Zentrum Parteitagsmehrheiten erzielten, vermochten sie doch nicht mehr ihren Beschlüssen die rechte Achtung zu verschaffen. Das lag eben daran, dass diese Beschlüsse zwiespältig waren. Atmete der erste Teil den unversöhnlichen Hass der Extremen, so folgten im zweiten Teil Anweisungen für die Abgeordneten, die Macht des Proletariats zu wahren, seine Staatsbürgerrechte zu erweitern und die Sozialpolitik vorwärts zu treiben. So bildete jeder der radikalen Parteitagsbeschlüsse ein treues Spiegelbild des Erfurter Programms. Derselbe Revisionismus, der als Weltanschauung nur den Spott der Linksradikalen herausgefordert hatte, wurde immer stärker und bemächtigte sich schliesslich der offiziellen Parteileitung. Mochte auch ein Radikaler wie Haase an der Spitze stehen, die Macht lag bei denen, die die Organisation handhabten, und diese hatten, teilweise ohne es selbst zu wissen, längst ihre Sitze auf der Bank derer eingenommen, die revisionistische Politik machten.

Doch konnten Revisionisten und Praktiker zu einer reinen Freude an ihren Erfolgen nicht kommen. Die politischen Gegner hatten die Gefährlichkeit gerade dieser Richtung für sich auch erkannt und suchten mit allen Mitteln ihre Mitarbeit zu verhindern. Das musste verbitternd wirken und es kennzeichnete die Situation, dass es Bernstein war,[344] der in einer

344 Der Kampf, [Bd.] VII, S. [334–]335.

Rede in Budapest die Möglichkeit eines Zusammenbruchs der Wirtschafts- und Staatsordnung aussprach, und dass ein Mann wie Winnig[345] auf die drohende Gefährdung des Koalitionsrechts mit dem Hinweis auf gewaltsamen Widerstand antwortete.

Der Vorstoss der Nutzniesser der alten Wirtschafts- und Staatsordnung gegen die Sozialdemokratie wurde mit den ungeheuerlichsten Hilfsmitteln unternommen. Die Sozialdemokraten waren insofern im Nachteil, als nur wenige so gut wie ihre Gegner es sahen, dass aus dem Kampf in dem Staate schon der Kampf um den Staat geworden war. Für die Gegner war der Staat nur noch Mittel zur Erreichung ihrer Zwecke, während sich in der Sozialdemokratie immer wieder der Wunsch regte, in ihm mehr sehen zu dürfen. Die ganze Lage hatte trotz der grossen Entwicklung etwas Trostloses für alle Parteien bekommen.

Dass aber das Verhältnis zum Staate so bald einer Probe unterzogen wurde, hatte man sich in der Partei nicht träumen lassen. Man hatte allgemein in der Partei das Gefühl, dass die kulturelle Entwicklung Westeuropas für einen Krieg schon zu weit vorgeschritten sei, und dass die weltwirtschaftlichen Wechselbeziehungen zu eng seien, als dass ein Krieg nicht den Zusammenbruch der ganzen Wirtschaft zur Folge haben würde. Zudem beherrschte die Ideologie der Internationale zu stark die Köpfe und gab das Gefühl einer Macht, die gar nicht vorhanden war. Man sah in sich und den Bruderparteien der anderen Länder Garantien des Friedens. Um so mehr musste die Tatsache der Kriegserklärung verwirren. Da musste in der Partei, die sich unvermutet vor die Lösung ihrer Lebensfrage gestellt sah, die wahre Grundstimmung zum Durchbruch kommen.

Als die Protestaktionen vor Kriegsausbruch erfolglos vorübergegangen waren, sah man in der Partei ein, dass eine internationale gewaltsame Aktion gegen den Krieg nicht in Frage kommen könne. Gerade die deutschen Sozialdemokraten waren sich hierüber ja verhältnismässig klar gewesen. Was demgegenüber auch in den Köpfen Einzelner spuken mochte, kam nicht in Betracht gegenüber der allgemeinen Ansicht vom Verteidigungskrieg und der Suggestion, die die einmütige Haltung

345 Auf dem Gewerkschaftskongress zu München [1914.]

des Bürgertums ausübte. Zudem war mit dem Aufblühen Deutschlands das Nationalbewusstsein mächtig gewachsen, auch das der Arbeiter. Auf allen Gebieten stand Deutschland in der ersten Reihe, die Ansicht, dass auch militärisch ein Krieg kein Wagnis bedeute, war Gemeingut der Angehörigen aller Parteien. Soweit die Führer diesem naiven Glauben nicht huldigten, hätten sie doch einen erheblichen Einfluss auf die Massen nicht so ohne weiteres ausüben können; gerade die Ursprünglichkeit in der Haltung des weitaus grössten Teils der deutschen Arbeiterschaft zeigte mit aller Deutlichkeit, dass der sozialdemokratische Parteigedanke doch noch nicht stark genug gewesen war, um alle anderen Regungen einfach zu unterdrücken.

Unberührt davon blieb im Grunde die Frage der Bewilligung oder Nicht-Bewilligung der Kriegskredite. Ein Präzedenzfall war in der Verweigerung Bebels und Liebknechts und der Zustimmung v. Schweitzers und seiner Freunde im Jahre 1870 gegeben. Damals hatten auch die Verweigerer bei Ausbruch des Krieges vollständig mit der preussisch-deutschen Sache gefühlt und ihren Sieg erhofft. Im August 1914 zeigte sich, dass die Ansichten der Parteiführung und der Reichstagsfraktion grundsätzlich revisionistische waren. Mochte der Druck von aussen her rein seelisch auch noch so stark gewesen sein, die Selbstverständlichkeit, mit der die Kredite bewilligt wurden, war kein Resultat einer Kriegspsychose. So bewilligte die Fraktion – nach aussen hin ein Bild vollster Einigkeit – einstimmig die Kriegskredite mit einer ausgesprochen revisionistischen Begründung.

Die Fraktion lehnte die Verantwortung für die Folgen der imperialistischen Politik ab, wies aber auf die vom Zarismus drohende Gefahr hin und sagte, in dieser Stunde „machen wir wahr, was wir immer betont haben, wir lassen in der Stunde der Gefahr das eigene Vaterland nicht im Stich." Dieser Satz vor allen Dingen fand seine Kritiker und Apologeten. David[346] schrieb ein ganzes Buch zu seiner Rechtfertigung, mehr noch ist von seiten der radikalen Opposition dagegen geschrieben worden. Auch die Sucher nach Neuem, wie Lensch, verwarfen ihn. In aller Kritik mischte sich Recht und Unrecht, ganz gerecht wurde auch Lensch diesem heiss umstrittenen Satze nicht. Wenn auch viele Äusserungen bedeutender Sozialdemokraten, an der Spitze Bebel, von der Bereitschaft zeugten, als Staatsbürger die Pflicht der Landes-

346 [David,] Die deutsche Sozialdemokratie im Weltkriege. [eigentlich: Die Sozialdemokratie im Weltkriege]

verteidigung durch die Tat anzuerkennen, wenn auch die deutsche Sektion der Internationale die revolutionären Massenstreikphantasien für den Fall des Kriegsausbruchs recht schroff abgelehnt hatte, von einer Bewilligung der Kriegskredite hatte man dabei nicht gesprochen. Wenige Tage vor Kriegsausbruch hatte Hermann Müller in Paris die Ablehnung der Kriegskredite in Aussicht gestellt. Man hatte ja bisher auch immer den Militäretat abgelehnt. Gewiss hatte Lensch recht, wenn er sagte:[347]

„Entweder wies die Fraktion die Verantwortung für den Krieg zurück, dann musste sie auch die Kredite ablehnen, oder [aber] sie bewilligte die Kredite, [und] dann musste sie auf jene Phrase von der [‚]Verantwortung[‘] verzichten."

Nicht so unbedingt recht hatte er, wenn er darüber spottete, dass die Partei ihre vaterländische Bereitschaft schon immer verkündet hätte. Wohl bestand die Tatsache, dass die Partei in ihrer Geschichte manches andere gesagt hatte, und dass jedem Radikalen darum dieser Standpunkt [falsch] vorkommen musste. Auf der anderen Seite muss aber in Betracht gezogen werden, was alle Kritiker immer übersahen, dass die Erklärung ein Produkt des Revisionismus war. Die David, Heine, Südekum, ebenso wie der grösste Teil der Gewerkschaftler, konnten sich mit Recht darauf berufen, dass sie dies schon „immer gesagt" hätten. Es war nicht die Partei als solche, sondern die Richtung, die bei Kriegsausbruch schon die herrschende geworden war, die im Überschwang des überwältigenden Sieges über die Gegenrichtung sich kurzer Hand mit der Partei identifizierte. Und darum war die deutsche Öffentlichkeit, die sich nach Lensch einig sein sollte, „in der Annahme, die Sozialdemokratie solle die Kriegskredite ablehnen" doch nicht so von dem „sehr richtigen Gefühl" beseelt, denn sie hatte einfach übersehen, dass der Revisionismus schon so weit vorgedrungen war, dass er sich sogar des Organisationsapparates bemächtigt hatte.

In einem hatte die radikale Kritik recht, die Sozialdemokratie konnte nicht mehr zurück, die Marschroute für ihre Zukunft war ihr jetzt vorgezeichnet: Organisation zu sein in bewusster Unterordnung unter eine höhere Organisation. Was ihr dabei an agitatorischem Vorteil verloren gegangen sein mochte, hatte die Gegenseite doppelt verloren, weil sie den Vorwurf der Staatsfeindlichkeit nicht mehr gut erheben

347 [Lensch,] Die Sozialdemokratie, ihr Ende und ihr Glück, S. 64.

konnte. Was sich in den Jahren vor dem Kriege vorbereitet hatte und bei Gelegenheit einzelner Fragen, z. B. der Kohlenbergbauverstaatlichung, blitzartig gezeigt hatte, wurde im Verlauf des Krieges immer mehr offenbar: Die Interessen des Kapitalismus, dessen Vertreter die bürgerlichen politischen Parteien waren, lösten sich immer mehr von den Interessen der Allgemeinheit, und die der von der Sozialdemokratie vertretenen Arbeiter näherten sich ihr um so stärker. Der Staat hatte von seinem Klassencharakter doch schon so viel eingebüsst, dass er die Auswüchse kapitalistischer Bestrebungen beschneiden und in Kampfstellung gegen die bisher in ihm herrschenden Klassen gehen musste.

Die Sozialdemokratie war andererseits schon so sehr Staatspartei geworden, dass sie ihm dabei half, und seine stärkste Stütze in Fragen wurde, die die wirtschaftliche Sicherung der Allgemeinheit betrafen. Dass die Sozialdemokratie Staatspartei, die Staatspartei schlechthin werden musste, dafür waren die wirtschaftlichen Voraussetzungen schon in der Vorkriegszeit gegeben, dass sie darum auch die politischen Hindernisse aus dem Weg räumte, war die Existenzfrage für sie. Die Gelegenheit war jetzt da. Dahinter mussten alle Bedenken zurücktreten, auch jedes erkünstelte taktische Manöver, das zwischen der Bewilligung der Kredite und der Taten im Schützengraben einen Unterschied machte, das so oder so den Massen unverständlich geblieben wäre, und die Partei zwischen zwei Stühle gesetzt hätte. Die Situation forderte ein bis zu den letzten Konsequenzen einheitliches Handeln, eine Einheitlichkeit, bei der Kreditbewilligung und Pflichterfüllung vor dem Feinde fest zusammengehörten.

Dies richtig erkannt zu haben, war das Verdienst der Organisatoren in Partei und Gewerkschaften. Sie machten mit dieser Stellungnahme nur dem Resultat ihrer politischen Erziehung an den Massen freie Bahn. So sehr auch nationaler Überschwang dabei mitspielte, so wirkte doch das in Partei und Gewerkschaft erzogene und geschulte Solidaritätsgefühl auf das stärkste. Über den Rahmen des Klassengedankens hinaus wurde es zum Gemeinschaftsgedanken. Die Organisation der Klassen erkannte die übergeordnete Organisation der Gemeinschaft an, es war der Organisationsgedanke, der sich selbst machtvoll bejahte. Die deutsche Geschichte war ein guter Grund für die Entwicklung dieses Gedankens gewesen.[348]

348 Paul Lensch, Drei Jahre Weltrevolution, S. 43.

„Was für die anderen Völker das Nationalgefühl, das war für das jugendlich-deutsche das Staatsgefühl. In Hass und Kampf und tausend Flüchen erstarkte dieses Staatsbewusstsein, nicht etwa in weichen Lobgesängen und Hohenzollernliedern. Im bittersten Kampfe aller Klassen um die Herrschaft im Staate erstarkte der Staat und zugleich das Bewusstsein der Klassen[349] von der Notwendigkeit eines starken Staates."

Das Bewusstsein der Massen forderte eine positive Stellungnahme zum Staate; Führer, die nach anderen Gesichtspunkten die Partei in diesem Augenblicke hätten leiten wollen, wären nicht an ihrer Stelle geblieben, sondern durch andere ersetzt worden. Das hatten auch die Führer der Opposition, die die nötige Weite des Blicks besassen, durchweg zugegeben. Der radikale Gustav Eckstein[350] sprach es auch aus:

„Es ist auch gar nicht richtig, dass die Proletariermassen selbst bei Ausbruch des Krieges instinktiv der oppositionellen Richtung gefolgt wären."

Innerer Kampf und Parteispaltung wären wohl immer die Folgen gewesen, ganz gleich, welche Stellung auch eingenommen wurde. Dass es der Revisionismus gewesen war, der diese Haltung der Partei veranlasste, bildete auch die schwache Seite der Kreditbewilligung. Sie bekam dadurch einen opportunistischen Charakter, den noch so viele „grundsätzliche" Bekenntnisse nicht verwischen konnten. In dem Augenblick, in dem die Hochstimmung der Augusttage verflog, und die Macht der Tatsachen bedrückend und niederziehend sich bemerkbar machte, war die Politik der Partei eine mehr oder minder wehrlose Zielscheibe der Angriffe des Radikalismus geworden. Von einem gewissermassen ausserhalb des Weltgeschehens liegenden „prinzipiellen" Standpunkt aus beschuldigte er die Partei des „Verrats".

349 * Im Original bei Lensch: Massen.
350 [Eckstein,] Die deutsche Sozialdemokratie während des Weltkrieges, S. 16.

Es war das alte Spiel zwischen den beiden Richtungen; der Revisionismus hatte die praktischen Erfolge, aber der Radikalismus war die geschlossene Weltanschauung. Mochte der Revisionismus das Staatsgefühl der Massen am 4. August auch überwältigend zum Ausdruck gebracht haben, so musste doch der Radikalismus mit den üblen Folgeerscheinungen des Krieges wachsen. Eine gleichwertige prinzipielle Gegenwehr konnte der Revisionismus nicht aus sich heraus gebären, er blieb die von Stimmungen und Einzelerfolgen abhängige Politik, die ihre Stellungnahme zu stark von einzelnen Tatsachen beeinflussen liess.

Drei Angriffspunkte hatte der Radikalismus bald erspäht: den Kampf um die wirtschaftlichen Massnahmen der Regierung, um die Auslegung der politischen Lehre von Marx und Lassalle und um den theoretischen Kernpunkt des ganzen Problems, den internationalen Klassenkampf. Der Staat war der hauptsächlichste Träger der Kriegswirtschaft geworden. Durch seine Aufträge war er bestimmend für die Produktion, und die Verteilung der Lebensmittel hatte er in seine Hand genommen. Ein lebhaftes Für und Wider erhob sich in allen Lagern um dieses System, das von Lensch „Kriegssozialismus" genannt worden war. Die Opposition meinte, diese Massnahmen wären kein Sozialismus, denn einmal gingen sie nicht weit genug, und zum zweiten seien sie nicht durch Gemeinschaftsideale veranlasst, sondern eine Kriegsmassregel des Militarismus.

Gegen die Verstaatlichung des Brotgetreides und die allmähliche Einführung des Markensystems, durch die auch gerade die Ernährung der Arbeiterklasse gesichert wurde, konnte sie nicht gut ankämpfen. Darum musste sie den Mangel eines vollständigen Systemwechsels in der Wirtschaftspolitik der Regierung und seine Ersetzung durch einen sich unangenehm fühlbar machenden Bürokratismus der Partei in die Schuhe schieben und sich über deren „Sozialismus" lustig machen. Wenn die Partei trotz allem in der Regierungspolitik den Weg zu neuen Wirtschaftsformen sah, wurde der Optimismus verhöhnt, der bei dem selbst von bürgerlichen Politikern zugegebenen „beispielslosen Niedergang der geschäftlichen Moral" (Potthoff) gänzlich ungerechtfertigt wäre.

Die Stärke dieser Angriffe lag darin, dass die masslos erbitternde Erscheinung des „Krieges als Konjunkturausnutzung", dem die Regierung zum grossen Teil nicht widerstehen konnte, und zum Teil auch mit falschen Mitteln bekämpfte, mit den Anfängen neuer Wirtschaftsformen identifizierte und die Sozialdemokratie als Regierungspartei für alles noch nicht vollkommen Sozialistische verantwortlich machte. Wissenschaftlich war dieser Teil der Angriffe der unbeachtlichste. Nur zum Scheine kämpfte er mit wirtschaftlichen Argumenten und hatte es in Wirklichkeit doch nur auf eine Untergrabung der Stimmung abgesehen.[351] Er blieb auch, solange die Not nicht an die Türe klopfte, verhältnismässig wirkungslos. Typisch war das Argument desselben Autors, der Deutschland mit der Kommune verglich:

„Dort das Volk, das in der Stunde der Gefahr instinktiv nach sozialistischen Grundsätzen handelt, hier ein Volk, das sich der Kriegsgewalt beugt und alles über sich ergehen lässt."

Dass die Massregeln der Gewalthaber auch gegen ihren Willen den Grundstein zu etwas Neuem zu legen vermochten, kam den Radikalen niemals in den Sinn, es war das stehende Argument, mit dem die Opposition jede Massnahme zugunsten der Allgemeinheit und der Arbeiterklasse begleitete.[352]

„Der Staat griff ja[353] nicht im Interesse der Arbeiterschaft ein, sondern tat das[354] schliesslich im eigenen Interesse."

Der recht oft unbegründete Überschwang und die optimistische Betrachtungsweise eines Teils der Partei- und Gewerkschaftspresse – „Sozialismus wohin wir blicken" – trugen wohl kaum weniger dazu bei, den „Kriegssozialismus" zu diskreditieren als die Angriffe der Radikalen.
Bei der geistigen Struktur der Partei war nicht zu verwundern, wenn auf das heftigste diskutiert wurde, was die Altmeister der Partei dazu gesagt hätten. Es waren aber nicht einmal die tatsächlichen Unterschiede zwischen Landesverteidigung und Kreditbewilligung in den Massen zu Anfang des Krieges geklärt. Dass die alten verehrten Parteiführer, wie

351 Kämpfer, Kriegssozialismus in Theorie und Praxis.
352 Paul Lange, in: Die Internationale, S. 20.
353 * Im Original bei Lange: hier.
354 * Im Original bei Lange: es.

Bebel, für die Landesverteidigung gewesen waren, genügte vorerst. Mit der Dauer des Krieges kam der Wunsch zu wissen, wie sich „die Lehre" von Marx und Lassalle zu diesem Problem stellte. Waren doch die Massen, wenn sie überhaupt theoretisch-politisch interessiert waren, „gläubig". Hier hatte der Revisionismus selbst in das Bewusstsein vieler Gewerkschaftler in führender Stellung nicht einzudringen vermocht. In dieser Beziehung hatte die ironische Kennzeichnung bürgerlicher Nationalökonomen, die das „Kapital" mit der Bibel und den Pandekten verglichen, was die Zahl der Kommentatoren und Exegeten betreffe, bei Ausdehnung auf die ganze Marx'sche Gesellschaftsauffassung und in bezug auf Gläubigkeit und Verehrung der Anhänger vollständig recht. Hierbei musste von radikaler Seite zugegeben werden, dass nicht der Krieg an sich schon eine Todsünde gegen den Sozialismus bedeute.

„Unsere Altmeister waren historische Köpfe und standen deswegen[355] *nicht auf dem unhistorischen Standpunkte. Krieg ist Krieg, und jeder Krieg ist nach derselben Schablone zu messen".*[356]

Die Prophezeiung von Engels, die feindlichen Regierungen würden sich in die Arme sinken über der Leiche des Sozialismus, hatte sich nicht erfüllt. Es blieb also die Frage offen, was die deutschen Sozialdemokraten für ihr Land zu tun hätten. Und da machte er ihnen zur Pflicht,[357]

„aufs äusserste Russland [zu] bekämpfen und alle seine Bundesgenossen, wer sie auch seien. Sollte sich die französische Republik in den Dienst [Seiner Majestät] des Zaren und Selbstbeherrschers aller Russen[358] *stellen, so würden sie die deutschen Sozialisten*[359] *mit Leidwesen bekämpfen, aber bekämpfen würden sie sie. Gegenüber dem deutschen Kaisertum kann die französische Republik möglicherweise die [bürgerliche] Revolution repräsentieren. Aber gegenüber der Republik eines Constant, eines Rouher und selbst eines Clemenceau,*[360] *besonders aber gegenüber der Republik eines Zaren,*[361] *repräsentiert der deutsche Sozialismus unbedingt die proletarische Revolution. Ein Krieg, wo Russen und Franzosen in Deutschland einbrächen, wäre für diese[s] ein Kampf auf Leben und Tod,*[362] *worin er*[363] *seine nationale Existenz nur sichern könnte*

355 * Im Original bei Mehring: deshalb.
356 Mehring, in: Die „Internationale", Aprilheft 1915 [, S. 61]
357 [Engels, Der Sozialismus in Deutschland, in:] Neue Zeit, 10. Jg., Bd. I [(1892), Heft 19, S. 580–589, hier S. 586.]
358 * Im Original bei Engels: Reußen.
359 * Im Original bei Engels: die deutschen Sozialisten sie.
360 * Im Original bei Engels: eines Constans, eines Rouvier und selbst eines Clémenceau.
361 * Im Original bei Engels: Republik im Dienste des russischen Zaren.
362 * Im Original bei Engels: auf Tod und Leben.
363 * Im Original bei Engels: es.

durch Anwendung der revolutionärsten Massregeln. Die jetzige Regierung, falls sie nicht gezwungen wird, entfesselt die Revolution sicher nicht. Aber wir haben eine starke Partei, die sie dazu zwingen, oder im Notfall [sie] ersetzen kann, die sozialdemokratische Partei. [...] Aber es wäre kein Vorteil für die Sozialdemokratie, wenn nur irgendeine Regierung, sei es auch welche, den Sieg erringe, darum mussten die Sozialdemokraten aller Länder für den Frieden sein."[364]

Engels erkannte also die Notwendigkeit des Kampfes gegen die Koalition Russland-Frankreich an, forderte aber das Vorwärtstreiben in die Revolution sowohl im Interesse der Sozialdemokratie als auch der Wahrung der nationalen Existenz. Konnte die Existenz gewahrt werden, wenn die Sozialdemokratie revolutionär im Sinne der radikalen Marxisten war, und war ein Zwang zum Vorwärtsschreiten in der revolutionären Richtung hin möglich? Die Partei löste die Fragen instinktiv richtig, indem sie die erste verneinte und die zweite dadurch, dass sie Staatspartei wurde, bejahte. Durch die Bejahung wurde aus dem eventuellen Siege der Regierung der Sieg eines die Sozialdemokraten mitumfassenden und in ihrem Sinne sich entwickelnden Staates. Gegen diese Abwehr der Partei mit den Argumenten von Engels konnte der Radikalismus nur mit dem ganz und gar revisionistischen Argument ankämpfen, dass Engels seine Ausführungen schon 1891 gemacht habe, inzwischen aber die imperialistische Ära eingetreten sei,[365] „so dass schon aus diesem Grunde seine damalige[n] Betrachtung[en] für den imperialistischen Weltkrieg 1914 nichts besagte". Damit verliess der Radikalismus seine Taktik des „Glaubenlehrens" und hatte auch tatsächlich mit diesen Angriffen wenig Erfolg.

Den Glauben aber konnte er bei seinem dritten Angriff, der seine Stärke bildete, anrufen und beleben. Der Krieg war gerade das Gegenteil des internationalen Klassenkampfes, er war die Bejahung des Staates, der doch nach ihrer Ansicht Nichts-als-Klassenstaat sein konnte. In den verschiedensten Stärken und den verschiedensten Mitteln erfolgten hier die Angriffe gegen Staat und Staatsgedanken, meist vom Auslande her, sie wurden geführt als Kampf gegen den Burgfrieden, als Kampf gegen den Krieg, gegen den Imperialismus und gegen

364 * Der letzte Satz des Zitats findet sich in dieser Form nicht in dem hier zitierten Text von Engels.
365 Mehring, in: Die Internationale, S. 66.

den Staat überhaupt. Die unbewiesene Voraussetzung war, dass die Proletarier aller Länder gleiche Klasseninteressen gegen die Klasseninteressen der Bourgeoisie hätten, und dass diese stärker als die Interessen am Staate wären. Allein massgebend war ihm die Fragestellung:[366]

„Welche Wirkung hat es auf die Befreiung[367] der Arbeiterklasse aus dem Joch des Kapitalismus? Diesem wahrhaft sozialistischen Internationalismus ist die Schicksalsgemeinschaft der Arbeiterklasse aller Nationen wichtiger als die Schicksalsgemeinschaft der Klassen einer Nation."

Das bedeutete die kritiklose Anerkennung des Standpunktes des kommunistischen Manifests, den selbst sein Mitverfasser Engels nicht mehr halten wollte, bedeutete die Voraussetzung von getrenntem Staats- und Wirtschaftsleben, die Anerkennung des unveränderlichen Klassencharakters des Staates, die Ablehnung der Entwicklung der Nation zur selbsttätigen Persönlichkeit, die Ausstreichung von 56 Jahren Entwicklung in Wirtschaft und Staat durch die Kreise, die alles Heil in der Entwicklung sahen.

„Nicht unsere Ideen waren falsch, sie sind nur noch zu wenig lebendig in den Massen."[368]

Hier wurde ein wenig unveränderliches Prinzip als Kampfregel für das Proletariat aller Zeiten und aller Verhältnisse bis zur Stunde des Sieges gegeben. Die polare Gegensätzlichkeit zum Staate, der doch nur der Staat des Imperialismus sei, wurde als absolut fixiert. Die logische Konsequenz der rettenden Tat aber zogen nur wenige, so Rosa Luxemburg, die über die Kriegsgegner in der Partei wie Gustav Hoch, die zu keiner Verweigerung der Kredite schritten, genauso wegwerfend urteilte wie über die „Kriegsfreunde"[369]. Auch hier haben die Dinge ihre eigene Logik. Mit der Bewilligung der Kriegskredite geben die Hochs die Zügel aus der Hand und bewirken so gut das Gegenteil vom Frieden, nämlich das „Durchhalten" wie die Scheidemanns, die durch die Befürwortung des Durchhaltens tatsächlich die Zügel an die „Post"-Leute ausliefern und so das Gegenteil ihrer feierlichen Erklärung gegen „jede Eroberungspolitik" bewirken, nämlich die Entfesselung der imperialistischen Instinkte – bis zum Verbluten.

366 Friedrich Adler, [Die Internationale der Tat, in: Der] Kampf, [Bd.] VIII [(1915), S. 145 ff., hier] S. 146.
367 * Im Original bei Adler: den Befreiungskampf.
368 Max Adler, Prinzip oder Romantik, S. 90. [eigentlich: S. 19]
369 [Luxemburg,] in: Die Internationale, S. 9.

Auch hier gibt es nur ein Entweder – Oder. Entweder Bethmann Hollweg oder Liebknecht, entweder Imperialismus oder Sozialismus, wie sie Marx verstand. In diesem Entweder – Oder, das in seiner Einfachheit so überzeugend wirken musste, lag auch die ganze Wirklichkeitsblindheit des Radikalismus. Bethmann Hollweg war für diese Extremen der Typ des imperialistischen Politikers, nannten sie doch den ganzen Imperialismus nach ihm. Welche Rolle aber gerade Bethmann Hollweg in diesem grossen Umwälzungsprozess spielte, sahen sie nicht. Dass trotz Burgfriedens und Einigkeit gerade von seiten der Kreise, die in Wahrheit Träger des Imperialismus waren, der erbittertste Kampf gegen Bethmann Hollweg als dem Bannerträger der Neuerung geführt wurde, kümmerte sie ebensowenig. Für sie war alles ausserhalb des Proletariats Stehende „eine reaktionäre Masse", deren Politik eine einheitliche, den Interessen des Proletariats ohne Zusammenhang diametral entgegengesetzte war.

Wenn auch die Mehring und Luxemburg als echte Bannerträger des Klassenkampfes absolute Gegner des Krieges nicht waren, so fanden sie doch mit den rechts von ihnen stehenden Friedrich und Max Adler und dem grössten Teile der Vulgärmarxisten auf den Boden der Friedensbestrebungen. Freilich: „Der Weg zur Macht – nicht papierne Resolutionen – ist zugleich der Weg zum Frieden" war ein Wort von Rosa Luxemburg, und diesen Weg zu gehen, scheuten sich die meisten anderen Radikalen.

Die Staatsbürgerpflicht der Landesverteidigung stand für den Vulgärmarxismus und einen grossen Teil der Radikalen (Max Adler) besonders in den ersten Kriegsjahren überhaupt ausserhalb der Erwägung.
Der Vulgärmarxismus war in der Zeit vor dem Kriege von der Praxis etwas stärker nach rechts gezogen worden, da er den Einfluss als offizielle Parteidoktrin nicht verlieren wollte. Gerade Kautsky hatte bei Ausbruch des Krieges gegen „Kritik und Eigenbrötelei" in der „Neuen Zeit" die allerschärfsten Wendungen gefunden. Je mehr sich aber das marxistische Zentrum bewusst wurde, dass es mit seiner Stellungnahme zum 4. August nur nachgehinkt war und dass es damit nur die Geschäfte des Revisionismus besorgt hatte, umsomehr suchte es zu einer selbständigen kritischen Stellungnahme gegenüber den staatsbejahenden Taten der Partei zu gelangen. Die Parole „Kampf gegen den Imperialismus" war von den Extremen schon ausgegeben worden.

Diese überscharfe Form war für den Vulgärmarxismus im allgemeinen nicht mehr brauchbar, man konnte natürlich auf dieses einzige marxistische Argument nicht verzichten, Kautsky aber und sein Kreis konnten es nach ihrer Stellungnahme in den letzten Kriegsjahren und besonders nach ihrem Eintreten für Geschlossenheit und Burgfrieden nur in beschränktem Masse benutzen. Darum erkannte Kautsky nicht nur die Berechtigung des Nationalstaates an, wobei er deutlich den Spuren Otto Bauers folgte, sondern er erkannte auch die Berechtigung imperialistischer Ziele an.[370] Für ihn war der Imperialismus nur eine verwerfliche Methode. Dasselbe Ziel wäre weit besser, gründlicher und reibungsloser durch friedliche „wirkliche und wirksame Demokratie" zu erreichen. Diese Betrachtungsweise war letzten Endes nichts anderes als eine moralische Ermahnung an den Imperialismus, sich doch an Stelle der gewaltsamen und unwirtschaftlichen Machtmittel der friedlicheren und sicher zum Siege führenden Demokratie zu bedienen. Damit verliess er so gänzlich den Boden marxistischer Anschauungsweise, dass sowohl seine Kritiker von rechts wie von links vom marxistischen Standpunkt aus hoch über ihm standen. Abrüstung, Demokratie, Nationalstaat, Staatenbund, Freihandel waren seine Mittel. Diese Einrichtungen mochten praktisch den Staatsgedanken fördern, waren aber ihrer Entstehungsweise und ihrem Ideeninhalt nach spezifisch unsozialistische, liberale Mittel. Es waren typisch westeuropäische Forderungen. Nur zum Schlusse näherte er sich wieder dem Klassenkampfe, wenn er der „imperialistischen Methode" eine „entschiedene Bekämpfung" androhte.

Mit diesen Mitteln konnte das marxistische Zentrum den Radikalen den Rang bei den täglich sich mehrenden Unzufriedenen nicht ablaufen. Zum überragenden Machtfaktor wurden sie erst, als sie sich zu den Bannerträgern der Friedensidee machten, einer Friedensidee, die sich des kommunistischen Manifests schämte und es in parlamentarisch-politischem Kampfe ganz unterschlug, um es in der praktischen Agitation um so stärker hervorzukehren. Die Friedensidee war aus demselben humanitären Geiste heraus geboren, den Kautskys Schrift atmete. Diese sozialistischen Kreise wurden zur Gefolgschaft des Pazifismus, den sie ihrerseits demokratischer und sozialer färbten. Die Verbrüderung des Teils der deutschen Intelligenz, der noch in den liberalen Weltbürgerideen vergangener Zeiten lebte, mit der Arbeiterschaft nahm hier seinen Anfang.

370 [Kautsky,] Nationalstaat, imperialistischer Staat und Staatenbund.

Der revolutionäre Beischmack war erst das Produkt der späteren politischen Entwicklung. Mochte auch der Unterschied in der Begründung der Notwendigkeit des Friedens und in der Wahl zwischen den Mitteln zu seiner Erreichung, zwischen den Extremen auf der einen und den Vulgärmarxisten auf der anderen Seite noch so gross sein, der Wunsch nach Frieden schuf eine mächtige Einheitsfront. Zwar war der Gedanke, den Waffendienst zu verweigern, oder auch nur geringere Tüchtigkeit an der Front zu zeigen, der überwältigenden Mehrzahl von Führern und Gefährten, die vom Friedenswunsch beseelt waren, noch fremd. Sie erkannten den Staat an, wie es etwa Engels im Anti-Dühring getan hatte, d. h. sie betrachteten ihn als eine gegebene und vorläufig noch notwendige Grösse. Daher war die Pflicht der Landesverteidigung für sie selbstverständlich, die radikalen Aussenseiter konnten nennenswerten Einfluss zuerst nicht gewinnen. In beiden Richtungen der Partei waren alle Schattierungen vertreten. In der Mehrheit gab es eine Gruppe von extremen Revisionisten, die deutlich durchblicken liessen, dass sie sich einer anderen Haltung der Partei nicht gefügt hätten, sodann die Gruppe des Parteivorstandes, die im Fahrwasser der ersten segelte mit den verschiedensten Schattierungen bis zur Gruppe „Hoch“, die eigentlich schon zur Verweigerung der Kredite neigte und sozialpazifistisch orientiert war, ferner eine Gruppe derer, die zwar die Kredite bewilligen wollten, aber nicht das Budget, sodann die ausgesprochenen Kreditverweigerer unter Haase und Ledebour. Schliesslich gab es noch die Ultras, Liebknecht und Rühle, die, am Staate uninteressiert, die Disziplin brachen und gegen die Kredite stimmten und darum aus der Fraktion hinausmussten.

Bei der dritten Abstimmung über die Kriegskredite wurde die Zersetzung, die bis dahin ängstlich geheim gehalten worden war, offenbar. Dreissig Abgeordnete gaben ihre Ablehnung des Gesamtbudgets durch Entfernung aus dem Saale kund. Das marxistische Zentrum befand sich dabei in der unangenehmsten Lage. Ganz nach den Gesichtspunkten einer liberal-humanitären Moral orientiert, wollte es nicht nur die Niederlage Deutschlands, sondern auch die seiner Gegner vermeiden. Die Geistesrichtung wollte das Wort von Heinrich Ströbel am besten ausdrücken:[371]

371 [Ströbel,] in: Die Internationale, S. 46.

„Karl Liebknecht hat einmal gesagt, dass wohl kein Mensch in Deutschland so pervers sein werde, eine Niederlage Deutschlands zu wünschen. Für einen Sozialdemokraten wäre es aber ebenso pervers, die Niederlage unserer Gegner zu ersehnen. Für ihn liegt das Heil der Nationen und der Kultur nicht in der Niederwerfung und Vergewaltigung des einen oder anderen Teils, sondern in der Verständigung."

Ströbel übersah bei der Verfolgung seines Verständigungsideals das ungleiche Kräfteverhältnis auf beiden Seiten, das Erfolge Deutschlands zur Voraussetzung der Verständigung machte.

Inzwischen ging der Kampf immer weiter. Ein Teil der Mehrheit liess auch seinerseits deutlich merken, dass ihm an der Waffenbrüderschaft der „Pazifisten" in der Partei nicht viel gelegen war. Zwar konnte die Parteidisziplin noch einen Sieg um den anderen verzeichnen, es waren aber Pyrrhussiege. Jeder Tag länger bedeutete eine Lockerung des Parteigefüges. Die Opposition in der Reichstagsfraktion durfte ihrem Standpunkt keinen Ausdruck geben. Gerade in der Opposition standen eine Reihe älterer Führer, denen die Verfolgungen früherer Zeiten, besonders das Sozialistengesetz, zu tief in ihrem Bewusstsein eingegraben waren, als dass sie anders hätten handeln können. Eine Einigkeit wäre nur zu erzielen gewesen, wenn der Friede schon in greifbarer Nähe gewesen wäre. Das „Durchhalten" aber konnte auch deswegen in diesen Reihen keine Freunde finden, weil täglich mehr und mehr die Erinnerung an die alte Internationale erwachte.

Gerade in der Erinnerung wurde sie als realer angeschaut, als sie jemals gewesen war. Dazu kamen die politischen und besonders die wirtschaftlichen Missstände, bei deren Beseitigung die Regierung nicht immer mit der nötigen Energie vorging. Das liess den Staat wieder in ihren Augen gänzlich als Klassenstaat erscheinen. So kam es dann in der Reichstagssitzung vom 28. März 1916 zur Spaltung, die sich dann im Verlauf der nächsten Jahre bis zur Loslösung der Parteiorganisationen ausdehnte. Aber die Spaltung bedeutete keineswegs eine reinliche grundsätzliche Teilung. Sie wäre nur möglich gewesen durch eine stärkere Bejahung des Klassenkampfes gegenüber dem Existenzkampf als Staatsvolk. Eine solche Politik aber hätte selbst unter den Radikalen nur ein kleiner Teil in den Jahren 1916 bis 1917 mitzumachen gewagt.

Auch Max Adler[372] behauptete, dass für den Sozialisten nie die Frage sein könne: Klassenkampf oder Völkerkampf, sondern „nur die sieghafte Überzeugung: durch inneren[373] Klassenkampf hinaus über allen Kampf im Äusseren wie Inneren der Staaten". Hier zeigte sich der Kompromissgeist selbst bei entschiedenen Klassenkämpfern, die es zu einer Ablehnung der Staatsbürgerpflicht nicht kommen lassen wollten, sondern zwischen den Zeilen den Notstandcharakter des Krieges für das Proletariat anerkannten. So kam es, dass das pazifistisch-liberale Element, sogar einschliesslich eines kleinen Teils der Revisionisten, zusammen mit den Ultra-Radikalen in der neuen Partei seinen Platz einnahm. Auf der anderen Seite blieb die ihnen nahestehende „erweiterte Minderheit" unter Führung von Hoch in der alten Partei. Loslösung wie Neuerrichtung der U.S.P.D. trugen noch deutlich einen der Hauptcharakterzüge aller sozialdemokratischen Politik, sie waren in mancher Einsicht weniger aus theoretischen Lehren gefolgert als vielmehr die feindselige Reaktion gegen die Regierungspolitik in Preussen-Deutschland. Zu ihrem Ideal erhob die neue Partei die weltumspannende völkerversöhnende Internationale der Zukunft, an deren Herstellung sie sofort gehen wollte. Ihren Charakter kennzeichnete Max Adler:[374]

„Der Sozialismus nach dem Kriege wird [organisierter] internationaler Pazifismus sein oder er wird nicht sein."

Je länger je mehr flüchtete sich die neue Partei vor den Tatsachen zu diesen Idealen.

372 [Adler,] Völkerkampf oder Klassenkampf, [S.] V. [eigentlich: Klassenkampf gegen Völkerkampf]
373 * Im Original bei Adler: unbeirrbaren.
374 [Adler,] Prinzip oder Romantik [!], S. 62. Vgl. Kautsky, Nationalstaat [, imperialistischer Staat und Staatenbund,] S. 70.

IX.

Demgegenüber war die Mehrheitspartei mit einer spezifisch sozialistischen Ausrüstung in der Theorie nicht versehen. Sie wurde im Gegenteil mit all den Mitteln angegriffen, die sie selbst früher zur Propagierung ihrer Zwecke benutzt hatte und die ihre Wirksamkeit schon damals bewiesen hatten. Die humanitär-liberalen Ideen vom Frieden und dem Selbstbestimmungsrecht der Völker, Abrüstung und Demokratie waren von ihr schon im Frieden anerkannt und gefördert, teilweise sogar zu Beschlüssen internationaler Konferenzen erhoben worden. Nur ein verschwindend geringer Teil der Revisionisten hatte demgegenüber eine wirklich kritische Stellung eingenommen, das Gros der Parteimitglieder aus allen Lagern hatte diesem Gedanken begeistert Beifall gespendet.

Nur einige radikale Blätter, voran die „Leipziger Volkszeitung", hatte diese Beschlüsse und Ideen als das gekennzeichnet, was sie waren, das theoretische Rüstzeug der Liberalen vergangener Zeiten. So war die Partei darauf angewiesen, Stimmung gegen Stimmung, Nationalismus gegen Pazifismus auszuspielen. Das war um so schwerer, als sie zwar national sein wollte, ohne nationalistisch zu werden, und doch die Internationale weder verleugnen konnte noch mochte. Diese Haltlosigkeit musste sich rächen, und sie rächte sich auch dadurch, dass die Internationale, die ein Werkzeug in der Hand der Feinde Deutschlands geworden war, in den Köpfen vieler Arbeiter als reale Grösse von untadeliger Gerechtigkeit herumspukte. So musste die Partei Konzessionen machen, wenn sie nicht den Internationalismus überhaupt vernichten wollte, Konzessionen, die einer unentbehrlichen Idee der Zukunft zugute kamen und dabei das Parteigebäude selbst beschäftigten.

In dieser ganz von Stimmungen beeinflussten Zeit der beginnenden Scheidung der Geister ragten nur zwei kleinere Versuche hervor, die das Verhalten der Partei am und seit dem 4. August auf eine festere theoretische Basis zu stellen sich bemühten: Paul Lensch: „Die deutsche Sozialdemokratie und der Weltkrieg" und Heinrich Cunow: „Partei-zusammenbruch?". Während Lensch sich mehr mit einer Skizzierung weltpolitischer Zusammenhänge und dem Hinweis auf die Förderung des Sozialisierungsprozesses durch den Krieg beschränkte, war Cunows Schrift mehr eine eigentliche theoretische Rechtfertigung. Es war eine historisch-kritische Beleuchtung der sozialistischen Dogmengeschichte, die aber scharf wie noch nie vorher die Ansätze der marxistischen Staatslehre aufwies und mit den liberalistischen Theorien des Vulgärmarxismus gründlich aufräumte. Vor allem wies er auf die Unterscheidung zwischen Staat und Gesellschaft als zweier verschiedenartiger Gebilde bei Marx hin und führte die theoretische Alleinherrschaft des Klassenbegriffs auf ihr richtiges Mass zurück. Den Marxisten, die vom Arbeiter verlangten, dass er nur Klassengefühl haben solle, trat er entgegen:

„Gerade als ob er (der Arbeiter) nur in der Klasse lebte, nicht auch in der Gesellschaft, [in] einer Nation, einem Staat, usw., und als ob diese Gesellschafts- bezw. Gemeinschaftsgebilde nicht eine ebensolche sozialgeschichtliche Realität besässen wie die Klasse."

Auch das Klassengefühl sei nicht etwas „Naturgegebenes [...], sondern etwas historisch Gewordenes, sich im Laufe der Entwick[e]lung Veränderndes." Eine wirksame Bekämpfung des liberalistischen Elements in der eigenen Partei, das die Opposition erstarken liess, konnte nur eintreten, wenn der liberale Gedanke in dem Punkte zurückgedrängt wurde, in dem seine Stärke und seine überwältigende agitatorische Stosskraft lag, in dem Freiheitsgedanken. Der individuelle Freiheitsbegriff, der als „Freiheit, Gleichheit und Brüderlichkeit" die Welt erobert hatte und in dieser Formel so stark revolutionär wirkte, hatte auch in den Köpfen der Arbeiterklasse der ganzen Welt als Revolutionsideal eine durch nichts behinderte Herrschaft geführt. Der Marxismus mit seiner Mischung von Kollektivismus und Anarchismus war auch nicht dazu angetan, neue Freiheitsideale herauszubilden. Zwar sah man in Arbeiterkreisen in dieser Formel nicht etwa nur den Triumph des emanzipierten Individuums über politisch wie wirtschaftlich unmögliche und unerträgliche Fesseln, sondern auch das Endziel seiner sozialen Harmonie. Doch blieb dies Freiheitsideal individualistisch, um so mehr, als Deutschland den Grad der politischen Freiheit, in dem diese Formel als etwas grundsätzlich Erreichtes von ihrem inneren Wert verlieren musste, niemals erlangt hatte.

Und so musste bei dem gänzlichen Mangel revolutionärer Traditionen in Deutschland die französische Revolution und ihre Freiheit zum politischen Revolutionsideal der deutschen Arbeiterklassen werden. Andere Freiheitsbegriffe waren ihr auch nie gepredigt worden. Im politischen Kampfe hatte es sich auch immer um die Erlangung mehr oder weniger liberaler und mit liberalen Agitationsmitteln zu erkämpfender Rechte gehandelt. Die Einschränkungen ihres Geistes waren rein tatsächlicher Natur, allgemeine Wehrpflicht, allgemeine Schulpflicht und – allgemeine Organisationspflicht, denn zu dieser arbeiteten wirtschaftliche Verhältnisse wie Klassenideale trotz stärksten Widerstrebens grosser Massen hin.

Diese tatsächlichen Einengungen hatten sich im August 1914 gegenüber den liberalen Ideen als die stärkeren in der Partei erwiesen. Es war dies das erste geschlossene Auftreten der organisatorischen Kräfte in der Bewegung zugunsten der übergeordneten Staatsorganisation. Da die Partei Grundsätzliches auf diesem Gebiete vor dem Kriege nicht geleistet hatte, war es nicht sonderbar, dass die „Ideen von 1914" von aussen her als Banner dieses Prinzips hineingetragen wurden. Mit Johann Plenge gewann zum ersten Male seit Eugen Dühring ein Vertreter der offiziellen Gelehrsamkeit Einfluss auf die politische Theorie der deutschen Sozialdemokratie. Die „Ideen von 1914" bedeuteten eine Erhebung des Organisationsgedankens zum Ideal, des freiwilligen Aufgehens der Individualität in einer Kollektivperson. Diese Erhebung der Tatsache zur Idee war nötig aus doppeltem Grunde: einmal, um sie lebendig zu machen in dem Bewusstsein der Massen, und sodann, um den darin liegenden geistigen Grundgehalt, den sozialistischen Freiheitsbegriff, loszulösen und aufzuzeigen.

Die philosophische Begründung der Verschiedenheit zwischen den Ideen von 1789 und 1914 fand Plenge in dem Gegensatz von Kant und Hegel. Allerdings war ihm Kant nicht der Künder des individualistischen Prinzips in seiner egoistischen Form. Der „herrliche Sonnenaufgang" der Freiheit des Willens und damit der ganzen Persönlichkeit war bei Kant nicht allein als Schrei nach absoluten Rechten zu Tage getreten, er war durch das „Soll" des kategorischen Imperativs begrenzt und verändert, doch war die Begründung dieses „Sollens" eine lediglich abstrakte, in keiner Weise dem gewaltigen, überschwänglichen Ruf nach Rechten des Individuums das soziale Gleichgewicht zu halten imstande.

„Ohne allen Reichtum an Inhalt, und ohne den positiven Antrieb im Regen[375] *und Schaffen grossherzig über sich hinauszugehen, aber mit gewaltigem Ernst bereit, die genau abgezirkelten Wege der Pflicht zu tun, und mit der gesammelten Hoffnung auf das allgemeine Reich der vernünftigen Zwecke, das*[376] *indessen in steif aufgebauten [abstrakten] Gedankenkonstruktionen seine*[377] *Stütze hat, – mit seltsamen fremdartigen Begriffen und verschränkten Gedanken, die an einen indirekten Beweis der Mathematik erinnern."*[378]

Darum konnte auch Kant nicht der Philosoph von 1914 sein; die Ansicht Kjelléns[379] geht sicher zu weit, der dem Kanteschen „Soll" eine zu bedeutsame Stellung für das seelische Geschehen von 1914 anwies, noch übertriebener ist die neuerdings von Spengler[380] geäusserte Ansicht, die Kants Pflichtlehre zur ersten grundsätzlichen deutschen sozialistischen Doktrin machen will. Plenge stellte auch der Kanteschen Auffassung die spezifisch sozialistische Hegel'sche Auffassung von der Organisation und ihrer höchsten Blüte, dem Staate, entgegen.
In und durch die Organisation zu leben und zu wirken, bedeutete das freiwillige Aufgehen des Individuums in das Ganze unter dem Gesichtspunkte der Erlangung einer höheren Freiheit. Für diese andere Freiheit war Deutschland und sollte es noch viel mehr werden.[381]

„Ein starker Nationalstaat, in dem dieselbe Kraft eines zu jedem Opfer bereiten Vaterlandsgefühls alle Teile durchdringt, und in dem alle Einzelmitglieder[382] *durch ihre in freiem Zusammenschluss geschaffenen Organisationen bei der Durchführung der nationalen Angelegenheiten mitwirken."*

375 * Im Original bei Plenge: Sorgen.
376 * Im Original bei Plenge: die.
377 * Im Original bei Plenge: ihre.
378 Plenge, Marx oder Kant, [in:] Zeitschrift für die gesamte Staatswissenschaft 1910, S. 233. [eigentlich: Kant oder Marx?]
379 [Kjellén, Die] Ideen von 1914, S. 39.
380 [Spengler,] Der Untergang des Abendlandes.
381 Plenge, 1789 und 1914, S. 17. [eigentlich S. 121 f.]
382 * Im Original bei Plenge: Einzelglieder.

Der Soziologe Plenge wirkte sich auch politisch aus. Von einem Standpunkt, den er den „Punkt ausserhalb" [nennt], den er also definiert:[383]

„Wissenschaftlicher Sozialismus mit organisatorischer Gesellschaftspraxis auf der Grundlage einer die Erkenntnismittel des sogenannten ‚Materialismus' in sich enthaltenden Geisteslehre und mit dem Propagandaziel, vor allem das soziale Bewusstsein und die Befähigung der gesellschaftlichen Funktionäre gründlich zu schulen, damit die hochgespannte sozialistische Hoffnung der Massen in einem möglichen Ziel zu einem wirklichen Erfolg gelangen kann. Dass die nächste Aufgabe eines organisatorischen Sozialismus die machtvolle, in einem kräftigen Staat zusammengefasste Volksgenossenschaft sein muss, wurde bereits hervorgehoben. Es handelt sich hier nicht um die Verbreitung dieser Auffassung. Aber sie gewährt einen Standpunkt für die Beurteilung der jetzigen Krisis in der Sozialdemokratie, der innerhalb des wissenschaftlichen Sozialismus und doch ausserhalb der marxistischen Schule liegt, der also im Gegensatz zu allen ‚bürgerlichen' Kritikern einen grossen Teil der Grundüberzeugungen mit dem Marxismus teilt, und der doch andererseits von all den besonderen dogmatischen Schwierigkeiten des Marxismus frei ist."

Von diesem „Punkt ausserhalb" begann er die „Revolutionierung der Revolutionäre". Die individuellen Bestandteile des bisherigen Sozialismus und die entgegenstehenden Tatsachen der neuen gesellschaftlichen Wirklichkeit stehen einander gegenüber und das „Gesetz des schnellsten Umlernens" ist für den Sozialismus eine Notwendigkeit, um den Sieg behaupten zu können. Aber ganz richtig sieht er die entscheidende Tatsache: Bewusstseinswechsel und nicht Änderung des wissenschaftlichen Fundaments.[384]

„Die Staatlichkeit lässt sich den Menschen nicht aus den Herzen reissen und der Sozialismus ist selbst nichts anderes als weitergebildeter Staat. Der Sozialismus muss sich ein machtvolles Willenszentrum schaffen, um die Zusammenfassung der Gesellschaftskräfte durchzuführen. Dass der Sozialismus über den Staat hinauszielen kann, ist begreiflich! ... Aber soweit das erreicht werden kann, ist es doch nur durch Weiterbildung des Staates zu erreichen, nicht gegen den Staat."

383 Plenge, Die Revolutionierung der Revolutionäre [, S. 7 f.]
384 [Plenge,] a. a. O., S. 121 [f].

Das ist die Notwendigkeit des „inneren Entwicklungsgesetzes des Sozialismus". Von diesem Standpunkt aus setzt sich Plenge mit dem alten Marxismus und seiner Leistungsmöglichkeit gegenüber den neuen wirtschaftlichen und sonstigen gesellschaftlichen Tatsachen auseinander.

Ganz richtig erkannte er, dass die Politik des 4. August 1914 eine Politik des Instinkts und nicht der theoretischen Erkenntnis gewesen war; geboren aus der Unmöglichkeit, bei Strafe der Selbstvernichtung das bisherige kalte „Nein" dem Staate gegenüber aufrechtzuerhalten. Diese Erstürmung der Massen durch den natürlichen Lebensinstinkt wertet er als die Geburtsstunde der neuen Epoche, als den geschichtlichen Vorgang der Revolutionierung der Revolutionäre. Der ganze Kreis der Neumarxisten stand stark unter dem Eindruck von Plenges Publikation und man findet ihre sehr sichtbaren und nachhaltigen Spuren bei Lensch, Haenisch, Winnig u. a. m. Und den inneren Sinn des vorigen treffend, schilderte Plenge, wie wir am Schlusse dieses Kapitels sehen werden, die Reaktion bezw. Nichtreaktion auf die Ideen des Neumarxismus. Wie nötig ein spezifisch sozialistischer Freiheitsbegriff, ohne den die Sozialdemokratie nie zu einem theoretisch fundierten Verhältnis zum Staate kommen konnte, war, ging auch aus den geringen philosophischen Versuchen der Vorkriegszeit hervor. Wenn neben Mehring, den Plechanow[385] einmal als den „fast [...] einzigen Kenner der deutschen klassischen Philosophie"[386] gerühmt hatte, ein anderer noch genannt werden konnte, war es Max Adler. Dessen Behandlung des Problems war aber ganz individualistisch. Bei Hegel wie bei Lassalle (später nahm er zu der Staatsauffassung des letzteren eine etwas andere und unklarere Stellung ein)[387] hatte er gerade hierfür nur die wenigste Anerkennung, dafür war ihm aber Kant auch hier der massgebende.[388] Nichts mochte diesen Standpunkt besser kennzeichnen als seine Charakterisierung der Lehre Fichtes:[389]

385 [Plechanow,] Einleitung zu: [Die] Grundprobleme des Marxismus [, S. 11.]

386 * Im Original bei Plechanow: der beste, fast könnten wir sagen der einzige Kenner der Philosophie unter den deutschen Sozialdemokraten.

387 [Adler,] Völkerkampf und Klassenkampf, Kap. d. Staatsauffassung. [Der Titel lautet eigentlich: „Klassenkampf gegen Völkerkampf!"; bei dem erwähnten Kapitel wird es sich um das Kapitel „Die Staatsidee Lassalles", S. 25–35, handeln.]

388 [Adler,] Wegweiser, Kap. [Immanuel] Kant [, S. 47–77] und [Ferdinand] Lassalle [, S. 200–210.]

389 [Adler,] a. a. O., S. 108.

„In Fichte verehrt der moderne Sozialismus einen seiner geistigen Vorkämpfer mit um so grösserem Stolze, weil er gleichzeitig der grosse Verfechter der Individualität, der Eigenpersönlichkeit ist, der doch keinen anderen Weg fand, dieses höchste Gut der Erdenkinder zu sichern, als [–] den Sozialismus."

Von diesem Freiheitsbegriff aus gesehen erhielten die Wechselbeziehungen der Völker ein ganz besonderes Gesicht. Es war ein Kampf von auf verschiedenen Freiheitsbegriffen erwachsenen Organisationsformen. Dies nahm sich etwas anders aus, als man bisher in der Sozialdemokratie es gesehen hatte. Der neue Freiheitsbegriff bildete auch die Voraussetzung für den Vorstoss von Lensch, der den ersten tieferen Versuch machte, von einem theoretisch reinsozialistischen Standpunkte aus ein Verhältnis zu den neuen Ereignissen zu gewinnen. Der Weltkrieg als Weltrevolution charakterisiert auch die Marx'sche Revolutionsformel:[390]

„Auf einer gewissen Stufe der Entwicklung geraten die materiellen Produktivkräfte der Gesellschaft in Widerspruch mit den vorhandenen Produktionsverhältnissen, oder was [nur] ein juristischer Ausdruck dafür ist, mit den Eigentumsverhältnissen, innerhalb deren sie sich bisher bewegt haben.[391] Aus Entwicklungsformen der Produktivkräfte schlagen die[se] Verhältnisse derselben in Fesseln derselben[392] um. Es tritt dann eine Epoche sozialer Revolution ein. Mit der Veränderung der ökonomischen Grundsätze[393] wälzt sich der ganze ungeheure Überbau langsamer oder rascher um."

Die vorhandenen Produktionsverhältnisse aber bestanden gerade darin, dass England der Eigentümer der Welt war, und dass analog dem Kampfe um das Eigentum in und an der Fabrik zwischen Arbeiter und Unternehmer sich in internationalem Rahmen zwischen Deutschland und England der Kampf abspielte. Dieser Kampf sollte nicht die Alleinherrschaft Deutschlands, sondern seinen ihm kraft seiner Rolle in den Produktionsverhältnissen der Welt zustehenden Anteil an Eigentum sichern.

390 [Marx,] Einleitung zur Kritik der politischen Ökonomie.
391 * Im Original bei Marx: hatten.
392 * Im Original bei Marx: Verhältnisse in Fesseln derselben.
393 * Im Original bei Marx: Grundlage.

„So erhielt der Kampf[394] zwischen den Produktivkräften und den Eigentumsverhältnissen im internationalen Rahmen eine ganz neue Bedeutung.“[395]

Es war bis zur letzten Konsequenz geführte Übertragung des Klassenkampfes auf die äussere Politik; dass Lensch dabei den Klassenkampf in seiner schroffen Form, unrevidiert durch Zweckmässigkeitserwägungen, zur Anwendung brachte, zeigte den alten Radikalen.

Der Beweis für die Richtigkeit dieser Ansicht liess sich nur führen, wenn man zwei für die Sozialdemokratie fast undiskutierbare marxistische Gemeinplätze von Grund auf zerstörte: die Internationale und die Ansicht über den preussisch-deutschen Staat. Die Tatsache, dass die Volkssolidarität sich um so viel stärker erwiesen hatte als die Klassensolidarität, führte Lensch nur zum geringeren Teile auf die stärkere Kettung des deutschen Proletariats an „seinen“ Staat zurück.
Hier lag der Hauptmangel seiner Theorie, dass er mit dem negativen Kriterium das Fehlen wirklicher, d. h. ökonomischer Klasseninteressen der Arbeiterschaft der ganzen Welt das Problem schon restlos erklären zu können glaubte. Zwar war dies ein sehr starker Faktor und mit Recht betonte er, dass die Gemeinsamkeit der Klasseninteressen, soweit überhaupt vorhanden, noch sehr schwach wäre. Seine Leistung in dieser Hinsicht war, dass er die Suggestion von der bereits vorhandenen Internationale gründlich zerstörte und sie als Aufgabe der Zukunft formulierte, deren ökonomische Grundlagen erst noch ein gut Stück Entwicklung zurückzulegen hätten, ehe sie in einer wahren Internationale realisierbar wäre.

Den Beweis für das Nichtvorhandensein einer Internationale hatte die Haltung der Arbeiterschaft aller Länder West- und Mitteleuropas geliefert. Den Beweis dafür, dass sie mangels realer Faktoren auch unmöglich hatte existieren können, führte jetzt Lensch. Die Haltung des englischen und französischen Proletariats erklärte er durch „die ganz bestimmte historische Situation, in die sich England und Frankreich durch diesen Krieg gestellt sahen“. Frankreich, und damit auch die französische Arbeiterklasse, hatte zwar in erster Linie eine nur eingebildete, im wesentlichen auf der grossen Kultur- und Nationaltradition beruhende Herrenstellung in der Welt zu verteidigen, England dafür eine um so realere:[396]

394 * Im Original bei Lensch: enthielt der Konflikt.
395 [Lensch,] Drei Jahre Weltrevolution, S. 69.
396 [Lensch,] Die Sozialdemokratie, ihr Ende und ihr Glück, S. 113. [Das Zitat findet sich auf S. 114 f.]

„In diesem Kampfe fühlt sich das ganze englische Volk als die herrschende Klasse der Welt solidarisch. Diese Herrschaft, die in den letzten Jahrzehnten nicht mehr völlig unerschüttert war, hatte allen in Betracht kommenden Gesellschaftsschichten Grossbritanniens Vorteile gebracht, nicht zum mindesten auch der englischen Arbeiterklasse. ... Ihre gegen kontinentale Verhältnisse immer noch beträchtlich höheren Löhne und durchschnittlich besseren materiellen Lebensverhältnisse fussten auf dieser Weltherrschaft; wer diese angriff, [der] griff sie selber an."

War damit die Unmöglichkeit einer wirksamen Gegenwartsinternationale erwiesen, so handelte es sich im anderen Falle um [die] Untersuchung der Stellung im Gegensatz zum Staate. Die politische Betätigung der Sozialdemokraten im Klassenstaate war lediglich der Kampf um demokratische Formen gewesen. Die radikalen Theoretiker hatten ihn lediglich als Agitationsgelegenheit betrachtet, die Praktiker wollten mit dem Resultat dieser Demokratisierung an die sozialistischen Aufgaben herangehen. Bezeichnenderweise wurde der Kampf der Opposition mit Ausnahme kleinerer Kreise nicht unter dem Zeichen des Klassenkampfes als vielmehr der stärkeren und schnelleren Demokratisierung geführt. Einmal war diese Forderung populärer, und zum anderen war sie die beste Gelegenheit, alles, was die alte Partei tat, von dem Standpunkt des radikaleren Bruders zu kritisieren. Und zum dritten fand das marxistische Zentrum keine spezifisch sozialistische Stellungnahme zum Staate. Dass mit der Klassenkämpferei der Radikalen deutsche Politik nicht zu treiben war, wusste man, und neue Wege fand man nicht. Nicht einmal die Führung in diesem Kampfe vermochte der Vulgärmarxismus zu übernehmen.

Das klassische Buch der Opposition, das in seinen praktisch-politischen Forderungen gar nicht so weit ging, aber die oppositionellen Argumente lieferte, – war nicht von einem Sozialisten, sondern von einem liberalen Professor geschrieben.[397] Mehr oder weniger offen kämpfte der Marxismus der Kriegszeit den Kampf um die Demokratie als um eine ausgesprochen liberale Demokratie nach westeuropäischem Muster. Selbst ein so selbständiger Kopf wie Max Adler vermochte nur im Geiste von Preuss das Anderssein des preussischen deutschen Volkes zu sehen und wusste nicht genug das „mutige Buch"[398] zu preisen. Gewiss sah

397 [Preuss,] Das deutsche Volk und die Politik.
398 [Adler,] Klassenkampf und Völkerkampf, S. 55. [eigentlich: Klassenkampf gegen Völkerkampf!]

auch Lensch den für Deutschlands Politik so schädlichen Mangel einer wirklichen Demokratie, aber er ging über den negativ-liberalen Standpunkt hinaus, wenn er die Antithese zwischen „der" modernen Staatsform der westeuropäischen Demokratie, die das liberale Prinzip, und der unmodernen Staatsform der Mittelmächte, die das konservative Prinzip verkörpern sollten, und die ihre schlagwortmässige und äusserst eindrucksvolle Fassung in der Formel „Obrigkeitsstaat gegen Volksstaat" gefunden hatte, ihres absoluten Charakters entkleidete. Er zeigte diesen Grund der Abneigung der ganzen Welt gegen Deutschland zugleich als die Ursache seiner einzigartigen Leistung auf.

„Der fundamentale Unterschied zwischen der deutschen und westeuropäischen Entwicklung war, dass dort die bürgerliche Klasse zum eigentlichen Träger der Wirtschaft und Politik wurde, dass hier dagegen das Bürgertum verfiel."

Darum blieben mit der Unversehrtheit der Macht des Obrigkeitsstaates auch die Voraussetzungen bestehen, durch straffe zentralistische Leitung den gutdurchorganisierten Staat zu heben, und seine wirtschaftlichen und politischen Mängel auszugleichen. Das ungeheuerliche Wachsen der Wirtschaftskräfte kam dann zu dieser aus der Not entstandenen Organisationskraft noch hinzu, und musste zu ihr kommen, weil auch ihnen Organisation nötig war, weil sie erst den wirtschaftlichen Kampfplatz betraten, als die Welt schon verteilt war.

Hierin lag die Leistung von Lensch: Er zeigte, dass auch in einer politisch rückständigen Hilfe sich Formen sozialistischer Organisation entwickelt hatten, die gegenüber den entwickeltsten Formen des politischen Liberalismus ein höheres Prinzip verkörperten. Damit erst erhielt der Kampf um die Demokratie, die auch für die Organisationen eine Notwendigkeit gewesen war, einen sozialistischen Sinn. Auch die Sozialisten hatten den Kampf bis dahin im liberalen Geiste geführt, hatten der Individualität des Einzelmenschen zum Ausdrucke ihres politischen Willens verhelfen wollen. Es war fast allgemein die Demokratie als vom Liberalismus nur graduell verschieden aufgefasst worden, als seine radikalere Abart, ein Gedanke, von dem nicht nur Liberale und Vulgärmarxisten befangen waren, sondern der auch in modernen Universalisten (Othmar Spann) lebte. Hier war stärker darauf hingewiesen, dass die Demokratie nichts anderes war als eine Form der politischen Organisation, die bei den verschiedensten Grundarten der Organisation zu gebrauchen war. Damit war den liberalen Anschauungen in der Partei ein heftiger Stoss versetzt.

Auf der einen Seite war zwar die absolute Notwendigkeit der Demokratie betont, auf der anderen Seite aber gegenüber liberalen Angriffen der preussische Obrigkeitsstaat als Organisationsstaat relativ gerechtfertigt. Das Ideal des Volksstaates war von Teschemacher[399] einer scharfen und grundsätzlich zutreffenden Kritik unterzogen worden. Er erinnerte daran, dass Scheidemann 1917 auf dem Sozialistenkongress zu Stockholm vor den Masslosigkeiten in der Übertreibung der Ohnmacht der Demokratie und der Übermacht preussischer Obrigkeit gewarnt hatte.

„Grundsätzlich wird man die Antithese anders stellen müssen. Der Gegensatz, so wie Preuss ihn zieht,[400] heisst nicht ‚Obrigkeitsstaat' und ‚Volksstaat', sondern ‚Obrigkeitsstaat' und ‚parlamentarischer Parteistaat'![401] Man muss es nur wagen, die[402] rechten Namen zu finden."

Hier war das Ideal von Preuss als „unwahrhaftiges Scheinideal" enthüllt, d. h. es war seine unrelative Richtigkeit festgestellt, die Notwendigkeit der Demokratie anerkannt, aber in einer anderen Form, als sie Preuss und mit ihm die Liberalisten des Sozialismus forderten. Mit dem Resultat der Untersuchung von Lensch zusammen ist dann eine noch schärfere Formulierung des Gegensatzes möglich. Hatte Teschemacher die Relativität des Volksstaates an seiner liberalen Form des „parlamentarischen Parteistaates" aufgezeigt, so wies Lensch die Relativität der Schädlichkeit des Obrigkeitsstaates an seinem Charakter als Organisationsstaat nach. Beides gehörte als notwendige Ergänzung zusammen. Die Formel „Volksstaat gegen Obrigkeitsstaat" musste durch die andere, „parlamentarischer Parteistaat gegen Organisationsstaat", ergänzt werden. Erst damit waren die Kräfte im Staate und ihr Wert für den Sozialismus in das rechte Verhältnis gebracht.

399 [Teschemacher, Der Schulmeister des parlamentarischen Parteistaates, in:] Die Glocke, IV. [Jahrgang (1918)] Bd. I, S. 41 ff. [Zitat auf S. 43]
400 * Im Original bei Teschemacher: sieht.
401 * Im Original bei Teschemacher steht hier ein Punkt.
402 * Im Original bei Teschemacher: den.

Weder zu dem einen noch dem anderen seiner Resultate hätte Lensch als „reiner Marxist" gelangen können. Sein Verhältnis zum Staate überhaupt war stark von Hegel beeinflusst, und seine Wertung der wirtschaftspolitischen Massnahmen des Staates trug deutliche Kennzeichen einer Abhängigkeit von Friedrich List. So war seine Leistung eine weniger originelle als vielmehr eine politisch bedeutsame.

Die populärste Leistung des „Neumarxismus" war das Buch von Konrad Haenisch „Die deutsche Sozialdemokratie in und nach dem Weltkriege". Sie war die Auseinandersetzung mit der Kriegskrise der Sozialdemokratie, die nicht nur die Partei, sondern das ganze deutsche Volk anging. Das Buch steckt voll populärer und geläufiger sozialdemokratischer Ansichten und überrascht zuerst nur durch die Emphase, mit der sich Haenisch für die Bewilligung der Kriegskredite und die nationalen Aufgaben einsetzte. Haenisch, selbst ein alter Radikaler, wurde der literarische Wortführer im Kampf gegen die Opposition. Er hat sich bewusst von dem in vielen Köpfen auch im Kriege noch herumspukenden Missverständnis freigemacht, als ob es sich hier um Gegensätze zwischen sogenannten Radikalen und sogenannten Revisionisten handelte. Begeistert wurde er zum Jünger der Lassalle'schen Apotheose des Staatsgedankens selbst und suchte in der ganzen sozialistischen Literatur Theoretisches und Praktisches zusammen, was zur Festigung der Staatsgesinnung und zur Stärkung des Abwehrwillens, vor allem gegen Russland, dienen konnte. Sein Buch ist in erster Linie propagandistisch, macht den Unterschied beim Staat sowohl wie beim Arbeiter zwischen einst und jetzt klar, stellt sozialistische Illusionen und kapitalistische Wirklichkeiten einander gegenüber.

Bis dahin ist alles bei Haenisch agitatorisch beschwingte Schilderung. Zum Konstrukteur, wenn auch in engeren Grenzen, wurde er bei der Ausmalung des Gedankens, welche Rolle die deutsche Sozialdemokratie nach dem Kriege auf Grund der wirtschaftlichen und politischen Veränderungen des Kapitalismus, des Staats und der Arbeiterschaft spielen werde.[403]

403 [Haenisch, Die deutsche Sozialdemokratie in und nach dem Weltkriege,] S. 159.

„Die unendlich erweiterte praktische Mitarbeit auf allen Gebieten des staatlichen Lebens, die der Sozialdemokratie nach dem Kriege harrt, wird ganz von selbst auch eine Änderung des taktischen Verhältnisses zwischen ihr und einzelnen Gruppen der anderen Parteien herbeiführen. Man missverstehe uns nicht: Die Sozialdemokratie wird sich nicht etwa nunmehr dogmatisch für ewige Zeiten auf die allein seligmachende parlamentarische Methode festlegen! Nichts wäre unhistorischer gedacht als solches einseitige Einschwören auf ganz bestimmte Formen des Kampfes! Und wer weiss, welche grossen revolutionären Erschütterungen auch im Schosse der Zukunft noch schlummern! Aber unbefangener, innerlich freier, seelisch weniger beengt von gewissen Wort-Zwangsvorstellungen als bisher wird in Zukunft die deutsche Sozialdemokratie die parlamentarischen Waffen handhaben können."

Haenisch will keinem der alten sozialdemokratischen Ideale abschwören, aber er will die[404] „innere Einigung des deutschen Volkes, eine Eingliederung auch der deutschen Arbeiterschaft in das Staatsganze". Er sieht die Notwendigkeit eines positiven Verhältnisses zum Staate, er fühlt seine Mission, ein Künder dieser Notwendigkeit zu sein, er predigt und agitiert, aber er ist nur Verbreiter, nicht Bringer einer neuen Idee.

Während die Leistung von Lensch die eines politisierenden Historikers und bei Haenisch überragend propagandistisch war, lag bei Renner die Stärke in der des organisierenden Politikers. Hatte Lensch das Vorhandensein eines Staatsgefühls, erwachsen aus der zur Organisation treibenden Not im Gegensatz zum „banalen Patriotismus", aufgezeigt, so wies Renner die „Durchstaatlichung der Ökonomie" dar und zeigte damit das Interesse des Proletariats nicht nur am heutigen Staate, sondern auch am Staate schlechthin auf. Er ging für die äussere Politik noch weiter, indem er den Staat als den Organisator der zukünftigen Internationale bezeichnete. Die Gründe, welche die Revisionisten die Kriegskredite so selbstverständlich hatten bewilligen lassen, waren nicht die seinen. Wenn Peus[405] sagte, „dass wir den Etat bewilligen, ist eine Selbstverständlichkeit, auch wenn dieser Staat noch nicht der Staat unserer Ideale ist", so war dies ein reiner Opportunismus, anders Gestimmte hätten genau mit demselben Recht das Gegenteil sagen

404 [Haenisch,] a. a. O., S. 162.
405 [Peus, Die Neuorientierung der Sozialdemokratie, in:] Sozialistische Monatshefte, [5. Heft, 16. März] 1916, [S. 249–255, hier:] S. 251.

können. Demgegenüber meinte Renner[406] – und traf damit sowohl den Mangel des Marxismus wie die liberaldemokratische Anschauung seiner Anhänger auf der Rechten und Linken –,

„nicht in den Mängeln[407] unserer ökonomischen Theorien, wie die Revisionisten meinten, liegt der Grund aller Meinungsverschiedenheiten, sondern in dem Mangel einer Staats- und Rechtslehre.[408]"

Er zeigte, dass das Weltbild des Vulgärmarxismus wie des Liberalismus nicht mehr den Tatsachen gerecht werde, dass der Staat als Organisation eines geschlossenen Wirtschaftsgebietes mit diesem gewaltigen ökonomischen Inhalt seinerseits sich wieder verändert hätte. Der Wirtschaftskörper Staat aber sei nicht das blosse Objekt gesellschaftlicher Kräfte, sondern regele die Wirtschaft von sich aus mit Hilfe des juristisch-politischen Mittels, durchstaatliche, sozialisiere sie. Die rechtliche Regelung der Wirtschaft werde damit von höchster Bedeutung als Kampfmittel des Proletariats, die „Klinke der Gesetzgebung" in die Hand zu bekommen, die unerlässliche Vorbedingung für die Sozialisierung. Was in dieser Hinsicht im Verlauf der letzten Jahrzehnte schon vor sich gegangen sei, habe die Struktur von Wirtschaft, Staat und allen Klassen von Grund auf verändert. Recht, Staatswirtschaft und Finanzkapital hätten das Wirtschaftsgebiet zum Wirtschaftskörper beseelt.

Dieser Hinweis auf die Veränderung aller tatsächlichen Verhältnisse und die Stagnation des wissenschaftlichen Sozialismus, der an allen diesen Tatsachen achtlos vorübergegangen war, war der erste Angriffspunkt gegenüber den herkömmlichen Parteianschauungen. Als zweiter musste dann – notwendig aus dem ersten erwachsend – die Feststellung der Falschheit der Antithese „Vaterland gegen Klasse" folgen. Letzten Endes war die Richtigkeit in der Gegenüberstellung in allen Lagern des Sozialismus anerkannt, und alle Beweise, wissenschaftliche oder politische, waren nur nachträglich gefundene „Begründungen" zu a priori gefällten Urteilen. Die einen hatten auf Grund mehr prinzipieller Stimmungseinstellung die Antithese stärker betont, die anderen suchten sie opportunistisch ihrer Schroffheiten zu entkleiden, gefühlsmässig war beides. Renner nun wandte die Resultate seiner Forschungen konsequent auf das Klassenkampfdogma an. Er stellte eine unheilvolle „Verknöcherung und Versimpelung der

406 [Renner, Probleme des Marxismus, in: Der] Kampf, [Bd.] IX, S. 110. [eigentlich: S. 190]
407 * Im Original bei Renner ohne Artikel: nicht in Mängeln.
408 * Im Original bei Renner: im völligen Mangel einer Staats- und Rechtstheorie.

Klassenkampflehre" fest und zeigte das Geheimnis der Klassenkampferfolge nicht in der blossen Handhabung dieser Waffe in dem alten Sinne, sondern im bewussten Eingehen von Alliancen mit den durch die ökonomische Entwicklung dazu bereiten Klassen. Das Klassenkampfdogma löste er in ein dauernd wechselndes „Klassenkaleidoskop" auf.[409]

„Es ist laienhaft, über Machtpolitik und Klassenkampf des Proletariats an sich zu reden, als ob das Weltproletariat als mystische Einheit im luftleeren All sich mit Schemen herumschlüge. Es zeigt sich ja auch sofort, dass Inhalt und Erfolg aller Klassenkämpfe von der Verfassung des Wirtschaftsgebietes völlig abhängen, in dem sie sich abspielen. Kampfmittel und Kampfziele sind durch diese Verfassung aufgezwungen."[410]

Ein solcher Klassenkampf hatte mit Staatsfeindschaft nichts mehr zu tun, er musste im Gegenteil versuchen, den Staat als Verbündeten zu bekommen und mit dem eigenen Geiste zu erfüllen. Je grösser und stärker das Proletariat, desto besser diese Chance. Der Staat, der ursprünglich die Organisation kapitalistischer Herrschaftsverhältnisse war, sollte dadurch und durch seine der Verwaltungstätigkeit inhärente Emanzipationstendenz zum Organ der sozialen Verwaltung werden. Die überstarke Betonung der Verwaltungstätigkeit bei Renner lässt den Gedanken einer Abhängigkeit von Saint-Simon aufkommen. Kurz und scharf formulierte er die Stellung des Staates als Helfer gegen Kapitalismus und als Förderer des Sozialismus:

„Die Ökonomie dient immer ausschliesslicher der Kapitalistenklasse, der Staat immer vorwiegender dem Proletariat."

Renners Auffassung war einerseits die ökonomische Grundlegung für das Staatsbewusstsein des Proletariats, andererseits war es ein Schlag gegen das liberale Dogma des reinen Nationalstaates. Wie Plenge und Lensch griff auch er den liberalen Freiheitsbegriff in der Sozialdemokratie an, setzte ihm die Schaffung einer „Denk- und Willensgemeinschaft" entgegen.

„Als Schande empfinde ich es, dass Vulgärmarxisten [diesen] unseren Freiheitsbegriff wieder ersetzen wollen durch den Kodex der individuellen Freiheiten des bürgerlichen Revolutionarismus."

409 [Renner,] Was ist eigentlich Klassenkampf? [eigentlich: Was ist Klassenkampf?]
410 [Renner,] Krieg, Marxismus und Internationale, S. 91. [eigentlich: Marxismus, Krieg und Internationale]

Gegen bürgerliche Demokratie und bürgerlichen Pazifismus, gegen alles von dem bürgerlichen Individualismus Übernommene in der Sozialdemokratie ging sein Kampf. Daher konnte seine Internationale der Zukunft nicht die der Kautsky und Adler sein. Den Staat wollte er seiner Autorität entkleiden und auf die Autonomie beschränken, souverän sollte nur das oberste überstaatliche Gebilde sein. Das war die Konsequenz des Organisationsgedankens, der sich mit Völkerbundgedanken und optimistischen, durch nichts bewiesenen Voraussetzungen über Denkungsart von Einzelmenschen und Nationen nicht zufriedengab, sondern die Schaffung eines Staatenstaates, einer mit Macht und Recht ausgestatteten, den unbequemsten Tatsachen gewachsenen Organisation erstrebte. Ein solcher Plan war zugleich die einzig mögliche sozialistische Kritik des Völkerbundes, die trotzdem von keinem sozialistischen Schriftsteller geliefert war.

Soweit sie nicht als radikale Klassenkämpfer alle derartigen Theorien als zu wenig „radikal" abgelehnt hatten, waren sie alle in die Gefolgschaft dieses letzten Endes individualistischen Gedankens eingetreten. Wie beim „Staatsvertrag" die Individuen um der gegenseitigen Hilfe willen auf Persönlichkeitsrechte verzichten, aber nur in möglichst geringem Umfange, um möglichst ihre Rechte zu wahren, so sollte der Völkerbund in der äusseren Politik den Staatsvertrag der Einzelstaaten untereinander darstellen. Das Kennzeichen einer solchen vertraglichen Bindung ist Utilitarismus, der beim Besiegten oder Schwachen nur Heuchelei, beim Sieger Machiavellismus auslösen musste und nie zu einer sozialistischen Durchdringung der Weltorganisation führen konnte. Nicht Erlösung von der Staatsmacht forderte Renner utopistisch, sondern Schaffung einer überstaatlichen Staatsmacht. Dabei musste er notgedrungen die überall stillschweigend anerkannte Antithese von Macht und Recht zerstören, die das Feldgeschrei für den doktrinären Liberalismus, der zur politischen Aktion zu schwach war und rückwärts schauend die Zeit nicht mehr verstand, gebildet hatte. Die angeblich moralisch bessere Position des Liberalismus und des reinen „Rechts"-Standpunktes konnte sich gegenüber einem solchen Angriff nicht behaupten. Diesen Standpunkt hatte die Sozialdemokratie wie so viele andere vom Liberalismus übernommen und verkündete bei jeder Gelegenheit, dass es keine wirklich liberale Forderung gäbe, die nicht von den Sozialdemokraten besser vertreten werde als von den liberalen Parteien selbst. Dass bei einer solchen Geistesrichtung der Renner'sche Standpunkt, ebenso wie die Ideen von Plenge und Lensch, nur verhältnismässig wenig Verständnis finden konnte, da sie nicht „radikal“, d. h. extrem liberal genug waren, liegt auf der Hand. Die Aufnahme, die gerade der Vulgärmarxismus, an der Spitze Kautsky, diesem Buche angedeihen liess, sprach für den Geist der ganzen Partei.

Der Vulgärmarxismus versuchte wenigstens noch eine theoretische Auseinandersetzung mit den Ideen der Plenge und Haenisch, der Renner und Lensch. Der alte Revisionismus und die erfahrenen Gewerkschaftler aber, die seit dem Auszug der Unabhängigen in der nunmehrigen Mehrheitssozialdemokratie allmächtig waren, huldigten wohl stimmungsgemäss solchen Ideen, machten aber lediglich eine Politik der politischen Erfahrung, des „gesunden Menschenverstands“ und des Opportunismus. Klassisch in ihrer Art ist die Begründung der Bewilligung der Kriegskredite in dem Bericht der Reichstagsfraktion an den Würzburger Parteitag von 1917:

„Nur dadurch, dass wir die Einheit unseres Volkes herstellten und damit seine militärische Aktionskraft sicherten, wurde es möglich, dem Einbruch der russischen Kriegsmacht in das Reich Einhalt zu tun und ihr die Niederlagen beizubringen, die die Hauptursache zum Zusammenbruch des zarischen Systems bildeten. Die russische Revolution ist mit verursacht worden durch unsere Politik vom 4. August 1914 … Was aber das Ansehen der Sozialdemokratie im eigenen Lande betrifft, so bedarf es keines Nachweises, dass ein Verrat an der eigenen Volksgemeinschaft in der Stunde der höchsten Gefahr ihr jeden Kredit genommen und die starken Wurzeln ihrer Kraft zerstört hätte. Wenn die deutsche Sozialdemokratie im innerpolitischen Kräftespiel heute ein stärkerer Machtfaktor ist und die Entwicklung in ihrem Sinne erfolgreicher zu beeinflussen vermag als vordem, so ist das unserer Haltung im Kriege zu danken. Wir haben in Deutschland verhindert, dass Annexionisten, Kriegsinteressenten und Scharfmacher die Regierung in ihre Gewalt bekamen. Dank unserem Einfluss hat auch der Deutsche Reichstag sich zuerst von allen Parlamenten der kriegführenden Welt zu einem Frieden der Verständigung und dauernden Versöhnung der Völker bekannt.“

Der Zusammenklang von Gefühl und Taktik in der Konstellation der Kriegsjahre unter der ausschlaggebenden Bedeutung der staatlichen Aussenpolitik bestimmten das Handeln der Mehrheitssozialdemokratie. Die Aussicht, unter einer unglücklichen Aussenkonstellation des Staates bei Kriegsende mit der Verwirklichung ihrer Gedanken zu beginnen, konnte sie nicht locken. Die Belastung durch diese Konstellation wäre viel zu gross gewesen, als dass man von einer erfolgreichen sozialistischen Politik hätte träumen können. Zudem waren auch die nationalen Instinkte in den sozialdemokratischen Massen viel zu stark erweckt. Wohl waren es Instinkte, die nicht erst aus der Stunde von 1914 geboren waren, denen aber diese Stunde Geburtshelferdienste geleistet hatte. Und so wie der Geist einer Stunde diese Instinkte hat mächtig fördern und aufblühen lassen, so konnte der Geist einer anderen Stunde sie auch wieder verblassen und zurückgehen lassen. Um diese Stunde zu vermeiden und einen erträglichen Übergang von Krieg zum Frieden zu schaffen, ging der Kampf der Sozialdemokratie, sowohl aus nationalem wie aus klassenmässigem Interesse. Der Staat sollte und musste solvent bleiben, schon darum, weil man ihn auch agitatorisch doch nicht mehr verneinen konnte und es besser schien, einen starken als einen schwachen Staat zu bejahen, wenn man von diesem Staat Hilfe für sich selbst erhoffte.

Der Krieg mochte ausgehen wie er wollte, die Mehrheitssozialdemokratie hätte vom Staat nicht mehr losgekonnt, selbst wenn sie gewollt hätte. Die Periode des Sozialismus als blosse Forderung war vorbei. Das wussten die erfahrenen Praktiker der Mehrheitssozialdemokratie und danach handelten sie schon auch zum grossen Teil aus ihrer Einstellung als Menschen der Agitation heraus. Das ist eine andere Kampffront als die zwischen Radikalismus und Revisionismus, die in nebelhafter Ferne zurückblieb. Wohl stellten die Revisionisten den grösseren Teil der Mehrheitssozialdemokraten geistiger und überhaupt hervorragender Prägung, und die Radikalen versorgten analog die Unabhängigen und durchweg die radikalen Splitter links der U.S.P.

Das Elementare der Ereignisse aber liess diese Spaltung nicht so schematisch vor sich gehen. Die Revisionisten, die in ihren liberalethischen Grundanschauungen in ihrer Menschlichkeit durch das Gesicht des Krieges erschreckt und beleidigt waren, machten Waffenbrüderschaft mit den alten Radikalen, die nicht politisieren, sondern glauben wollten. Und diejenigen Radikalen, die jetzt Gelegenheit zu welterschütterndem politischen Handeln sahen, schlugen sich teils in das Lager der entschlossenen, bewusst revolutionär bis zu den letzten Konsequenzen eingestellten Gruppen, oder wurden die engagiertesten Verfechter sozialdemokratischer Staatspolitik. Mit scharfem Blick und dramatischer Gestaltung schildert Plenge die Gründe dieser Verworrenheit:

„Rechter Hand, linker Hand, alles vertauscht! Die älteren Gegensätze von Radikalen und Revisionisten existieren nicht mehr. Der neue Gegensatz klafft auf: für oder gegen die positive Staatspolitik des Sozialismus. Hier wie dort brechen die alten Freundschaften auseinander, alte Gegner finden sich neu zusammen. Eine stürmisch bewegte Johannisnacht in der Geschichte des Sozialismus. Glückliches Sichfinden und verworrener Streit, schmerzliche Tragödien, aber auch phantastisch-komische Zwischenspiele. Mit innerster Notwendigkeit wird ein Teil der alten Radikalen zu den entschlossensten Führern auf dem Wege der grundsätzlichen Erneuerung. Solche Leute gehen jedesmal aufs Ganze."

Der Elan dieser Neumarxisten hatte wohl gewisse Wirkungen auf die Partei, konnte sich aber nicht durchsetzen. Daran waren schuldig in erster Linie die politische Konstellation nach aussen und innen, die Sorgen des Tageskampfes, die Tatsache, dass die Führer der Mehrheitssozialdemokratie unter dem Zwang der Verhältnisse durch parlamentarische und gewerkschaftstaktische Dinge viel zu stark abgehalten waren, als dass sie sich in einer solchen Zeit mit diesen Aufgaben hätten abgeben wollen. Die „Organisatoren" in Partei und Gewerkschaftsbewegung hatten wohl die Voraussetzungen für ein positives Verhältnis der Sozialdemokratie und der Gewerkschaften zum Staate geschaffen und machten gern die neue, ihrer Wesensart entsprechende Politik mit, soweit sie nicht gar zu sehr gegen bewährte Traditionen verstiess. Ein Hindernis waren ohne Zweifel auch eine Anzahl von den neuen Ideen begeisterter Parteijournalisten, die diese Ideen nicht immer richtig und glücklich zur Bekräftigung der ihnen opportun erscheinenden Parteitaktik herangezogen und manchmal gar zu sehr für die augenblicklichen Zwecke umbogen. Das diskreditierte.

Trotzdem wäre es absolut unrichtig, diese Ideen und ihre Propagierung als wirkungslos zu bezeichnen. Sie wirkten sehr stark als Beeinflussung der Stimmung, aber sie wurden nicht der bestimmende Faktor einer grossen Entwicklung in der sozialistischen Staats- und Gesellschaftslehre. Sie lieferten auch nach dem Kriege noch die stärksten geistigen Waffen im Kampf der Mehrheitssozialdemokratie gegen die Unabhängigen, aber sie waren mehr ein Zeughaus für die stärksten Waffen in bestimmten Situationen und verhältnismässig weniger das Arsenal für die täglich gebrauchten Waffen. Sie waren nicht als „Grundwahrheiten" in Fleisch und Blut übergegangen.

X.

Der Einfluss dieser Ideen musste um so geringer sein, als ihre Vertreter und die von ihnen beeinflussten organisatorischen Köpfe es an dem liberalen Radikalismus gegenüber der Regierung fehlen liessen, der in der Parteiüberlieferung herrschend war. Die Grundstimmung der Mehrheitspartei blieb opportunistisch-revisionistisch und die der Unabhängigen intransigent mit allmählich immer radikalerer Ausprägung. Je länger der Krieg dauerte, desto mehr mussten die Unabhängigen an Anhängern und Stosskraft gewinnen und die anderen verlieren. Dagegen konnte sie nur ein Mitgehen mit der immer stärker werdenden Zeitströmung schützen, und so wurde die Mehrheitssozialdemokratie immer pazifistischer und liberalistischer. Gründe genug waren ja da: Man verstand keinen Frieden zu machen, die Ernährungswirtschaft war auf halbem Wege stecken geblieben, die Regierung war dem Schleichhandel gegenüber machtlos und die Finanzpolitik war vollends jedes Gemeinschaftsgedankens bar gewesen. Gerade hier klaffte das ungeheuerliche und den Massen unverständliche Missverhältnis, dass die allgemeine Wehrpflicht bis aufs Äusserste angespannt wurde und von einer allgemeinen wirtschaftlichen Leistungspflicht überhaupt nichts zu sehen war, man auch gar keine Versuche gemacht hatte, [dies] grundsätzlich zu ändern. Die versprochenen Reformen unterblieben oder begnügten sich doch mit bedeutungslosem Flickwerk im Militärwesen, im Siedelungswesen und auf dem Gebiete der Kriegsbeschädigten- und Hinterbliebenen-Fürsorge.

Entgegen allen Versprechungen war trotz der dringenden Notlage so gut wie nichts geleistet. Es waren dies alles Übelstände, die von jedem einzelnen auf das härteste empfunden wurden und die darum den Geist der Hingabe an die Gesamtheit, der gerade in der Sozialdemokratie eine solche Stärkung zu Anfang des Krieges gefunden hatte, untergraben musste. Zu Hunger, Überanstrengung und Missständen aller Art trat dann noch die durch die Rechtsparteien vereitelte Lösung der Wahlrechtsfrage, um die die Arbeiterschaft 20 Jahre hindurch als vornehmstes Ziel gekämpft hatte. Es bestand schliesslich das Gefühl, dass der Staat, der Opfer über Opfer forderte, seine Versprechungen doch nicht einhalten wolle oder könne. Es wuchs die Staatsverdrossenheit, es trat als natürliche Reaktion gegen die Anspannung von Vaterlandsgefühl und Hingabe an die Allgemeinheit die Begeisterung für weltbürgerliche Ideale und die Freiheit des Individuums stärker hervor. Geschichte wie Ideologie der alten Sozialdemokratie wiesen ja auch ausdrücklich auf diesen Weg hin, und als die Unabhängigen diese Forderungen agitatorisch ausmünzten, da musste Ihnen, je länger je mehr, der Zulauf sich vergrössern und sehr viele, die der alten Partei treu blieben, taten dies nicht, weil sie die Kriegspolitik der Parteileitung billigten, sondern aus organisatorischen Gründen.

So zeigte die revolutionäre Stimmung, die zuerst nur sehr langsam, seit dem Spätsommer 1918 riesenhaft wuchs, ganz deutlich alle Anzeichen einer „liberalen" Revolution, liberal nicht in parteipolitischem Sinne, sondern als Auflehnung des Einzelnen gegen die ihn vernichtende Verkörperung der Allgemeinheit, den Staat. Immer fordernd und selten gebend, schien er der Moloch zu sein, in dem alles persönliche Glück verschwand.[411] Liberal musste auch eine Revolution sein, deren Träger keine politischen Parteien, sondern Soldaten waren, die sich aus Zwang, Hunger und Einengung befreien wollten. Nur so lässt es sich erklären, dass der Herd der Revolution die Marine war, bei der naturgemäss der Zwangscharakter sich am stärksten geltend gemacht hatte. Die Revolution ähnelte der Vergangenheit [darin], dass sie nicht unter einem organisatorischen Prinzip, sondern mit der Proklamation von Rechten ins Leben trat. Trotz des Fehlens jeder besonderen revolutionären sozialistischen Tradition zeigte sich der revolutionäre

411 Vgl. Plenge, Durch Umsturz zum Aufbau.

Geist in der Arbeiterschaft sehr stark, es war aber der revolutionäre Geist des Liberalismus: für Menschenrechte gegen Zwangspflichten.
Gerade hier machte sich der Mangel utopischer Organisationspläne bei Marx verhängnisvoll bemerkbar. Die Sozialisten aller Richtungen arbeiteten notgedrungen mit liberalen Auffassungen von Staat und Recht. Der 4. August 1914 war die höchste Entwicklung des Staatsgefühls gewesen, und aus ihm heraus konnten die theoretisch stärksten Grundlegungen des Staatsgedankens sich entwickeln. Der 9. November [1918] bedeutete seinen tiefsten Sturz und den Anfang eines individualistisch gerichteten Kommunismus. Wohl blieb der Teil der Arbeiterschaft, dem das Organisationsprinzip in Fleisch und Blut übergegangen war, dem Staatsgedanken treu, bei den anderen aber zeigten sich die Schäden des Mangels einer grundsätzlich fundierten Politik. Waren sie am 4. August ganz mit Staatsopportunismus erfüllt, so hatten sie ihn beim Zusammenbruch eben desselben Staates rettungslos verloren. Was als politische Theorie in den Köpfen der Arbeiter übrig blieb, war ein Gebilde vollständiger Amorphie, durch nichts und an nichts gebunden. Radikale Agitatorenüberlieferung wie der Zerfall aller bestehenden Formen führten hier zu einer Vereinigung positiver organisatorischer Gedanken wenigstens insoweit, als der individuelle Verstand das einzige Kriterium für sie bildete.

Das Fehlen des sozialistischen Organisationsplans, der auch weder im Verlauf der Parteigeschichte aus dem vulgärmarxistischen Geiste heraus sich entwickelt haben, noch nach der Revolution plötzlich gemacht werden konnte, erklärt auch die Entwicklung der sozialistischen Parteien voneinander fort. Der Einfluss des Auslandes war gerade in der überradikalen marxistischen Doktrin immer ein sehr starker gewesen. Bezeichnenderweise war niemals einer der Theoretiker des extremen Marxismus ein Deutscher, sondern, auch wenn er in der deutschen Partei tätig war, ein Osteuropäer. Der osteuropäische Einfluss hatte sich schon vor der Revolution geltend gemacht, hatte durch das russische Beispiel sich in den Köpfen der deutschen Arbeiter festzusetzen vermocht. Die unabhängige Partei war den Radikalen bald nicht mehr radikal genug, die alte Feindschaft zwischen den Extrem-Marxisten und den Vulgärmarxisten wachte stärker denn je auf. Rezipierte der Radikalismus in Deutschland den russischen Maximalismus bewusst, so war seine Verwandtschaft mit dem lateinischen Syndikalismus eine mehr unbewusste. Offiziell freilich – und auch im guten Glauben seiner Anhänger – hatte der deutsche Kommunismus nur den konsequenten Marxismus des kommunistischen Manifests als Basis. In Wirklichkeit aber waren in den vielen sich durchkreuzenden Strömungen alle drei Elemente in den verschiedensten Stärken und Ausprägungen lebendig. Das einigende Band, das den Spartakusbund, die spätere Kommunistische Partei Deutschlands, zusammenhielt, war praktisch die politische Aktion, der unerschütterliche proletarische Machtwille und für das Ziel das in der kommunistischen Wirtschaftsordnung freie Individuum.

An sich waren das syndikalistische und das eigentlich bolschewistische Element zwei andersartige, das letztere dem Marxismus mehr verwandte. Der Bolschewismus wollte in seiner ursprünglichen theoretischen Form nichts weiter als die bis zu den letzten Konsequenzen getriebene primitive „unmittelbare Demokratie" der Proletarier in ihrer Zusammenfassung von Legislative und Exekutive. Er beruhte nicht zum wenigsten auf der Marx-Engels'schen Lehre, dass das Proletariat die übergrosse Masse der Bevölkerung darstelle. Mit Ausnahme von Radek[412] verkündigten die Theoretiker dieses sogar für Russland.

Lenin[413] freilich fasste die Demokratie nicht in dem gebräuchlichen Sinne auf, fand auch keine besondere sozialistische Demokratie, die Sache des ganzen Volkes gewesen wäre. Sein „Demokratie ist der Staat" war das Glaubensbekenntnis des anti-demokratischen Bolschewismus. Demokratie als Form der Diktatur, das war der Gedanke der bolschewistischen Theoretiker, die nicht etwa ein glattes Abrücken von der Demokratie überhaupt zu propagieren wagten, sondern unter das Deckwort „Demokratie" jede Form diktatorischer Herrschaft hineinzuinterpretieren versuchten. Nach Marx war auch der diktatorische Proletarierstaat ein Staat, d. h. ein Organ der Unterdrückung, er hätte also bei konsequenten Marxisten nur von ganz kurzer Dauer sein dürfen. Nach Lenin[414] war er aber „nicht eine vorübergehende Erscheinung im engeren Sinne des Wortes, sondern die Staatsform während der ganzen [historischen] Epoche".[415] War das aber der Fall, so konnte es in absehbarer Zeit keine freien Individuen geben.

412 Von der Oktoberrevolution bis zum Brester Friedensvertrage, S. 26 ff. [Hier irrt Schumacher bei der Autorenschaft; das zitierte Werk stammt von Leo Trotzki, nicht von Karl Radek.]
413 Lenin, a. a. O., S. 64. [Gemeint ist: Staat und Revolution]
414 Vgl. Kelsen, a. a. O., S. 112 ff.
415 * Das Zitat bei Kelsen lautet korrekt: „Hier ist die Rede nicht von einer vorübergehenden Erscheinung im engeren Sinne des Wortes, sondern von der Staatsform während einer ganzen historischen Epoche."

Die unmittelbare „Sowjet-Demokratie" hätte der Marx'schen Lehre noch entsprochen, ihre mehrfache Brechung durch indirekte Wahlen und verschiedene Bewertung der Stimmen bedeutete schon eine starke Abweichung. Ihr Proletarierstaat als Staatsform während der ganzen historischen Epoche bedeutete die endgültige Abkehr vom Marxismus. Hier waren alle Versuche Lenins einer Versöhnung mit der marxistischen Lehre vergeblich.[416] In der Art der politischen Gewaltausübung ähnelten sie, besonders Radek, dem französischen Syndikalismus mehr als dem Marxismus, in ihrem Proletarierstaat standen sie beiden gleich weit entfernt, um sich in ihrem letzten Ideal wieder mit ihnen zu vereinigen. Der Sowjet-Demokratismus war es, der das deutsche Proletariat zu einem guten Teil fasziniert hatte. Dieser Sowjet-Demokratismus bedeutete für die Praxis eine Verneinung des Staates, wenn auch in zuerst noch gemilderter Form. Wenn Lenin den Gedanken Saint-Simons, den in gleicher Weise auch Sorel[417] propagiert hatte, dass nämlich die Ordnung der Werkstätte auf die Gesellschaft übertragen werden müsse, verkündete, so fand er auch in Deutschland begeisterten Widerhall und die Räte-Organisation als politischer Machtausdruck wurde in weiten Kreisen der Arbeiterschaft sehr populär.

Er wurde nicht etwa als körperschaftliches Prinzip, als stärkster Zusammenschluss aufgefasst, sondern als Gelegenheit für die Betätigung individualistischer Herrschaftsbedürfnisse. Als Organ der Diktatur war die Räteorganisation mit erheblichen Mängeln behaftet, da sie schon von dem Zukunftsideal der anarcho-kommunistischen Gesellschaft etwas vorwegnahm und zur Durchführung eines weltändernden Programms viel zu föderalistisch war. Gerade die Versuche der praktischen Durchführung des politischen Rätesystems in Deutschland zeigten ihre föderative Natur auf das deutlichste. Diese praktische Unbrauchbarkeit hatte Lenin[418] ja auch mit dem Schlusse, dass es zwischen dem „Sowjet-Demokratismus" und der „Anwendung der diktatorischen Macht von einzelnen Personen" „keinen prinzipiellen Gegensatz" gäbe, versteckt zugegeben. In den Augen seiner deutschen Anhänger aber waren diese organisatorischen Mängel gerade sein Vorzug und darum ist es nicht verwunderlich, wenn Max Adler,[419] der bewussteste Individualist unter den Sozialisten deutscher Zunge, für seinen Wert die überschwengliche Formel fand:

416 Vgl. Kelsen, a. a. O., S. 104 ff.
417 [Sorel,] Le Syndicalisme révolutionnaire, [in :] Mouvement Socialiste vom 1.11.1905.
418 [Lenin,] Die nächsten Aufgaben der Sowjet-Macht, S. 61. [Die korrekte Seitenangabe der Ausgabe von 1919 ist: S. 43]
419 [Adler,] Demokratie und Rätesystem S. 35.

„Und was bloss als politische Partei erscheint, weil es sich mit anderen Parteien im Kampfe um die Macht auf denselben Boden stellen muss,[420] *das ist in Wirklichkeit die Organisation aller gesellschaftserneuernden Kräfte gegenüber dem gesellschaftlichen Stillstand, ja Rückschritt."*

Die Kommunisten gaben entsprechend dem kommunistischen Programm ihrer Staatsfeindschaft grundsätzlichen Ausdruck und erklärten das Rätesystem für den Ausdruck der proletarischen Klassenherrschaft. Das Ziel war Erlösung von der politischen Gewalt, die Herrschaftslosigkeit der Zustand, in dem „freie Arbeitsgenossen" ihr Leben nach dem eigenen Willen lenken, in dem der militärische Gehorsam durch „freiwillige Disziplin der Soldaten" ersetzt werden sollte. Das erstrebte Ziel war die Freiheit im Sinne der angebundenen Entfaltung jeder Individualität. Als revolutionäre Partei im eigentlichen Sinne waren die Kommunisten auch in ihrem Endziele gegen die staatliche Zwangsordnung. Der ganze Ideenkomplex, auf dem die kommunistischen Lehren ruhten, hatte die Ideen des 18. Jahrhunderts von der natürlichen Güte des Menschen zur Voraussetzung. Wenn der russische Bolschewismus sich aus seinen realpolitischen Erfahrungen teilweise darüber hinwegsetzte, so verliess er dabei seine eigenen theoretischen Ausgangspunkte. Die Idee von der natürlichen Güte des Menschen erhielt ihre spezifisch-proletarische Abstempelung durch den „von Natur fleissigen Proletarier". Auch diese Waffe war keine den Kommunisten allein eigentümliche, sondern stammte, wie alle Elemente ihrer Gesellschaftslehre, aus dem Lager des entwickelten Anarchismus. Kropotkin hatte diesen Gedanken mehrfach geäussert, der seinen wohl prägnantesten Ausdruck bei Jean Grave[421] fand.

„Unserer Meinung nach gibt es im wirklichen Sinne des Wortes keine Faulenzer. Es gibt nur Individuen, deren Fähigkeiten sich nicht haben frei entwickeln können."

Von dem Zusammenwirken dieser „Individuen" erwartete man die zwangsbefreite Organisation der Zukunft. Man glaubte, dass der Einzelmensch, durch keinen Zwang angetrieben, seinen Verpflichtungen als Glied der kommunistischen planmässig geordneten Wirtschaft

420 * Im Original bei Adler: weil es sich im Kampf um die Macht auf denselben Boden mit den anderen Parteien stellen muß.
421 [Grave,] La Société future, S. 277.

nachkommen werde. Lenin[422] hatte zur Rechtfertigung dieses Utopismus eine ganze „Theorie der Gewöhnung" gefunden. Zugegeben, dass solche Gewohnheiten entstehen können, so besteht schlechterdings auch nicht eine einzige Voraussetzung dafür, dass der im Verhältnis zum Kapitalismus ungleich kompliziertere, durchorganisiertere Wirtschaftsapparat geleitet und gegen alle Abirrungen der Einzelnen geschützt werden könnte. Zwar wehrte sich der Kommunismus von jeher, mit dem Anarchismus zum wenigsten im Endziele eng verwandt zu sein, aber alle Unterschiede, die Lenin aufführte,[423] können als grundsätzlich andersartige nicht angesehen werden. Die kommunistische Gesellschaft ist eine staatlose und der Unterschied zwischen Kommunismus und Anarchismus ist „der Unterschied zwischen der zentralisierten Produktion der Grossbetriebe und der dezentralisierten Kleinproduktion".[424] Damit war der Gegensatz auf eine im wesentlichen äusserliche Verschiedenheit, die Grösse und wirtschaftliche Betriebsform, abgestellt. Die Gesellschaftsverfassung aber ist darum weder ethisch noch staatsrechtlich anders zu werten.

Freiheitsschwärmerei, Rätediktatur und Internationalismus verbanden die U.S.P. mit den Kommunisten. In ihrer Kampffront gegen rechts suchten sie gerade in den alten, theoretisch schon so oft widerlegten Lehren von den bereits vorhandenen gemeinsamen Klasseninteressen des Proletariats in der ganzen Welt eine Hauptwaffe.

„Die Völker haben keine gegensätzlichen Interessen mehr. Interessengegensätze bestehen nur zwischen den Klassen, zwischen [den] Kapitalisten und den Proletariern in jedem modernen Staat."[425]

Konsequent wurde die Folgerung daraus gezogen:[426]

„Die nationalen Rechte, die politischen Grenzen müssen verschwinden, weil sie das Zusammentreffen[427] *der Völker hemmen und stören. Darum ist die Forderung im Grunde reaktionär, die die bestehenden Nationen befestigen und immer neue selbständige Nationen haben will, bald nach Gebräuchen und Sitten, bald nach Abstammungen und Sprachen zusammengefasst."*

422 [Lenin,] a. a. O., S. 67. [Gemeint ist: Staat und Revolution]
423 [Lenin,] a. a. O., S. 17.
424 Bucharin, Anarchismus und wissenschaftlicher Kommunismus, S. 7.
425 Crispien, Eine Abrechnung mit den Rechtssozialisten, S. 5.
426 Ders., a. a. O., S. 13.
427 * Im Original bei Crispien: Zusammenwirken.

Hier wurde mit der Abschaffung der politischen Grenzen die Aufhebung des Staates gefordert zugunsten eines internationalen Konglomerates von Einzelpersonen. Wie sehr gerade diese Forderung undurchdachte Tagesagitation war, erhellt aus einem Vergleich mit dem Programm der gewiss nicht wenig radikalen österreichischen Linken. Diese stellte sich in der Erklärung vom April 1918 auf den Standpunkt, der die Bildung von nach der Sprache gesonderten Staaten forderte, die kraft freien Vertrages zu internationalem Zusammenschluss kommen sollten. Auch dieser Standpunkt war ein liberaler, sogar in dreifacher Beziehung, denn einmal stellte er sich auf den Boden der Auffassung von Staat und Nationen, wie ihn die grossdeutschliberale Richtung im zweiten Drittel des vorigen Jahrhunderts vorgenommen hatte, ohne eine Weiterbildung vorzunehmen. Sodann forderte er ein Selbstbestimmungsrecht der Nationen, das trotz des Leugnens, damit eines „der ewigen Rechte, die droben hangen unveränderlich[428]", anzuerkennen, und trotz der Behauptung, es wäre nur „ein Anspruch, den die Nationen unter bestimmten ökonomischen und sozialen Bedingungen erheben, unter bestimmten politischen Machtverhältnissen durchsetzen",[429] doch die Anerkennung eines solchen Rechtes bedeutet, weil ohne jede Prüfung dieser Verhältnisse die Ideenwelt der grossdeutschen Bewegung als Richtungspfeil für heutige, grundsätzlich andere Verhältnisse angenommen wurde. Drittens war nicht von einem tatsächlich souveränen Staatenstaat die Rede, sondern der internationale Aufbau sollte durch Vertrag, dem „Demiurg des Liberalismus" (Renner), also durch willkürliche und moralische Bande geknüpfte Zusammenschlüsse vollendet werden.

Hatte diese Auffassung aber noch den Nationalstaat als Zwischenglied zwischen Individuum und Internationale anerkannt, so fehlte bei den Anhängern des Crispien'schen Standpunktes jedes körperschaftliche Zwischenglied. Der Unterschied zwischen diesen beiden Richtungen entsprach dem, wie er in den sechziger Jahren zwischen Marx und den Proudhonisten bestand, von denen Marx an Engels schrieb:[430]

428 * Im Original: unveräußerlich.
429 [Schulze,] Marx oder Radetzky? [, in:] Der Kampf [, Bd.] IX, S. 374. [korrekt wäre: Bd. XI]
430 [Marx/Engels,] Briefwechsel, III. Bd., S. 328.

„Übrigens rückten die (Nichtarbeiter) Repräsentanten der ‚Jeune France' damit heraus, dass alle Nationalitäten[431] und Nationen [selbst] ‚des préjugés surannés' sind. ... Im übrigen seien[432] alle [‚]Reaktionäre['], die die [‚]soziale['] Frage mit den [‚]superstitions['] der alten Welt inkumbieren."

Wenn die österreichische Auffassung liberal war und dem 19. Jahrhundert entstammte, so war dies eine Auffassung, die anarchisch war und aus dem 18. Jahrhundert herrührte. Im ganzen konnte man auf dem Leipziger Parteitage der U.S.P.D. im Jahre 1919 nicht weniger als 11 verschiedene Richtungen in der Beurteilung von Wert und Art der Internationale zählen, die sämtlich ihrem innersten Kern nach liberal oder anarchistisch waren. In diesem Sinne musste sich auch der Pazifismus auswirken, unter dessen Banner die U.S.P. ihre Opposition gegen den Krieg geführt hatte. Auch die Tatsache, dass die deutschen Arbeiter durch den Vertrag von Versailles aus ihrem „naiven Kosmopolismus" (Otto Bauer) aufgescheucht und viele von ihnen Angehörige fremder Staaten wurden, verursachte bei diesen beiden Parteien keine grundsätzliche Änderung in der Stellung zum Staate überhaupt und dem Deutschen Reiche im besonderen. Sie blieben, was sie gewesen waren, extrem liberale oder Anarcho-kommunisten, die vom Sozialismus nichts anderes angenommen hatten als das Ideal einer kommunistischen Gestaltung der Wirtschaft, mit Formen der Verwaltung, die in staatsrechtlichem Sinne Anarchismus darstellten. Ihre Stellung der Internationale gegenüber suchte besonders bei den Allerradikalsten nach Formen, die mehr der ersten als der zweiten Internationale entsprechen mochten.

Anders lag der Sachverhalt bei den Mehrheitssozialdemokraten. Zwar war auch diese Partei mächtig liberalisiert, besonders durch pazifistische Einflüsse. Hinzu trat der Gedanke, die Partei zu sein, in der die alte grosse Partei der Vorkriegszeit weiterlebte, die Partei, deren politische Tradition zum grossen Teile die eines radikalen Liberalismus war. Zudem war der Wunsch nach Einigung mit den anderen Sozialisten bei den Anhängern dieser Partei am lebendigsten, was nur durch eine Radikalisierung im bisherigen Sinne zu erreichen war. Am stärksten aber wirkte der Umstand, dass der Abwehrkampf gegen links unter

431 * Im Original bei Marx: Nationalität.
432 * Im Original bei Marx: sind.

dem Zeichen der Demokratie geführt werden musste, dass die nach Entwicklung der Dinge selbstverständliche Form der politischen Organisation, etwas in erster Linie Äusserliches, zum Inhalt einer ganzen Weltanschauung – im politischen Tageskampfe wenigstens – erhoben wurde. Damit näherte sich die Partei dem Liberalismus, musste dies auch der geschichtlichen Entwicklung entsprechend tun, da eine besondere sozialistische Demokratie in der Partei nicht gross geworden war, dies bei den preussisch-deutschen Verhältnissen auch nicht hatte werden können.

Seelisch hatten die Arbeiter auf den Polizeistaat liberalrevolutionär reagiert und die Partei hatte den deutlichen Stempel der Massenstimmung nie verleugnen können. Zum guten Teil hatte sich der Staat gerade diese Stimmung in der Partei selbst gross gezogen. So erklärt sich der liberale Charakter vieler Handlungen der Partei nach der Revolution, die, von der Stimmung weiterer Kreise oder den Kompromissen mit den anderen Regierungsparteien gefordert, manchmal gegen die sozialistische Einsicht der Führer sich geltend machte. Der Kampf um den Volksstaat war zwar liberalisiert, hatte aber noch genügend sozialistischen Inhalt, um gerade diese Stelle zur ausgesprochenen Stärke der Sozialdemokratie zu machen. Das Ideal, den Staat zu dem werden zu lassen, was er seinem sittlichen Zweck nach hätte sein müssen, war in grosser Stärke lebendig. So konnte Scheidemann 1917 auf dem Würzburger Parteitage die Abkehr vom scholastischen, erstarrten Marxismus im Namen der grossen Mehrheit der Arbeiter fordern: „Sie will den Staatsgedanken nach Lassalle pflegen". Dass die Sozialdemokratie die eigentliche Volksstaatspartei geworden war, bildete ihre eigentliche Stärke, die sie instand setzte, auch den heftigsten Stürmen von links zu widerstehen. Der Staat war viel zu sehr ins Bewusstsein der Massen eingedrungen und bildete zusammen mit den Selbsthilfeorganisationen der Arbeiter die Hoffnung für die Verwirklichung des sozialistischen Prinzips. Nichts mochte deutlicher dafür sprechen als die Tatsache, dass im Bewusstsein der Arbeiter – mit Ausnahme der rein egoistisch orientierten – Sozialisierung gleich Verstaatlichung war. Man konnte sich alles sozialistische Werden nur für, mit, durch den Staat vorstellen.

Aber vorläufig dachte ein grosser Teil der deutschen Arbeiterschaft nicht daran, von diesem Staat eine grundsätzliche Änderung ihrer Lebensverhältnisse zu erwarten. Die ungeheuerliche Aufgewühltheit der Proletarier in ihrer tragischen Situation nach dem Kriege liess den revolutionären Beigeschmack der alten orthodoxen Klassenkampf-theorie riesig erstarken. Die Unabhängige Sozialdemokratische Partei Deutschlands wurde stark und täglich stärker, solange sie die eigentliche Klassenkampfpartei par excellence war, d. h. solange die kommunistische Partei, die aus dem Spartakusbund entstanden war, nicht eine populärere Klassenkampfformel in praktischer Hinsicht gefunden hatte und solange die Berührung der U.S.P. mit dem Staat nicht allzustark war, sondern ihr dieser Teil der Arbeit für die Massen von der Mehrheitssozialdemokratie abgenommen wurde. Die Theoretiker und Journalisten der U.S.P. warfen zwar den Kommunisten häufig genug unklare Schwarmgeisterei und anarchistische Ideologie vor, doch war in den meisten Fällen ihr Verhältnis zum Staat theoretisch keineswegs sicherer fundiert und nur in der Farbentönung etwas blasser. Praktisch zeigte sich dies deutlich, als die Alliierten ihre Friedensbedingungen für Deutschland im Mai 1919 bekanntgaben. Die Unabhängigen wandten sich sofort gegen – alle Möglichkeiten und Unmöglichkeiten, die einer Regierung – sie sei wie sie sei – zur Verfügung gestanden hätten. Sie begnügten sich mit der Feststellung, dass sie in ihrer Einstellung zum Kriege recht gehabt hätten und dass das Bürgertum, das die Verantwortung für den Krieg habe, nunmehr auch die Verantwortung für den Frieden tragen müsse. Nicht in ihrem Willen zur Annahme des Versailler Friedens, sondern in ihrer Neigung, ihren Klassenkampf von den grossen weltpolitischen Ereignissen fernzuhalten, liegt die praktische Unmöglichkeit, die orthodoxen Anschauungen des marxistischen Zentrums aus der Vorkriegszeit auf die nachrevolutionären Verhältnisse zu übertragen.

Gerade die Gegner des Marxismus konnten hier gegen eine Klassenkampftheorie wüten, die von Marx niemals aufgestellt worden ist, denn die Behauptung, dass Marx nur zwei Arten von Klassen gekannt habe, ist falsch. Marx hat drei Hauptklassen geschieden und diese wieder in Unterklassen geteilt, hat an verschiedenen Stellen – vor allem im 3. Band des „Kapitals" – von Mittel- und Übergangsstufen in der Klassengliederung gesprochen und hat vor allem im 52. Kapitel des 3. Bandes seines „Kapitals" hervorgehoben, dass in der Gesellschaft eine „unendliche Zersplitterung der Interessen und Stellungen, worin die Teilung der gesellschaftlichen Arbeit die Arbeiter wie die Kapitalisten und Grundeigentümer [...] spaltet", zu finden sei. Davon war aber weder auf dem Parteitag der unabhängigen Sozialdemokratie vom 2. bis 6. März 1919 noch in ihrem „Leipziger Aktionsprogramm" die Rede. Alles Programmatische war eben nur auf die Aktion eingestellt und nichts auf eine grössere Epoche. Darum fehlte auch jede theoretische Untermauerung und stimmungsmässig waren die Wertungen von Klasse und Staat fast so geteilt wie in der alten Sozialdemokratie vor dem Kriege. Positiv für eine Staatspolitik sich einzustellen, hatte aber niemand unternommen. Im Leipziger Aktionsprogramm ist nur von dem Ziele der sozialistischen Gesellschaft die Rede. Die Antipathie gegen das Wort „Staat", die bei den alten Radikalen traditionell war, und die Beeinflussung durch die prinzipiell staatsfeindliche Sowjetideologie liess den entscheidenden Abschnitt des Leipziger Arbeitsprogramms lauten:

„Die politische Herrschaftsorganisation des kapitalistischen Staates wird mit der Eroberung der politischen Macht durch das Proletariat zertrümmert. An ihre Stelle treten die politischen Arbeiterräte als Herrschaftsorganisation des Proletariats. Sie vereinigen in sich Gesetzgebung und Verwaltung. Ihre Wirksamkeit bedeutet die Umwandlung und Neugestaltung des kapitalistischen staatlichen Verwaltungsapparates, einschliesslich der Gemeinden; sie bedeutet aber auch die Verwirklichung des Selbstbestimmungsrechtes der Arbeiterklasse und ihren Zusammenschluss zwecks Abschaffung jeglicher Klassenherrschaft. Die Unabhängige Sozialdemokratische Partei setzt der Herrschaftsorganisation des kapitalistischen Staates die proletarische Herrschaftsorganisation auf der Grundlage des politischen Rätesystems entgegen, dem bürgerlichen Parlament, als dem Ausdruck des Machtwillens der Bourgeoisie, den revolutionären Rätekongress. Die Umwandlung der kapitalistischen Wirtschaftsanarchie in die planmässige sozialistische Wirtschaft erfolgt durch das wirtschaftliche Rätesystem."

Auf der anderen Seite heisst es in demselben Aktionsprogramm:

„Um dieses Ziel zu erreichen, bedient sich die Unabhängige Sozialdemokratische Partei planmässig und systematisch gemeinsam mit den revolutionären Gewerkschaften und der proletarischen Räteorganisation aller politischen, parlamentarischen und wirtschaftlichen Kampfmittel."

Damit ist wieder die praktische Fesselung auch an den Gegenwartsstaat vollzogen und die alte Unentschiedenheit der Vorkriegssozialdemokratie auch auf die Nachkriegsverhältnisse bei der U.S.P. vollzogen. Theoretisch und im Prinzip zum mindesten hatten Krieg und Revolution keinen Gewinn gebracht. So wenig wie die Revolutionskrise von 1918/19 die durch den Krieg aufgeworfenen Probleme gelöst hat, so wenig gelang der U.S.P. die geistige Bewältigung des Kardinalproblems. Und so sehr die nachrevolutionären Jahre eine Übergangszeit waren, so sehr war die unabhängige Partei als die eigentliche Partei dieser Jahre auch nur eine Übergangspartei. Sie nannte die Republik eine reine bourgeoise Republik, verlangte aber von ihr die Voraussetzungen der Verwirklichung des Sozialismus. Sie konnte sich nur eine Alleinherrschaft der Bourgeoisie oder eine Alleinherrschaft des Proletariats denken. Eine Teilung der tatsächlichen Macht im Staate zwischen Bourgeoisie und Proletariat war ihr konsequenter Weise unvorstellbar, weil sie nicht ihren Auffassungen von Klassenkampf und Staat entsprach, weil sie bewusst über das Staatsproblem hinwegsah.

Das Fehlen des theoretischen Fundaments musste die praktische Politik der U.S.P. zum Scheitern bringen gegenüber den Teilen der Arbeiterbewegung, die solch ein Fundament hatten oder sich praktisch an ein solches Fundament gekettet hatten. Die österreichischen Sozialdemokraten waren mit dem Koalitionsproblem besser fertig geworden, weil sie trotz ihres kaum geringeren Radikalismus eine wissenschaftliche und prinzipielle Einstellung gegenüber Staat und Klasse hatten und die Verkündung ihres immerhin positiven Dogmas bei den Arbeitern starken Widerhall fand. Die U.S.P. scheiterte daran, dass sie kein solches Dogma zu verkünden hatte.

Hier lagen auch die Voraussetzungen zur unbedingten Notwendigkeit einer Spaltung der U.S.P. Es kam darauf an, wie der einzelne unabhängige Politiker stimmungsmässig, taktisch oder beruflich eingestellt war. Ob er glaubte, zur Sowjetverfassung vorstürmen zu dürfen, oder die „Errungenschaften der Revolution" erst einmal verteidigen zu müssen. Ob die Sympathien für das russische Proletariat und die Weltrevolution stärker waren als die Sorge um das Schicksal der deutschen Arbeiterschaft, und ob ihm – der deutsche Sperling in der Hand lieber war als die russische Taube auf dem Dach, in welcher Stärke in ihm Klassen- und Staatsgefühl miteinander rangen. Die 21 Punkte, die die Forderungen Moskaus an die unabhängige Sozialdemokratie enthielten, um dieser die Aufnahme in die dritte Internationale zu ermöglichen, sind durchaus nicht Produkte moskowitischen Übermuts gewesen. Sie waren die natürliche und unvermeidbare Konsequenz der Leninistischen Ablehnung des Staates und der Lehre vom reinen Klassenkampf. Ebenso sind geistesgeschichtlich gesehen die „Zentristen", die Erben des Vorkriegsmarxismus, keine ängstlichen Spiessbürger gewesen, sondern Leute, die wenigstens stimmungsmässig und praktisch-politisch ein positives, wenn auch nicht theoretisch fest umrissenes Verhältnis zum Staate und zum Staatsgedanken gehabt haben.

Ebensowenig wie es eine klare Scheidung zwischen Klasse und Staat in ihrem Wert und ihrem Unwert für das Proletariat gibt, kann man auch praktisch die Trennungslinie zwischen denen ziehen, die bald die eine, bald die andere Seite der Dinge mehr betonen. Dieselben Theoretiker und Politiker, die den Staat oft genug in Grund und Boden verdammt und seine völlige Wertlosigkeit, ja Schädlichkeit für die Arbeiterklasse nachgewiesen haben, sind doch praktisch durch ihre Erfahrungen in der Politik Gefangene des Staates geworden. Bezeichnenderweise bleibt die theoretische Darstellung ihrer Erfahrungen immer nur Kritik an Einseitigkeiten und Unmöglichkeiten des Klassenkampfdogmas und baut nie auf nach der Seite des Staatsgedankens. Sie, die alle Synthetiker zwischen Staat und Klasse in ihrer Politik sind, wollen doch nur Theoretiker der Klasse bleiben.

Das prägnanteste Beispiel dieser Art ist Paul Levi, der als Jünger Liebknechts und Rosa Luxemburgs der radikalste Ablehner jeder staatspolitischen gedanklichen und praktischen Bindung und der begeisterte Anhänger des Ideals der klassenlosen Gesellschaft und der internationalen Weltrevolution gewesen ist. Von seinen Zielen lässt er in seiner vernichtenden Kritik der kommunistischen Politik „Unser Weg. Der Kampf wider den Putschismus!" nicht ab, aber er legt den Finger in die Wunde, nachdem die überspannte Anwendung der Theorie blutige Opfer gefordert hat:

„Viele Kommunisten begehen zwei Denkfehler. Der eine ist: sie sehen innerhalb des Proletariats nur die Kommunisten; der andere ist: sie sehen innerhalb der kämpfenden Klassen nur das Proletariat. In Wirklichkeit aber ist die revolutionäre Taktik nicht, dass man immer nur sich selbst besieht und bemisst und bespiegelt, viel wichtiger ist das Verhältnis der Kommunisten zu allen anderen, gegen den Kapitalismus kämpfenden Klassen und Schichten, die alle gemeinsam wirken am Sturze der Bourgeoisie. Von allen diesen Klassen und Schichten ist freilich nur das Proletariat die, die kraft ihrer Existenzbedingungen ‚die alten Produktionsverhältnisse aufhebt, mit diesen Produktionsverhältnissen der Klassengegensätze die Klassen überhaupt aufhebt', also die eigentlich revolutionäre. Nur das Klassenziel der Arbeiterschaft ist ein auf Umänderung der bestehenden Produktionsverhältnisse und aller daraus folgenden Verhältnisse gerichtetes. In irgendeinem späteren Stadium der Revolution muss ein – freilich auch dann nur vorübergehender – Gegensatz also entstehen zwischen all den Schichten und Klassen;[433] die heute neben den Kommunisten[434] stehen, aber nichts berechtigt darob die Kommunisten, diese Klassen und Schichten als nicht existenz-[435] oder als nicht bündnisfähig oder gar als Feinde zu betrachten."

433 * Im Original bei Paul Levi, Unser Weg wider den Putschismus, Berlin 1921, S. 8: Klassen und Schichten.
434 * Im Original bei Levi: dem Proletariat.
435 * Im Original bei Levi: nicht existent.

Im Verfolg dieser Gedanken polemisiert Levi dann gegen das von Lassalle geprägte Schlagwort von der „einen reaktionären Masse". Er zieht aber nicht die Konsequenz, einmal zu untersuchen, was der „Nichts-als-Klassenkämpfer" unter dieser „einen reaktionären Masse" versteht. Dass in diese „eine reaktionäre Masse" fälschlich nicht nur soziale Schichten und Klassensplitter, sondern auch andere soziale Erscheinungen, zu denen die proletarischen Bestandteile auch gehören, so vor allen Dingen der Staat, hineingeworfen sind. Es ist das alte Stehenbleiben auf halbem Wege: Die Theorie will vom Staat nichts wissen und die Praxis drängt ihn immer wieder denselben Leuten auf, die nichts von ihm wissen wollen. Selbst ein Max Adler vermochte nach Ausgang des Weltkrieges nicht über die Formel „Klassenkampf oder Völkerkampf" hinaus.
Die Ergebnisse des praktischen Klassenkampfes, angewandt auf das soziale Leben bis zur letzten Konsequenz, würde ein anderes Bild, würde eine Synthese von Staat und Klasse ergeben.

Erfolgversprechender sind die Ansätze, die in den Reihen der Mehrheitssozialdemokratie gemacht worden sind. Nur darf man nicht vergessen, dass bis heute auch hier keine grosse sozialistische Klassen-, Staats- und Rechtslehre entstanden ist. Das Buch von Heinrich Cunow über „Die Marxsche Geschichts-, Gesellschafts- und Staatstheorie" (Berlin 1920) führt den Untertitel „Grundzüge der Marxschen Soziologie." Diese Marx'sche Soziologie aber ist kein von Cunow auf Marx'schen Fundamenten errichtetes selbständiges Gebäude, sondern ist eine sehr scharf durchdachte und ungemein kenntnisreiche, zum Teil sogar konstruktive Zusammentragung der soziologischen Meinungen von Marx und Engels. Teilweise tritt Cunow als Apologet Marx'scher Ansichten gegenüber seinen bedeutenderen Kritikern auf. Es ist der ins Grosse übersetzte Versuch Cunows, der Partei für ihre Staatspolitik theoretische Grundlagen zu geben, wie er ihn im Kleinen bereits in seiner Kriegsbroschüre „Parteizusammenbruch?" gegeben hat. Gewiss wären manche Einseitigkeiten und Missverständnisse des Vulgärmarxismus vermieden worden, wenn man eine derartige Materialzusammenstellung positiven Marxismus' schon vorher gehabt hätte. Im Grossen und Ganzen aber ist die Arbeit von Cunow nicht die Entwicklung oder gar Schöpfung einer sozialistischen Staatstheorie, sondern nur eine klärende und reinigende Vorarbeit grösseren Formats.

Die sozialdemokratische Partei hat in dem Görlitzer Programm von 1921 den Versuch gemacht, sich theoretisch mit einem Staatswesen auseinanderzusetzen, in dem sie durch Demokratie und Sozialpolitik bereits die Wurzeln des Sozialismus verankert sah.

„Sie betrachtet die demokratische Republik als die durch die geschichtliche Entwicklung unwiderruflich gegebene Staatsform, jeden Angriff auf sie als ein Attentat auf die Lebensrechte des Volkes."

Die internationale Politik will sie durch „Schaffung einer zwischenstaatlichen Rechtsordnung" regeln. Das Görlitzer Programm spricht mit klaren Worten aus, dass der Staat die Grundlage der Gemeinwirtschaft und der Träger der fortschreitenden Umformung der kapitalistischen Wirtschaft sein soll. Wie Friedrich Stampfer in seiner Broschüre „Das Görlitzer Programm" triumphierend schreibt:

„Die Sozialdemokratische Partei ist in der demokratischen Republik als sozialistische Partei die eigentliche Staatspartei geworden. Der Sozialismus, den sie durch fortschreitende Umformung der Wirtschaft anstrebt, kann genauer als ein demokratischer Staatssozialismus bezeichnet werden. ... Damit ist der Streit entschieden, ob die Sozialdemokratie ‚staatsfeindlich' ist oder nicht. Die Sozialdemokratie bekämpft ‚den Klassenstaat', der seine Machtmittel zur Unterdrückung der unteren Klassen missbraucht, aber sie bedarf zur Ausführung ihres Programms der Staatsgewalt und ihrer Stärkung. ... Darum muss sie von den Staatsbürgern Staatsgesinnung, von den Staatsdienern eine neue, höhere Auffassung ihrer Pflichten als Diener am allgemeinen Wohl verlangen. ... Umgekehrt aber ist die Masse des arbeitenden Volkes daran interessiert, dass der Staat desto stärker wird, je mehr er aufhört, Klassenstaat zu sein. Denn ohne einen starken Staat fehlt ihrem Willen jedes Mittel, sich als Beherrscher über die Volkswirtschaft durchzusetzen."

Im Gegensatz zu der kommunistischen Auffassung, die nach den Überlieferungen von Engels den Staat durch Aufhebung der Klassengegensätze sich selbst regieren lassen will, wird hier gerade für diesen Fall die Stärkung des Staates gefordert. Allerdings macht Stampfer dann die Einschränkung, ob in fernster Zukunft das Gemeinschaftsgebilde noch als Staat im geschichtlichen Sinne anzusehen sei, eine blosse Spekulation sei. Das Heidelberger Programm von 1925 zeigt, dass die Vereinigung der Mehrheitssozialdemokratie mit den unabhängigen

Sozialdemokraten die Entwicklung zu einem positiven Verhältnis der Sozialdemokratie zum Staat nicht aufgehalten hat:

„Der Kampf der Arbeiterklasse gegen die kapitalistische Ausbeutung ist nicht nur ein wirtschaftlicher, sondern notwendigerweise ein politischer Kampf. Die Arbeiterklasse kann ihren ökonomischen Kampf nicht führen und ihre wirtschaftliche Organisation nicht voll entwickeln ohne politische Rechte. In der demokratischen Republik besitzt sie die Staatsform, deren Erhaltung und Ausbau für ihren Befreiungskampf eine unerlässliche Notwendigkeit ist. Sie kann die Vergesellschaftung der Produktionsmittel nicht bewirken, ohne in den Besitz der politischen Macht gekommen zu sein."

Dieses Programm ist zwar stärker beeinflusst von der Diktion des alten Erfurter Programms, ist aber so gehalten, dass es keiner noch so positiven Einstellung zum Staat entgegensteht. Die lückenhafte Stelle im Marx'schen Gesellschaftssystem ist nicht durch den Ausbau dieser Gesellschaftslehre, sondern durch die politische Praxis ausgefüllt worden. Denn vor dem Leben hat der Sozialismus nur recht, wenn er den Menschen in ihren täglichen Nöten und Leiden etwas Gegenwartsglück bringt.

Diese theoretisch noch nicht genügend untermauerte Erkenntnis, dass man den Staat zu solchen Zwecken nicht missen kann, dass aber ein blosses vom Staate immer nur Nehmenwollen nicht mehr ausreicht, ist die stärkste Wurzel der Staatsgesinnung, zu deren Bildung noch eine Reihe anderer Momente, vor allem nationaler und kultureller Art, beitragen. Der Beginn der Verwirklichung proletarischer Forderungen bildet den Unterschied zu den Zuständen des Jahres 1848, in dem die Arbeiter tatsächlich nichts zu verlieren hatten als ihre Ketten. Wie Hendrik de Man in seinem Buche „Zur Psychologie des Sozialismus" schreibt:[436]

436 [De Man, Zur Psychologie des Sozialismus,] S. 369.

„Sie (die Arbeiter) hatten kein Wahlrecht, kein Koalitionsrecht, keine Gelegenheit zur Mitbestimmung ihrer Arbeitsbedingungen; sie befanden sich vielfach so nahe an der Grenze des Analphabetentums,[437] *dass sie ebensowenig Anteil an irgendeiner Kulturgemeinschaft hatten wie jemals Barbaren. Heute aber ist die Arbeiterschaft zum grossen Teil gewerkschaftlich organisiert. Überall ist das gleiche Wahlrecht erobert, ist die Schulpflicht durchgeführt, sind Arbeiterschutz- und Versicherungsgesetze zustande gebracht. Es gibt kaum eine Nation oder eine Stadt in Europa, an deren Regierung die organisierte Arbeiterschaft nicht beteiligt wäre. Die Arbeiter sind nicht länger aus einem Kulturkreis verbannt, zu dem sie sich selber Eingang verschafft haben. Sie hätten heute manches zu verlieren, das für sie ein Stück Vaterland bedeutet. Vor allem haben sie sich im Staat durchgesetzt, weil hier – kraft der Bedeutung, die unter demokratischen Verfassungen der grossen Zahl zukommt – die Linie des geringsten Widerstandes lag. Die Festigung ihres Einflusses im Staate aber wird für sie mehr und mehr gleichbedeutend mit der Festigung des Staates überhaupt."*

Und man glaubt Renner wiederzuhören, der schon im Kriege den Gedanken verfochten hat, dass die Wirtschaft immer ausschliesslicher der Bourgeoisie, der Staat immer mehr dem Proletariat diene, wenn man die Schilderung der Gefahren für den Staat durch das Kapital liest, wie sie Hendrik de Man gibt:[438]

„Je mehr die wirtschaftlich herrschenden Klassen ihren ehemals ausschliesslichen Einfluss auf den Staat einbüssen, um so mehr gehen sie dazu über, den Staat zu sabotieren. Die finanzielle Abhängigkeit des Staates von den Privatkreditanstalten, von der Börsenstimmung, von der Steuerwilligkeit der Besitzenden, die wachsende Monopolmacht der grossen Industriekonzerne, die Abhängigkeit der Presse und der Parteien vom Gelde, die Klassen- und Kastenzugehörigkeit der höheren Beamten, Offiziere und Richter sind für die Kapitalistenklasse ebensoviele Mittel, ausserhalb der Verfassung einen Staat im Staate aufzurichten und die parlamentarische Regierung zu untergraben. Demgegenüber sieht sich die Arbeiterschaft verpflichtet, ihre ganze Kraft daran zu setzen, dass der Staat nicht zur leeren Schale wird. Die Sozialisten sind heute in allen Ländern Europas die eigentlich staatserhaltende Partei geworden; und je mehr der Sozialismus zum Träger der Staatsidee wird, desto mehr wird er auch zum Träger der Nationalidee, die sich im Staate verkörpert."

437 * Im Original bei de Man: Analphabetismus.
438 [De Man, a. a. O.,] S. 369.

Am stärksten zum Staate bekehrt hat die Arbeiter neben dem Druck der Entente und der gewissen Leichtigkeit, mit der sich manche Kreise des grossen Besitzes besser als die Masse mit diesem Druck auszugleichen wussten, der Umstand, dass auf ihnen die Verpflichtung lag, die äussere und innere Souveränität des Nationalstaates aufrechtzuerhalten. Wie der sozialdemokratische Innenminister Preussens die Aufgabe der Sozialdemokratie ansah, zeigte seine Aufforderung im preussischen Landtag am 13. Dezember 1923, „alle staatserhaltenden Kräfte zu sammeln, um aus dem zerrissenen deutschen Volk eine Nation zu machen". Diese Parole fand Widerhall in der Sozialdemokratie und die Gründung des Reichsbanners Schwarz-Rot-Gold hat erwiesen, dass in der grossen Masse der Arbeiterschaft die politische Bindung an die Parteien der Weimarer Koalition stärker ist als an die Kommunisten. Die schwarz-rot-goldenen Fahnenbänder an den roten Parteifahnen sind nicht mehr fortzubringen. Selbst gegenüber Rechtsregierungen wacht die Arbeiterschaft eifersüchtig über die staatlichen Willensäusserungen, auf dass diese ja nicht zu einer Schädigung des republikanischen Staatsgedankens ausarten könnten.

Andere Völker kennen auch keine Staatslehren. Die sozialistische Bewegung anderer Länder ist ohne solche gross geworden und trotzdem ihren Verpflichtungen als Staatspartei nachgekommen. In Deutschland haben sämtliche andere Parteien auch keine Staatsprinzipien. Die besondere Eigenart deutschen Wesens in Verbindung mit der besonderen Rolle der Sozialdemokratie lässt trotzdem das Fehlen einer sozialistischen Staatslehre schmerzlich fühlbar werden, am schmerzlichsten für die denkenden Arbeiter selbst.

Ziehen wir das Fazit der Entwicklung des Staatsgedankens, so ergibt sich für die Praxis die Erkenntnis vom Wert des Staates. Für die Theorie aber ergibt sich das gerade Gegenteil; ausser einigen Anläufen im „Neu-Marxismus" ist man zum Teil nicht über den Standpunkt des kommunistischen Manifestes hinausgekommen, ausser dass man ihn noch radikalisierte, oder mehr oder weniger verblassen liess. Die siebzigjährige Entwicklung einer Geistesrichtung, der die Entwicklung so viel bedeutet, hat auf dem Gebiete der Gesellschaftslehre eine dem Fortschreiten der Tatsachen entsprechende Weiterbildung nicht finden können. Der „wissenschaftliche Sozialismus" ist als ein nur halber ins Leben getreten, der sich bewusst auf die sozialistische Gestaltung der Wirtschaft beschränkte, und hat politisch und ethisch für die Entfaltung des Individuums – wenn auch in der Kollektivität – gewirkt.

Man kann bei einer Abwägung der beiden Grundstimmungen gegeneinander sogar sagen, dass der Sozialismus nur als Voraussetzung des entwickelten Individuums zu dienen hat. Zu solchen Konsequenzen musste die erstarkte materialistische Geschichtsauffassung, die als einzige Triebfeder alles Geschehens nur individuelle Bedürfnisse kannte, ihr gut Teil beitragen. Der Klassenkampf, der nur den politischen Ausdruck des individuellen Eigennutzes einer ganzen Klasse darstellte, hatte auch noch in dieser Richtung gewirkt. Auf diesem Boden musste nicht nur die spezifisch-sozialistische Staatslehre eine Unmöglichkeit sein, sondern Recht, Politik, Kultur und Nation in ihrem ganzen Umfang und in allen ihren Verzweigungen mussten von anderen Geistesrichtungen übernommen und dem Sozialismus aufgepfropft werden. Weil die Partei eine Partei der Empörung gegen überalterte, untüchtige und ungerechte historische Bindungen war, verstärkte sich noch dieser Geist. Man griff zu den revolutionären geistigen Waffen, von denen man glaubte, dass sie revolutionär schlechthin wären, und so konnte es geschehen, dass der Individualismus in seinen politischen Farben des Liberalismus und Anarchismus die Herrschaft an sich riss.

So stehen sich zwei Geistesrichtungen in der deutschen Sozialdemokratie gegenüber. Die eine, seit 150 Jahren die Anschauung aller Empörer gegen historische Ungerechtigkeiten, erwachsen auf dem Boden des Glaubens an die natürliche Güte des Menschen, glaubt mit der Schaffung des wirtschaftlichen Kommunismus die Erlösung der Persönlichkeit von allem Zwang und ihre Entfaltung zu Schönheit und Güte herbeiführen zu können. Sozialismus als Hebel zum Individualismus! Diese Richtung ist sich jetzt ihrer bewusst geworden. Was in der Welt, besonders in den lateinischen Ländern und in Russland, schon lange genug zu sehen war, ringt sich jetzt in Deutschland ans Licht: Die Renaissance des Individualismus in der Arbeiterbewegung! Dieser Individualismus hat seine ganz besonderen, nur ihm eigentümlichen Formen: Ausgehend nicht von atomisierten, sondern vom gesellschaftlichen Menschen, ist er auf der einen Seite die Anteilnahme der Arbeiter an den geistigen Gütern des 18. und 19. Jahrhunderts, auf der anderen Seite etwas Neues, der Vergangenheit Unbekanntes.

Die andere Richtung sucht der sozialistischen Gestaltung der Wirtschaft eine spezifisch sozialistische Ideologie zur Seite zu stellen. Ihre Stärke liegt in dem tatsächlich überall vorhandenen Organisationsbedürfnis und dem aus ihm erwachsenden Menschentyp. Theoretisch ist sie noch im Werden, scheut sich teilweise, auf bereits vorhandene Leistungen des Universalismus zurückzugreifen, weil diese (teilweise) als politisch reaktionär gelten. Darum sind hier Neuschöpfungen von Grund aus nötig. Der Trennungsstrich geht durch alle sozialistischen Parteien, ebenso wie durch alle politischen Organisationsprinzipien; für sich in Anspruch nehmen kann keine Partei und keine Richtung restlos das eine oder andere Prinzip. Die individualistische Richtung hat es leichter; revolutionäre Überlieferung, Utilitarismus, Freiheitsbedürfnis wie natürliche Veranlagung finden in ihr ihren Vertreter. Die universalistische hat es bedeutend schwerer; ihre Voraussetzung ist nicht, den Bestrebungen des primitiven Menschen zu huldigen, sondern Erkenntnis der möglichen Gestaltung der Dinge. Von dem Kräfteverhältnis, zu dem beide Richtungen gelangen werden, hängt die Zukunft der deutschen Arbeiterbewegung und zum guten Teil die des deutschen Volkes ab. Unklar und schwer droht auch hier eine Zukunft, von der man nicht weiss, ob das aufbauende organisatorische Prinzip den Sieg über Menschen davontragen wird, deren überlieferte politische und kulturelle Bindung durch die Ereignisse in Scherben geschlagen ist.

Literaturverzeichnis.

* Adler, Friedrich
Die Internationale der Tat, in: Der Kampf, Bd. VIII, Wien 1915, S. 145–147.

Adler, Max:
Klassenkampf oder Völkerkampf. [Marxistische Betrachtungen zum Weltkriege], Leipzig 1919.[440]
Prinzip oder Romantik [! Sozialistische Betrachtungen zum Weltkriege], Nürnberg 1915.
Die sozialistische Idee der Befreiung, in: Der Kampf, Bd. XI, [Wien 1918, S. 281–294].
Marx als Denker. [Zum 25. Todesjahre von Karl Marx], Berlin 1908.
Wegweiser. Studium zur Geistesgeschichte des Sozialismus, Stuttgart 1914.
Demokratie und Rätesystem, [Wien] 1919 (Sozialistische Bücherei, Heft 8).

Auer, Ignaz:
Nach 10 Jahren. [Material und Glossen zur Geschichte des Sozialistengesetzes, London] 1889.

Auerbach, Albert:
Gegen[441] die kleinbürgerlich-parlamentarische Sozialreform, für die revolutionäre Sozialdemokratie [! Eine Streitschrift], Berlin 1892.

Bauer, Otto:
Die Nationalitätenfrage und die Sozialdemokratie, Wien 1907.
* Die Grundfrage unserer Taktik, in: Der Kampf, Bd. VII, Wien 1914, S. 49–63.

Bebel, August:
Unsere Ziele. [Eine Streitschrift gegen die „Demokratische Korrespondenz."], Leipzig [1872].
Die Frau und der Sozialismus, 16. Aufl., Stuttgart [1892].
Aus meinem Leben. 3 Bde., Stuttgart 1911.
* Der Kohlenwucher, in: Neue Zeit, 19. Jahrgang, Bd. I (1900/01), Heft 8, S. 228–233.

Bernstein, Eduard:
Die Voraussetzungen des Sozialismus und die Aufgaben der Sozialdemokratie, Stuttgart 1909.
Zur Vorgeschichte des Gothaer Programms, [in: Neue Zeit, 15. Jahrgang, Bd. I (1897), Heft 15, S. 466–472].
Die Arbeiterbewegung, Frankfurt 1910.
Von der Sekte zur Partei. [Die deutsche Sozialdemokratie einst und jetzt], Jena 1911.
* Zur dritten Auflage von Fr. Engels' „Herrn Eugen Dühring's Umwälzung der Wissenschaft", in: Neue Zeit, 13. Jahrgang, Bd. I (1895), Heft 4, S. 101–111.

440 Der korrekte Titel lautet: Klassenkampf gegen Völkerkampf! Marxistische Betrachtungen zum Weltkriege. Verlagsort der Ausgabe ist München, nicht Leipzig.
441 Eigentlich: Wider.

* Blanc, Louis:
Organisation du Travail, Paris 1847.

Blos, Wilhelm: .
Spaltungen in der Sozialdemokratie, [in:] Neue Zeit, 36. Jahrgang, Bd. I [(1917), Heft 11, S. 251–258].

Brunhuber, Robert:
Die heutige Sozialdemokratie. [Eine kritische Wertung ihrer wissenschaftlichen Grundlagen und eine soziologische Untersuchung ihrer praktischen Parteigestaltung], Köln 1905[442].

Bucharin, [Nikolai]:
Anarchismus und wissenschaftlicher Kommunismus, Hamburg 1920.

Calwer, Richard:
Das sozialdemokratische Programm, Jena 1914.

Crispien, [Arthur]:
Eine Abrechnung mit den Mehrheitssozialisten[443], Berlin 1919.

Cunow, Heinrich:
Die Staatsauffassung von Marx und Hegel, [in:] Neue Zeit, Jahrgang, Bd., S.[444]
Parteizusammenbruch? [Ein offenes Wort zum inneren Parteistreit], Berlin 1915.
Gesellschafts- und Staatsordnung. [Ein kurzes Kapitel einer marxistischen Gesellschaftslehre, in:] Neue Zeit, 30.[445] Jahrgang, Bd. II [(1918), Heft 21, S. 489–496; Heft 22, S. 514–519; Heft 23, S. 543–548].
Die Marxsche Geschichts-, Gesellschafts- und Staatstheorie. [Grundzüge der Marxschen Soziologie], Berlin 1920.

David, Eduard:
Die deutsche Sozialdemokratie im Weltkriege[446], Berlin 1915.

Dühring, Eugen:
Kantsche[447] Geschichte der Nationalökonomie [und des Sozialismus von ihren Anfängen bis zur Gegenwart], 4. Aufl., [Leipzig 1900].
Kursus der National- und Sozialökonomie, Berlin [1873].

* Eckstein, Gustav:
Die deutsche Sozialdemokratie während des Weltkrieges, Zürich 1917.

Engels, Friedrich:
Ludwig Feuerbach [und der Ausgang der klassischen deutschen Philosophie], 5. Aufl., Stuttgart 1910.
Herrn Eugen Dührings Umwälzung der Wissenschaft, 7. Aufl., Stuttgart 1910.

442 Eigentlich: Jena 1906.
443 Eigentlich: Rechtssozialisten.
444 Die weiteren Angaben zur Ausgabe der „Neuen Zeit" fehlen. Ein Beitrag mit diesem Titel von Heinrich Cunow ließ sich weder hier noch anderer Stelle ausfindig machen. Möglicherweise ist folgender Text gemeint: Cunow, Heinrich: Grundlagen der Hegel-Marxschen Geschichtsauffassung, in: Neue Zeit, 36. Jahrgang, Bd. I (1917), Heft 18, S. 416–423 und Heft 20, S. 462–470.
445 Eigentlich: 36.
446 Eigentlich: Die Sozialdemokratie im Weltkriege.
447 Eigentlich: Kritische.

Zur Kritik des sozialdemokratischen Programmentwurfes [1891], [in:] Neue Zeit, 20. Jahrgang, Bd. I [(1902), Heft 1], S. 10.
Der Ursprung der Familie, des Grundeigentums[448] und des Staats, Stuttgart [1900].
Zur Wohnungsfrage. Sozialdemokrat R.y 95 No. 4.[449]

Fichte, Johann Gottlieb:
Nachgelassene Werke, 4 Bde., Bonn 1835[450].

Fischer, Edmund:
Das sozialistische Werden. [Die Tendenzen der wirtschaftlichen und sozialen Entwicklung], Berlin[451] 1918.
Der Klassenkampf, [in:] Sozialistische Monatshefte 1905[452], S. 1364 [–1371].

Fritzsche, [Friedrich Wilhelm]:
Die soziale Selbsthilfe [nach der Lehre Ferdinand Lasalle's. Ein Beitrag zur Klärung der öffentlichen Meinung], Leipzig [o. J.].

Frohme, [Karl]:
Friedliche Entwicklung [oder gewaltsamer Umsturz? Ein Mahnwort an alle Gesellschaftsklassen], Nürnberg 1885.

Grave, [Jean]:
La société future, Paris [1895].

Greulich, Herman:
Der Staat vom sozialdemokratischen Standpunkte aus. [Eine Auseinandersetzung mit den „Anarchisten"], Zürich 1877.

* Haenisch, Konrad:
Die deutsche Sozialdemokratie in und nach dem Weltkriege, Berlin 1916.

Hegel, [Georg Wilhelm] Friedrich:
Rechtsphilosophie[453], Bonn[454] 1854.
[Vorlesungen über die] Philosophie der Geschichte, Reclam, Leipzig.
* Enzyklopädie [der philosophischen Wissenschaften im Grundrisse, Bd. 3: Die Wissenschaft] des Geistes, [3. Aufl., Heidelberg 1830].

* Huber, Johannes:
Die Philosophie in der Sozialdemokratie, [2. Aufl., München 1895].

Internationale, Die:
[Eine Monatsschrift für Praxis und Theorie des Marxismus.] 1. (einziges) Heft mit Beiträgen von [Rosa] Luxemburg, [Franz] Mehring, [Heinrich] Ströbel, [Paul] Lange, [Johannes] Kämpfer u. a. m., April 1916[455].

Jaeckh, Gustav:
Die Internationale. [Eine Denkschrift zur vierzigjährigen Gründung der internationalen Arbeiter-Assoziation], Leipzig 1904.

448 Eigentlich: Privateigentums.
449 Der Text „Zur Wohnungsfrage" von Friedrich Engels wurde ursprünglich 1872–73 im „Volksstaat" veröffentlicht, nicht im „Sozialdemokrat", der zwischen 1879 und 1890 erschien. In den überlieferten Ausgaben findet sich kein Hinweis auf einen Abdruck des Textes.
450 Eigentlich: 3 Bde., Bonn 1834/35. Schumacher zitiert zusätzlich auch aus folgender Ausgabe: Johann Gottlieb Fichte's Sämmtliche Werke, 4 Bde., Berlin 1845/46.
451 Eigentlich: Leipzig.
452 Eigentlich: 1912.
453 Eigentlich: Grundlinien der Philosophie des Rechts, oder Naturrechts und Staatswissenschaft im Grundrisse.
454 Eigentlich: Berlin.
455 Eigentlich: 1915.

* Jellinek, Georg:
Allgemeine Staatslehre, 3. Aufl., Berlin 1914.

Kämpfer, Johannes:
Kriegssozialismus in Theorie und Praxis, München 1915[456].

Kampffmeyer, Paul:
[v. Vollmar und die Sozialdemokratie.] Gegen das Vollmartum in der sozialdemokratischen Partei, Berlin 1892.
Wohin steuert die ökonomische und politische[457] Entwicklung[?], Berlin [1901].
Geschichte der Gesellschaftsklassen [in Deutschland], Berlin 1910.
Die Bedeutung der Gewerkschaften für [die Taktik des] Proletariat[s], Berlin 1892.

Kautsky, Karl:
Parlamentarismus und Demokratie, [2. Aufl.,] Stuttgart 1907[458].
Die soziale Revolution, 2. Aufl., [Berlin] 1907.
Sozialdemokratie[459] und Kolonialpolitik [. Eine Auseinandersetzung], Berlin 1907.
Ethik und Materialistische Geschichtsauffassung, Stuttgart 1910.
Das Erfurter Programm [in seinem grundsätzlichen Teil erläutert von Karl Kautsky], 13. Aufl., Stuttgart 1919.
Die Internationalität und der Krieg, Berlin 1915.
Nationalstaat, imperialistischer Staat und Staatenbund, Berlin[460] 1915.
Terrorismus und Kommunismus. [Ein Beitrag zur Naturgeschichte der Revolution], Berlin 1919.
* Die neue Taktik, in: Neue Zeit, 30. Jahrgang, Bd. II, Heft 46 (1912), S. 723–733.

Kelsen, Hans:
Sozialismus und Staat, Leipzig 1920.

Kjellén, [Rudolf]:
Die Ideen von 1914. [Eine weltgeschichtliche Perspektive], Berlin[461] 1915.
Der Staat als Lebensform, Berlin[462] 1917.

Koigen, David:
Die Kulturanschauung des Sozialismus. [Ein Beitrag zum Wirklichkeits-Idealismus.] Mit Einleitung[463] von Eduard Bernstein, Berlin 1903.

Lagardelle, [Hubert]:
Die syndikalistische Bewegung in Frankreich, Archiv für Sozialwissenschaft [und Sozialpolitik, 26. Bd.], 1908.

Lassalle, Ferdinand:
Reden und Schriften. [Neue Gesamtausgabe,] Bd. [2 und] 3, [mit einer biographischen Einleitung] hrsg. von Eduard Bernstein, Stuttgart 1890[464].

456 Es müsste entweder heißen: Bern 1915, oder: München 1919.
457 Eigentlich: staatliche.
458 Eigentlich: 1911.
459 Eigentlich: Sozialismus.
460 Eigentlich: Nürnberg.
461 Eigentlich: Leipzig.
462 Eigentlich: Leipzig.
463 Eigentlich: einem Vorwort.
464 Eigentlich: Berlin 1893.

Laufenberg, Karl[465]:
Der politische Streik, Stuttgart 1914.

Laufenberg, [Heinrich] und Wolffheim, [Fritz]:
Imperialismus und Demokratie. [Ein Wort zum Weltkrieg], Hamburg 1914.

Legien, Carl:
Die Gewerkschaften, Berlin 1909[466].

Lenin, [Wladimir Iljitsch]:
Staat und Revolution. [Die Lehre des Marxismus vom Staat und die Aufgaben des Proletariats in der Revolution], Berlin 1918.
Die nächsten Aufgaben der Sowjetmacht, 2. Aufl., Berlin 1919.

Lensch, Paul:
Weltkrieg und Sozialdemokratie[467], Berlin 1915.
Die Sozialdemokratie, ihr Ende und ihr Glück, Leipzig 1916.
Drei Jahre Räterevolution[468], Berlin 1917.

Lenz, Friedrich:
Staat und Marxismus [. Grundlegung und Kritik der marxistischen Gesellschaftslehre], [Stuttgart und] Berlin 1921.

* Levi, Paul:
Unser Weg wider den Putschismus, Berlin 1921.

* Lippert, Paul:
Handwörterbuch der Staatswissenschaften, Bd. 2, Jena 1899.

* Luxemburg, Rosa:
Sozialreform oder Revolution?
[, Leipzig 1908].

Man, Hendrik [de]:
Zur Psychologie des Sozialismus, Jena 1926.

Marx, Karl:
Die[469] Kritik der politischen Ökonomie, 17. Aufl., Stuttgart.
Das Elend der Philosophie. [Antwort auf Proudhons „Philosophie des Elends"], Stuttgart [1885].
Die Klassenkämpfe in Frankreich [1848 bis 1850]. Mit Einleitung v. [Friedrich] Engels und einem Vorwort v. [August] Bebel, Berlin [1911].

Marx [, Karl] und Engels [, Friedrich]:
Nachgelassene Werke, 4 Bde., hrsg. v. [Franz] Mehring, Stuttgart.[470]
Das kommunistische Manifest, hrsg. und eingel. von Karl Kautsky, 19. Aufl., Berlin 1919[471].
* Der Briefwechsel zwischen Friedrich Engels und Karl Marx 1844 bis 1883, hrsg. von August Bebel und Eduard Bernstein, III. Bd.: 1861–1867, Stuttgart 1913.

465 Eigentlich: Heinrich.
466 Ein Buch mit diesem Titel ist nicht nachzuweisen. Möglicherweise ist folgender Titel gemeint: Legien, Carl, Die deutsche Gewerkschaftsbewegung, Berlin 1901 [2., umgearb. Aufl., Berlin 1911].
467 Eigentlich: Die deutsche Sozialdemokratie und der Weltkrieg. Eine politische Studie.
468 Eigentlich: Weltrevolution.
469 Eigentlich: Zur.
470 Gemeint ist: Aus dem literarischen Nachlass von Karl Marx, Friedrich Engels und Ferdinand Lassalle, 4 Bde. [Bd. 1–3: Gesammelte Schriften von Karl Marx und Friedrich Engels, Bd. 4: Briefe von Ferdinand Lassalle an Karl Marx und Friedrich Engels], hrsg. von Franz Mehring, Stuttgart 1902.
471 Eine 19. Auflage des Bandes von 1919 ist nicht nachzuweisen. Möglicherweise ist die 8., autoris. deutsche Ausg. (Berlin 1918) gemeint.

Mehring, Franz:
Die[472] Geschichte der deutschen Sozialdemokratie, 4 Bde., 3. Aufl., Stuttgart 1909.[473]
Kriegsartikel, Berlin 1918.

Meinecke, Friedrich:
Nationalstaat und Weltbürgertum, 5. Aufl., Berlin 1916.[474]

Menzel, [Adolf]:
Begriff und Wesen [des] Staat[es], [in:] Handbuch der Politik, Bd. I, Berlin 1914, [S. 35–45].
Zur Psychologie des Staates, [in:] Deutsche Revue, Aprilheft 1916, [S. 74–81].

Meyer, Rudolf:
Der Emanzipationskampf des vierten Standes, 2 Bde., Berlin 1874.

* Moellendorf, Wichard von:
Deutsche Gemeinwirtschaft, Berlin 1916.

Monopolfrage und Arbeiterklasse, hrsg. v. Wilhelm Jansson mit Beiträgen v. [Heinrich] Cunow, [Otto] Hue und [Max] Schippel, Berlin 1917.

Most, Johann:
Die Lösung der sozialen Frage. [Ein Vortrag, gehalten vor Berliner Arbeitern], Berlin [1876].

* Muckle, Friedrich:
Die Geschichte der sozialistischen Ideen im 19. Jahrhundert, Erster Teil, Leipzig 1909.

* Müller, Hermann
Die Organisation der Lithographen, Steindrucker und verwandten Berufe, Bd. 1, Berlin 1917.

* Neumann, Friedrich Julius:
Volk und Nation. Eine Studie, Leipzig 1888.

Oncken, G.[475]:
Lassalle. [Eine politische Biographie], 2. Aufl., Stuttgart 1920[476].

Oppenheimer, Franz:
Der Staat, Frankfurt 1910.
Staat und Gesellschaft, in: Handbuch der Politik, Bd. I, Berlin 1914, [S. 112–120].

* Pannekoek, Anton:
Massenaktion und Revolution, in: Neue Zeit, 30. Jahrgang, Bd. II (1912), Heft 41, S. 541–550.

* Peus, Heinrich
Die Neuorientierung der Sozialdemokratie, in: Sozialistische Monatshefte, 5. Heft, 16. März 1916, S. 249–255.

472 Eigentlich ohne Artikel: Geschichte der deutsche Sozialdemokratie.
473 Eigentlich: 3. Aufl., Stuttgart 1906, oder: 4. Aufl., Stuttgart 1909.
474 Eigentlich: Weltbürgertum und Nationalstaat, 5. Aufl., München und Berlin 1919.
475 Eigentlich: Hermann.
476 Eigentlich: 3., erweiterte, vollst. durchgearbeitete Aufl., Stuttgart 1920 (oder aber 2. Aufl., Stuttgart 1912).

Pfemfert, Franz:
Bis zum August 1914, Berlin 1918.

* Philippowich, Eugen von:
Die Entwicklung der wirtschaftspolitischen Ideen im 19. Jahrhundert. 6 Vorträge von Eugen v. Philippowich, Tübingen 1910.

Planck, Reinhold:
Vom Privatrecht zum Gemeinrecht. [Der Weg zur Selbsterneuerung des deutschen Volkes], Jena 1918[477].

Plechanow, Georgi:
[Die] Grundprobleme des Marxismus. Stuttgart [1910].
Anarchismus und Sozialismus, Stuttgart[478] 1911.

Plenge, Johann:
Marx und Hegel, Tübingen 1911.
1789 und 1914. [Die symbolischen Jahre in der Geschichte des politischen Geistes], Leipzig 1915[479].
Die Revolutionierung von Revolutionären[480], Leipzig 1917[481].
Durch Umsturz zum Aufbau. [Eine Rede an Deutschlands Jugend], Münster 1918.
Über den politischen Wert des Judentums, Essen 1920.
Kant oder Marx [?], [in:] Zeitschrift für die gesamte Staatswissenschaft, [Bd. 66, Heft 2], 1910, [S. 213–239].

Prager, Eugen:
Geschichte der U.S.P.D. [Entstehung und Entwicklung der Unabhängigen Sozialdemokratischen Partei Deutschlands, 2. Aufl.], Berlin 1922.

Preuss, Hugo:
Das deutsche Volk und die Politik, Jena 1915.

Proudhon, [Pierre-Joseph]:
Idee génerale de la révolution [au XIXème siècle, Paris 1851].

Radek, Karl
Von der Oktoberrevolution bis zum Brester Friedensvertrag, [Leipzig] 1919.[482]
Anarchismus und Räteregierung, Hamburg 1920[483].

Renner, Karl
Krieg, Marxismus und Internationale.[484] [Kritische Studien über offene Probleme des wissenschaftlichen und des praktischen Sozialismus in und nach dem Weltkrieg], Stuttgart 1917.
Das Selbstbestimmungsrecht der Nationen. 1. Bd., [Leipzig] 1918.
Was hat ein internationale[s Programm] zu leisten?, [in: Der] Kampf, [Bd.] XI, Wien 1918 [, S. 383–392, 531–540, 659–667].
Erstaunliche Geschichtsklitterung, [in: Der] Kampf, [Bd.] XI, Wien 1918 [, S. 451–469].
* Probleme des Marxismus, in: Der Kampf, Bd. IX, Wien 1916.
Was ist eigentlich Klassenkampf?,[485] Berlin 1919.

477 Eigentlich: 1917.
478 Eigentlich: Berlin.
479 Es müsste heißen: Berlin 1916.
480 Eigentlich: der Revolutionäre.
481 Eigentlich: 1918.
482 Hier irrt Schumacher, wenn er den Titel Radek zuschreibt. Der eigentliche Verfasser von „Von der Oktoberrevolution bis zum Brester Friedensvertrag" ist Leo Trotzki.
483 Eigentlich: 1919.
484 Eigentlich: Marxismus, Krieg und Internationale.
485 Eigentlich: Was ist Klassenkampf?

Reybaud, [Louis]:
[Socialistes,] Socialisme, [in:] Dictionnaire de l'économie politique, Paris 1852.

Rodbertus, [Karl]:
Schriften, 3[486] Bde., Berlin 1899.
Briefe und sozialpolitische Aufsätze, Berlin 1882.

Saint-Simon [, Claude-Henri de]:
Oeuvres choisies. Hrsg. v. [Charles] Lemonnier, 3 Bde., Brüssel 1859.

Schanz, Georg von:
Arbeitslosenversicherung – Die Organisation des Arbeitsmarktes[487], beide in: Handbuch der Politik, [Bd. III,] Berlin 1914, [S. 53–59 und 77–82].

Schippel, Max:
Die wirtschaftlichen Umwälzungen [und die Entwicklung der Sozialdemokratie], Berlin 1894.
Die Gewerkschaften [, ihr Nutzen] und ihre Bedeutung [für die Arbeiterbewegung], Berlin.
England und wir. [Kriegsbetrachtungen eines Sozialisten], Berlin 1916[488].

Schulze, Friedrich:
Marx oder Radetzky [?, in: Der] Kampf, [Bd. XI,] Wien 1918 [, S. 361-383].

Schweitzer, Jean Baptiste von:
Politische Reden und Aufsätze. Hrsg. von [Franz] Mehring, Berlin [1912].

Sorel [, Georges]:
La Décomposition du Marxisme, Paris [1908].
Le Syndicalisme Révolutionnaire, [in:] Mouvement Socialiste vom 1.11.1905.

Spann, Othmar:
Kurzgefasstes System der Gesellschaftslehre, Berlin 1914.

Spengler, Oswald:
Der Untergang des Abendlandes. [Umrisse einer Morphologie der Weltgeschichte], 1. Bd. [: Gestalt und Wirklichkeit], 3. Aufl., München 1919.
Preussentum und Sozialismus, München 1920.

* Stein, Lorenz von:
Geschichte der sozialen Bewegung in Frankreich von 1789 bis auf unsere Tage, Bd. 1, München 1921.

Stern, Jakob:
Der „historische Materialismus" [und die „Theorie des Mehrwerths" von Karl Marx. Eine populäre Darstellung], München 1894.

486 Eigentlich: 4 Bde.
487 Eigentlich ohne Artikel: Organisation des Arbeitsmarktes.
488 Eigentlich: 1917.

Thimme [, Friedrich] und Legien [, Carl (Hrsg.)]:
Die Arbeiterschaft im neuen Deutschland, Leipzig 1915.

Tönnies, Ferdinand:
Gemeinschaft und Gesellschaft. [Grundbegriffe der reinen Soziologie], 2. Aufl., Berlin [1912].
Der englische [Staat] und der deutsche Staat. [Eine Studie], Berlin 1917.

Vollmar, Georg von:
Der isolierte sozialistische Staat, Zürich 1878.

Weitling, Wilhelm:
Garantien der Harmonie der Freiheit[489]. Mit [einer biographischen] Einleitung [und Anmerkungen herausgegeben] v. Franz Mehring, Berlin 1908.

Wendel, Hermann:
Marx und die grosse französische Revolution, [in:] Neue Zeit, 36. Jahrgang, Bd. II [(1918), Heft 5, S. 103–107].

Woltmann [, Ludwig]:
Der historische Materialismus. [Darstellung und Kritik der marxistischen Weltanschauung], Elberfeld[490] 1900.

489 Eigentlich: Harmonie und Freiheit.
490 Eigentlich: Düsseldorf.

Unterlagen aus der Promotionsakte der Westfälischen Wilhelms-Universität zu Münster

Der Herausgeber dankt für die Genehmigung zum Abdruck der folgenden Dokumente.

Lebenslauf.

Geboren bin ich, Curt Ernst Carl Schumacher, evangelisch, am 13. Oktober 1895 zu Culm a/W. in Westpreußen (jetzt Polen), als Sohn des Kaufmanns Carl Schumacher und seiner Ehefrau Gertrud.

Von 1902–1905 besuchte ich die Vorschule und von 1905–1914 das Gymnasium zu Culm.

Am 3. August 1914 trat ich als Kriegsfreiwilliger ins Heer ein und wurde bereits am 2. 12. 14 verwundet. Meine Verwundung führte am 10. 10. 1915 zu meiner Entlassung aus dem Heeresdienst als dauernd untauglich und 75% erwerbsunfähig.

Auf den Universitäten Halle, Leipzig und Berlin studierte ich von Michaelis 1915–1919 Rechts- und Staatswissenschaften. Am 27. VI. 1919 bestand ich die I.

Eigenhändiger Lebenslauf von Kurt Schumacher

Seite 1

Lebenslauf.

Geboren bin ich, Kurt Ernst Karl Schumacher, evangelisch, am 13. Oktober 1895 zu Culm a/W in Westpreußen (zuletzt Polen), als Sohn des Kaufmannes Karl Schumacher und seiner Ehefrau Gertrud.

Von 1902–1905 besuchte ich die Vorschule und von 1905–1914 das Gymnasium zu Culm.

Am 3. August 1914 trat ich als Kriegsfreiwilliger ins Heer ein und wurde bereits am 2.12. 14 verwundet. Meine Verwundung führte am 10.10.1915 zu meiner Entlassung aus dem Heeresdienst als dauernd untauglich und 75% erwerbsunfähig.

Auf den Universitäten Halle, Leipzig und Berlin studierte ich von Michaelis 1915–1918 Rechts- und Staatswissenschaften. Am 27.II.1919 bestand ich die I.

juristischen Prüfung am Kammergericht in Berlin und war dann als Referendar beim Amtsgericht Berlin und beim Landgericht I in Berlin tätig. Am 16. April 1920 nahm ich meine Entlassung aus dem Justizdienste, um mich ganz staatswissenschaftlichen Studien zu widmen und studiere seit Anfang des laufenden Semesters Volkswirtschaft an der hiesigen Universität.

Wie aus den Universitätsabgangszeugnissen ersichtlich, habe ich schon vor Ablegung meiner juristischen Prüfung planmäßig alle Vorlesungen und Übungen volkswirtschaftlichen Inhalts erledigt.

Von meinen Lehrern in den für die Prüfung in Frage stehenden Wissenszweigen nenne ich in zeitlicher Reihenfolge:

aus Halle: Loening, Stammler, Finger, Wolff

aus Leipzig: Bücher, [illegible] Richard Schmidt, Jacobi,

Eigenhändiger Lebenslauf von Kurt Schumacher

Seite 2

Juristische Prüfung am Kammergericht in Berlin und war dann als Referendar beim Amtsgericht Culm und beim Landgericht I in Berlin tätig. Am 16. April 1920 nahm ich meine Entlassung aus den Justizdiensten, um mich ganz staatswissenschaftlichen Studien zu widmen und studiere seit Anfang des laufenden Sommers Volkswirtschaft an der hiesigen Universität.

Wie aus den Universitätsabgangszeugnissen ersichtlich, habe ich schon vor Ablegung meiner juristischen Prüfung planmäßig alle Vorlesungen und Übungen volkswirtschaftlichen Inhalts erledigt.

Von meinen Lehrern in den für die Prüfung in Frage stehenden Disziplinen nenne ich in zeitlicher Reihenfolge:

aus Halle: Loehning, Stamml[er] Finger, Wolff

aus Leipzig: Bücher, Eulenbur[g] Richard Schmidt, Jacobi,

aus Berlin: Herkner, Delbrück,
von Bortkiewicz, von Gierke,
Triepel, Bornhak, Stammler
aus Münster: Schmöle, Plenge,
Lukas, Bühler

Münster d. 26. 6. 1920

Kurt Schumacher

Eigenhändiger Lebenslauf von Kurt Schumacher

Seite 3

aus Berlin: Herkner, Sombart, von Bortkiewicz, von Gierke, Triepel, Bornhak, Stammler

aus Münster: Schmöle, Plenge, Lukas, Bühler

Münster d. 26.6.1920

Kurt Schumacher

Promotion Schumacher (Dr.rer.pol.)

Die Arbeit Schumacher zeigt als Darstellung der Umbildung der in ihrer Staatsauffassung verkümmerten Ideologie des Marxismus in der fortschreitenden Auseinandersetzung der sozialdemokratischen Bewegung mit ihren inneren Unzulänglichkeiten, mit dem tatsächlichen Gesellschaftsleben und einer sich umgestaltenden Wirklichkeit umfangreiche Belesenheit und die Fähigkeit zu abwägender Uebersicht. Die grundsätzlichen Ausführungen über Staat, Gesellschaft und Nation sind allerdings unklar geblieben, weil die grundsätzliche Frage nach dem Verhältnis von Sozialismus und Staat ungelöst geblieben ist, die überhaupt nur gelöst werden kann, wenn man über den Naturalismus eines bloss gesellschaftlichen Sozialismus hinausgekommen ist. Die Staatsauffassung von Marx könnte noch schärfer herausgearbeitet werden. Das Schlagwort der "organisation du travail" ist in seiner grundsätzlichen Bedeutung übersehen. Das ist etwas anderes als nur "Utopismus". Recht gut sind dafür die Ausführungen über den Revisionismus.

In Kap. IX ist die Nichtreaktion der Partei auf den Neumarxismus und der Würzburger Parteitag zu behandeln. Auch wohl die "Revolutionierung der Revolutionäre!" Lensch ist gründlicher zu analysieren, Haenisch nicht ganz zu übersehen. Der Vergleich mit Dühring trifft wohl besser Spenglers preussischen Sozialismus wie mich. Auch Kap X ist zu ergänzen.

Gleichwohl steht die Arbeit erheblich über dem Durchschnitt der Doktorarbeiten. Ich beantrage als Prädikat voll magna cum laude und Zulassung zum mündlichen Examen. Die Druckerlaubnis ist bis zur Nachlieferung der nach der Seminarbesprechung in Aussicht

Gutachten zur Beurteilung
der Dissertation

Seite 2

gestellten Umarbeitung des II.Kapitels auszusetzen.

Münster,den 2.VII.2o

Plenge

Ich trete dem Herrn Referenten in der Bewertung der Arbeit mit „magna cum laude“ und seinem Antrag auf Zulassung zum mündlichen Examen bei.

Gelegentlich der vom Herrn Referenten gewünschten Umarbeitung wird Kandidat Gelegenheit haben, zu seinen Betrachtungen über die „theoret. Grundlagen“ auch die Allg. Staatslehre von Jellinek heranzuziehen. Sie ist nicht zu umgehen. Desgleichen fällt mir auf, daß er die Schrift von Neumann, Volk und Nation 1888 nicht benutzt hat.

Münster, den 23. Juli 1920. [illegible]

Die Referenten bewerten die Arbeit mit „voll magna cum laude“ u. „magna cum laude“ u. beantragen Zulassung zum Rigorosum, aber Aussetzung der Druckerlaubnis. Ich schlage vor, die mündliche Prüfung auf Montag den 26. Juli 5 Uhr anzuberaumen u. als Prüfer zu bestellen die Herren Plenge u. Lukas als Referenten, sowie mich selbst u. ~~Hist.~~ Bühler. Nebenfach ist Volkswirtschaft. — Münster den 23.7.20 Schmöle

z. Abstimmung.

Einv. Jacobi

[illegible]

Rs. Lukas

R. His.

[illegible]

Ich trete dem Herrn Referenten in der Bewertung der Arbeit mit „magna cum laude" und seinem Antrag auf Zulassung zum mündlichen Examen bei.

Gelegentlich der vom Herrn Referenten gewünschten Umarbeitung wird Kandid. Gelegenheit haben, zu seinen Betrachtungen über die „theoret. Grundlagen" auch die Allg. Staatslehre von Jellinek heranzuziehen. Sie ist nicht zu umgehen. Desgleichen fällt mir auf, daß er die Schrift von Neumann, Volk und Nation, 1888 nicht benutzt hat.

Münster, den 23. Juli 1920. gez. Lukas.

Die Referenten bewerten die Arbeit mit „voll magna cum laude" u. magna cum laude u. beantragen Zulassung zum Rigorosum, aber Aussetzung der Druckerlaubnis. Ich schlage vor, die mündliche Prüfung auf Montag den 26. Juli 5 Uhr anzuberaumen u.
als Prüfer zu bestellen die Herrn Plenge u. Lukas als Referenten, bzw mich selbst u. Koll. Bühler. Nebenfach ist Arbeitsrecht. - Münster den 23.7.20 gez. Schmöle

Abstimmung: z. D...

Einv. gez. Jacobi. Unterschrift

Rn. gez. Lukas

gez. R. His. Unterschrift

RECHTS- UND STAATSWISSENSCHAFTLICHE FAKULTÄT
DER UNIVERSITÄT MÜNSTER I.W.

PROMOTION S c h u m a c h e r, Kurt

(DR. JUR. - DR. RER. POL.)

(RIG.- LISTE NR.)

Der Kampf um den Staatsgedanken in der deutschen Sozialdemokratie.

ZULASSUNG

1. PAPIERE

2. ZULASSUNG [illegible] laut Akten 1920 erfolgt

3. REFERENT Herr Plenge
KORREFERENT Herr Schmöle

4. GEBÜHREN

5. UMLAUF ZUR GENEHMIGUNG

Zulassung zum Promotionsverfahren

Seite 1 und 2

II. RIGOROSUM

1. TERMIN : 26.Juli 1920

2. PRÜFENDE : Plenge, Lukas, Schmöle, Bühler

3. PRÜFUNGS-BERICHT : in den Akten

4. PRÜFUNGS-ERGEBNIS : Die Kommission erachtet die Prüfung für bestanden mit cum laude, zumteil besser. Als Gesamtprädikat schlägt sie magna cum laude vor.

Gesamtergebnis erteilt 25/6.26.
an Kandidaten mitgeteilt

5. UMLAUF ZUR GENEHMIGUNG geschehen

6. BEMERKUNGEN :

Zulassung zum Promotionsverfahren

Seite 3

Examen Schumacher.

Dr. rer. pol.

Protokoll.

Münster, den 26.7.20.

Es prüften die Herren:
Plenge und Lukas als Referenten, Schmöle und Bühler. Als Nebenfach war Arbeitsrecht gewählt.

I.) Demokratie und Volkssouveränität. Demokratische Institutionen in der neuen Reichsverfassung. Lukas

II Rechtsstaat. Verwaltungsgerichtsbarkeit. Gesetzmässige Verwaltung. Gliederung des Arbeitsrechts. Arbeiterschutzrecht. Bühler

III Marx Auffassung vom Kapital. [illegible] [illegible] [illegible] [illegible]. [illegible] [illegible] Plenge

IV Schwierigkeiten unserer auswärtigen Handelspolitik. Bedeutung der Binnenschiffahrtsstraßen. Stellung der Zwischenunternehmer in der [illegible] Produktion. Schmöle

Die Kommission erachtet die Prüfung für bestanden mit cum laude z. T. bess. Als Gesamtprädikat schlägt sie magna cum laude vor.

Schmöle Plenge Lukas.
Bühler

Den Herren Kollegen zur Abstimmung:
R Einverstanden R His Jacobi [illegible]
Erman Verstanden.

Protokoll der Disputation

Examen Schumacher.
Dr. rer. pol.
Protokoll.

Münster, den 26.7.20.

Es prüften die Herren:
Plenge und Lukas als Referenten, Schmöle und Bühler. Als Nebenfach war Arbeitsrecht gewählt.

I) Demokratie und Volkssouveränität. Demokratische Institutionen in der neuen Reichsverfassung.

gez. Lukas.

II Rechtsstaat. Verwaltungsgerichtsbarkeit. Gesetzmässige Verwaltung. Gliederung des Arbeitsrechts. Arbeiterschutzrecht.

gez. Bühler.

III Marx Auffassung vom Kapital. Ausbeutung und Vor[r]atung. Vor[r]atungslage. Geldkreislauf und Geldmacht. Papierne Umlaufsmittel

gez. Plenge

IV Schwierigkeiten unserer auswärtigen Handelspolitik. Bedeutung der Binnenwasserstraßen; Stellung des Zwischenunternehmers in der gewerblichen Produktion

gez. Schmöle

Die Kommission erachtet die Prüfung für bestanden mit cum laude z. T. besser. Als Gesamtprädikat schlägt sie magna cum laude vor.

gez. Schmöle gez. Plenge gez. Lukas.
gez. Bühler.

Den Herrn Kollegen zur Abstimmung:
R Einverstand.: gez. R His gez. Jacobi. gez. Krückmann
gez. Erman gez. Naendrup.

Stuttgart, d. 24.4.26
[illegible]haldenstr. 27 E

Sehr geehrter Herr Dekan!

Auf die Schreiben der Rechts- und Staatswissenschaftlichen Fakultät der Universität Münster vom 3. Febr. bezw. 20. April, die mir am 23. April zugingen, beehre ich mich, Ihnen, sehr geehrter Herr Dekan, folgendes mitzuteilen:

Nach einer kurzen Tätigkeit als wissenschaftlicher Hilfsarbeiter im Reichsarbeitsministerium bin ich nach Stuttgart übergesiedelt und habe mich dem Zeitungswesen zugewandt. Zunächst habe ich mit dem zweimaligen praktischen Unternehmen sehr viel zu tun gehabt, zumal die Überwindung der Schwierigkeiten, die aus meinen Kriegsverletzungen (u. a. Verlust des rechten Armes)

An
den Herrn Dekan
der
Rechts- und Staatswissenschaftlichen Fakultät
Münster i./Westfalen

Schreiben von Kurt Schumacher an die Rechts- und Staatswissenschaftliche Fakultät

Seite 1

Stuttgart, d. 24.4.26
Senefelderstr. 27c

[Eingangsstempel]

An
den Herrn Dekan
der
Rechts- und Staatswissenschaftlichen Fakultät
Münster i./Westfalen

Sehr geehrter Herr Dekan!

Auf die Schreiben der Rechts- und Staatswissenschaftlichen Fakultät der Universität Münster vom 3. Febr. bezw. 20. April, die mir am 23. April zugingen, beehre ich mich, Ihnen sehr geehrter Herr Dekan, folgendes mitzuteilen:

Nach einer kurzen Tätig- keit als wissenschaftlicher Hilfs- arbeiter im Reichsarbeitsmi- nisterium bin ich nach Stuttgart übergesiedelt und habe mich dem Zeitungs- wesen zugewandt. Zu- erst habe ich mit dem zweimaligen praktischen Umlernen sehr viel zu tun gehabt, zumal die Überwindung der Schwierig- keiten, die aus meinen Kriegsverletzungen (u. a. Ver- lust des rechten Armes)

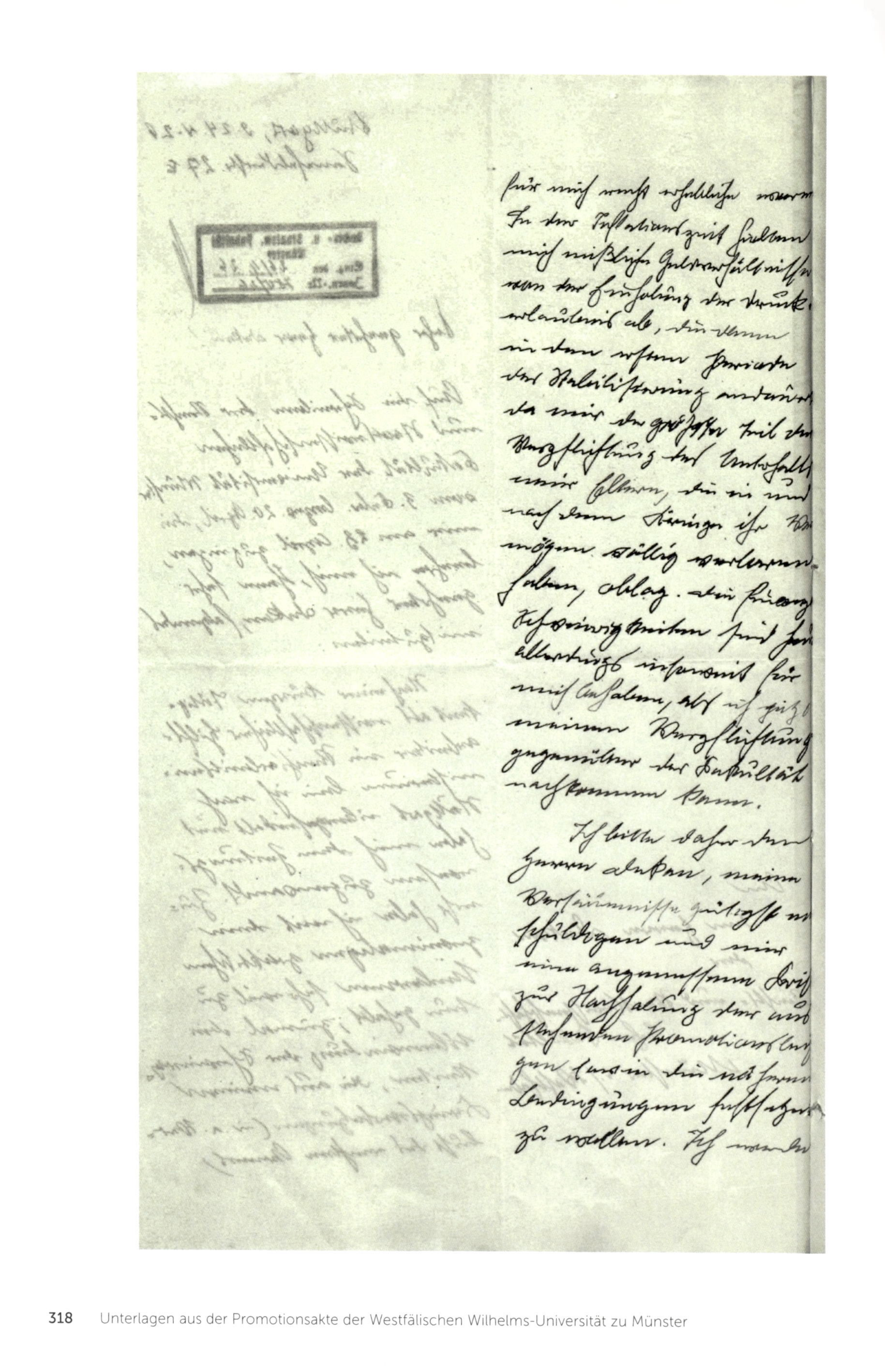

Seite 2

für mich recht erhebliche waren.
In der Inflationszeit hielten
mich mißliche Geldverhältnisse
von der Einholung der Druckerlaubnis ab, die dann
in den ersten Periode
der Stabilisierung andauerte[n],
da mir der größte Teil der
Verpflichtung des Unterhalts
meiner Eltern, die in und
nach dem Kriege ihr Ver-
mögen völlig verloren
haben, oblag. Die finanzl.
Schwierigkeiten sind heute
allerdings insoweit für
mich behoben, als ich jetzt
meinen Verpflichtungen
gegenüber der Fakultät
nachkommen kann.

Ich bitte daher den
Herrn Dekan, meine
Verhältnisse gütigst ent-
schuldigen und mir
eine angemessene Frist
zur Nachholung der aus-
stehenden Promotionsleis[tun-]
gen sowie die näheren
Bedingungen festsetzen
zu wollen. Ich werde

Das ist ja nett!

nicht versäumen, den Auflagen umgehend und restlos nachzukommen.

Gleichzeitig gestatte ich mir zu bemerken, dass ein Bekanntwerden der Vernachlässigung meiner Promotionsverpflichtungen und die sich daraus ergebenen Folgen für mich unbedingt ruinös wirken müssten. Bei der Eigenart meiner Stellung und der Schwere meiner Dienstbeschäftigung wäre ich nicht in der Lage, mir eine neue Existenz zu schaffen.

In vorzüglicher Hochachtung

Kurt Schumacher
Stuttgart
[illegible]str. 27c

nicht versäumen, den Auflagen umgehend und restlos nachzukommen.

Das ist ja nett! //

Gleichzeitig gestatte ich mir zu bemerken, daß ein Bekanntwerden der Vernachlässigung meiner Promotionspflichten und die sich daraus ergebenen Folgen für mich unbedingt ruinös wirken müßten. Bei der Eigenart meiner Stellung und der Schwere meiner Kriegsbeschädigung wäre ich nicht in der Lage, mir eine neue Existenz zu schaffen.

In vorzüglicher Hochachtung

Kurt Schumacher
Stuttgart
Senefelderstr.
27c

Nr./ 780/26

K/Sch

Münster, den 27.April 1926.

Sehr geehrter Herr S c h u m a c h e r ,

Ihr Schreiben vom 24.April ist bei dem unterzeichneten Dekan eingegangen.Bei dem Mahnbrief der Fakultät dreht es sich darum, dass Sie nunmehr Ihre Promotionsverpflichtungen zum Abschluss bringen sollen. Die Fakultät het keinerlei Absicht,Ihnen Schwierigkeiten zu bereiten. Sie muss nur darauf dringen, dass Sie nunmehr Ihre Verpflichtungen nachträglich erfüllen. Für Ihre Arbeit war die Druckerlaubnis ausgesetzt worden, damitnSie das zweite Kapitel umarbeiteten. Im Kapitel IX hatte der Referent gewünscht,dass noch die Nichtreaktion der Partei auf den Neumarxismus und der Würzburger Parteitag behandelt würde, auch wohl die Revolutionierung der Revolutionäre. Auch sollte Lensch gründlicher analysiert,Haenisch nicht ganz übersehen werden und dann Kapitel X etwas ergänzt werden. Zur Durchsicht der theoretischen Grundlagen wäre noch"die Staatslehre von Jellinek heranzuziehen, die nicht zu umgehen ist und wohl auch die Schrift von Neumann "Volk und Nation"1888". Sie ersehen daraus, dass die noch zu erfüllenden Anforderungen nicht sehr umfangreich sind. Deshalb setzt Ihnen der Dekan eine Frist bis zum 15.Juni 26. Wollen Sie bis dahin die Umarbeitung vollziehen und die abgeänderte Dissertation unter gleichzeitiger Beifügung eines Auszugsentwurfes

Antwort der Rechts- und Staatswissenschaftlichen Fakultät an Kurt Schumacher

der Fakultät zur Druckgenehmigung einreichen. Der Auszug muss das Gesamtinhaltsverzeichnis der Arbeit und eine zwei bis dreiseitige Erläuterung des Inhaltes der Probleme und der Resultate Ihrer Dissertation enthalten. Das Titelblatt des Auszuges muss dem Titelblatt einer Dissertation genau entsprechen. Ein Formular, das darüber nähere Anweisung gibt, ist beigefügt.

In vorzüglicher Hochachtung

Der Dekan

Professor

Herrn

Kurt S c h u m a c h e r

Stuttgart

Sennefelderstr. 27 c .

Die Rechts- und Staatswissenschaftliche Fakultät der Westf. Wilhelms-Universität ernennt durch diese Urkunde Herrn Curt Schumacher aus Kulm (Westpr.) auf Grund der sehr gut (magna cum laude) bestandenen Prüfung, insbesondere seiner Abhandlung „Der Kampf um den Staatsgedanken in der deutschen Sozialdemokratie“ zum Doktor der Staatswissenschaften und verleiht ihm die mit dieser Würde verbundenen Rechte.

Münster i. W., den 24. August 1926

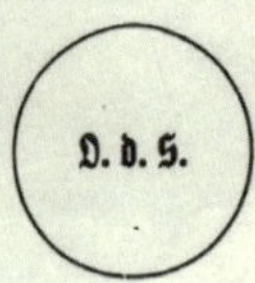

Der Dekan

gez. Friedrich Hoffmann

Bestätigung der Rechts- und Staatswissenschaftlichen Fakultät über die erfolgreiche Promotion

Personenregister

Zum Herausgeber

Peter Steinbach, geb. 1948, Studium der Geschichte, Politologie und Philosophie in Marburg, Staatsexamen 1972, Promotion 1973, Habilitation in Neuerer Geschichte und Politischer Wissenschaft FU Berlin 1978/79, Heisenberg-Stipendiat 1981, Professuren in Passau, Berlin, Karlsruhe und Mannheim für Historische Grundlagen der Politik bzw. Neuere und Neueste Geschichte, seit 2013 im Ruhestand, seit 1983 Wissenschaftlicher Leiter der Gedenkstätte Deutscher Widerstand in Berlin.